国家出版基金项目
NATIONAL PUBLICATION FOUNDATION

上海高校服务国家重大战略出版工程资助项目

公共经济与城市社会治理创新研究丛书

总主编　吴柏钧

城市基础设施与经济发展研究

潘春阳　著

華東理工大學出版社
EAST CHINA UNIVERSITY OF SCIENCE AND TECHNOLOGY PRESS
·上海·

图书在版编目(CIP)数据

城市基础设施与经济发展研究 / 潘春阳著. —上海：华东理工大学出版社,2021.9
ISBN 978-7-5628-6233-8

Ⅰ.①城… Ⅱ.①潘… Ⅲ.①城市建设—基础设施建设—关系—经济发展—研究—中国 Ⅳ.①F299.24 ②F124

中国版本图书馆 CIP 数据核字(2020)第 099264 号

内容提要

本书共十章,可分为四部分。第一部分是“理论基础”,梳理了基础设施的发展历史、基本概念、供给模式、代表性理论、国内外经验证据和四个代表性数理模型。第二部分是“历史回顾”,回顾了社会主义建设初期和改革开放以来,基础设施发展的历史背景、总体趋势、成就和挑战,并用经典的“供给-需求”分析框架进行提炼和总结。第三部分是“实证研究”,分别从市场融合、开放发展、民生幸福、内生增长这四个角度对基础设施的经济发展效应进行量化分析和因果推断。第四部分是“制度分析”,探索了国家治理对于基础设施供给的重要意义,从分权的视角解读了中国的治理体系及其对基础设施供给的影响,并提出政策建议。

项目统筹 / 马夫娇　韩　婷
责任编辑 / 陈婉毓
装帧设计 / 吴佳斐
出版发行 / 华东理工大学出版社有限公司
地址：上海市梅陇路 130 号,200237
电话：021-64250306
网址：www.ecustpress.cn
邮箱：zongbianban@ecustpress.cn
印　　刷 / 上海中华商务联合印刷有限公司
开　　本 / 710 mm×1000 mm　1/16
印　　张 / 14.25
字　　数 / 209 千字
版　　次 / 2021 年 9 月第 1 版
印　　次 / 2021 年 9 月第 1 次
定　　价 / 138.00 元

公共经济与城市社会治理创新研究丛书

总　序

中国经济社会经历40余年的快速发展后，近些年呈现出一些新的特点。在经济增长与结构变动方面，一个显著的特点是公共产品部门对国民经济增长的贡献率持续上升。尤其是在2008年世界金融危机以后，为抵御经济衰退，维持较高速度的经济增长和社会稳定，我国政府在公共基础设施建设上持续投入了大量的资金。同时，在城市化和人口制度变革的背景下，为满足人们增进社会福利的需要，政府加大了对教育、卫生、安全和社会保障等公共服务领域的投入，这使得经济性和社会性公共产品的供给成为社会总供给的重要组成部分，甚至在一些年份公共产品投资和供给已成为边际经济增长的决定性因素。

在社会发展和结构变化方面，尽管整体的社会形态和权力结构变动较小，但新移民阶层、中等收入阶层和私人资本阶层等基于现代经济活动而产生的社会力量不断增加，对经济和社会发展的影响力也日益增强，这些新兴的社会势力正潜移默化地改变着我国的社会结构，深刻影响着社会利益格局。同时，在人们生产和生活方式日益市场化和社会化的过程中，基层民众的思想观念、社会需要和诉求也发生了很大变化，这为社会治理中如何精准掌握人们的需求偏好和行为动态增加了难题，对如何有效实施公共服务提出了挑战。此外，随着生产方式变化和经济活动空间扩大，人们的社会流动性不断增加，已经远远超出了行政区域所能管辖的范围，这对传统的行政管理体制和政府自上而下的治理机制产生了巨大挑战，对现代政治建设和经济建设中如何重构基层社会治理结构和治理机制提出了新的要求。

当前社会经济变革与转型使我们对未来的发展形成了许多不确定的判断。但如果不考虑政治制度变迁因素，我们可能会更清晰地认识社会经济演化的规律。纵观人类社会发展的历史，技术的变化、生产方式变革和市场扩张等为人们摆脱自然环境束缚、追求富足的生活提供了经济保障，但私人产品部门的发展却不能保障社会成员公平的、安全的发展环境。而公共产品部门的发展，无论是在计划经济制度还是市场经济制度下，公共物品和公共服务的供给均为社会成员带来共同享有的社会福利增进。因此，上述两个部门的功能特征及所产生的社会作用，要求一国经济发展过程中必须合理配置资源于私人产品部门和公共产品部门，否则会导致经济和社会关系的失衡。与此同时，许多国家在私人产品部门发展过程中，伴随社会财富的增加，环境破坏、贫富差异和社会不公现象却日益严重，而公共产品部门发展在提升社会福利水平和安全保障的过程中又产生了资源错配、供给效率低下、官僚特权和行政垄断等问题。所以，人们始终在寻求适宜的制度去约束私人产品部门的过度竞争、负外部性和贫富差距扩大，也试图通过制度安排来改善公共产品部门发展中的供给效率和社会效益。

从各国经济发展趋势来看，随着经济的发展和居民收入水平的提高，公共产品部门在经济社会发展中的作用和地位在逐步提升，其资产规模和在社会总供给中的比重在不断增加，这反映了社会经济不断发展的一种状态和趋势。参考各国公共产品部门发展的规律，改革开放后我国公共产品部门的快速发展也是经济社会变化的体现和规律趋势。但我们必须清醒地意识到，在急剧变动的社会经济发展环境中，不仅私人产品部门的增长会遇到技术、市场和制度变化的影响，公共产品部门的发展也将面临许多新的挑战。

第一，如何合理和有效地配置社会经济资源于私人产品部门与公共产品部门的问题。这需要全面地掌握经济和社会的客观需求，并以有效的机制进行资源配置，实现两个部门的供给与个人、社会需求的均衡状态，达到适度的经济增长与社会福利增进的平衡，从而在发展中基本实现经济效率和社会公平两个目标。

第二，如何有效供给公共产品问题。根据中国的国情，从理论上和实践中解决真实地显示民众需求偏好的问题，采取合适的公共选择方式，让公众参与到公共产品项目的选择和决策体系中来。这一问题涉及一国的公共产品供给体制与机制，也涉及政治、技术、市场和社会文化等因素，但核心问题在于政治经济体制的安排和机制的设计。如何破除原先“全能型政府”的窠臼，真正做到以人民为中心，政府应有所为而有所不为，放权给基层，为社会组织的发育及其履行社会治理职能释放空间。同时，政府也要通过制度安排和政治程序，改革现有的政府主导的公共产品供给机制，探讨适合中国国情的多元主体合作的公共产品供给机制。

第三，如何打造共建共治共享的社会治理格局，建立“人人有责、人人尽责、人人享有”的社会治理共同体，怎样建立中国共产党的领导下政府、社会组织和公众融为一体的社会治理体系，如何激发民众参与社区治理的热情，提高社区工作者、社区事务参与者的能力和水平。

第四，如何创新基层治理方式问题。这要求基层社会治理成为国家治理的基石和重心，成为国家治理体系和治理能力现代化的基础性环节。同时，政府要通过制度安排和法治手段消除基层治理的“空转”现象，建立适应多元治理主体的治理方式，摆脱社区机构及其事务的行政化困境，探索社区基层组织的去行政化改革路径，构建社区基层组织在资源筹措、公共服务提供、公共事务决策中的运行体系和运行机制。

第五，如何基于互联网、大数据和人工智能等新技术，创新公共产品生产和供给方式，提高公共服务效率，提升社区基层治理绩效。这要求不断完善法律法规，使公共服务部门合法地利用信息技术获取社会成员对公共产品和服务的真实需求，为公共决策提供充足信息，为公共服务的监督和绩效评估提供技术手段，以实现有效配置资源和有效供给的目标。

基于上述对中国社会经济长期发展和结构变化的理解，华东理工大学社会科学高等研究院专门成立了研究团队，确立了研究宗旨，希望在宏大的社会经济变迁格局下，立足社会基层和微观经济层面，对中国社会经济的发展有一个细微的观察和局部的剖析。这些年来，在华东理工大学成长起来的一批公共经济学、社会学和公共管理学科的年轻教师聚焦于公共经济与基层社会治理研究领域，承担了诸多国际合作和国家基金的课题，他们大致围绕三大主题开展了一系列研究：一是研究公共产品部门发展的基本理论与中国的实践，特别是通过学科交叉研究和多研究范式融合，探讨社会发展过程中公共经济与社会治理的结构关系和内在机制；二是在互联网、大数据和人工智能等新技术条件下研究公共经济和社会治理的新方式与新形态；三是对公共基础设施、公共服务、社区基层治理等领域开展社会调查、田野实验和经验实证分析，试图发现一些有中国特色的、有益的实践经验，以检讨和修正经典的理论观点，拓展理论研究的范畴。本丛书就是我们对前期研究工作的一个初步总结，各分册也大致体现了这几个方面的研究主题。

本丛书的内容主要涉及公共经济、社会治理和社会政策领域。不论属于哪个学科，研究大都基于公共经济学和公共管理学理论，以跨学科的方式来探讨公共经济和社会治理中的科学问题；针对政策问题，我们也以不同学科的视角加以研究。丛书中有 5 本著作可以归属于公共经济领域。其中，《城市公共产品有效供给机制研究》梳理了公共产品供给理论和研究文献，探讨了我国公共产品供给的机制及其改革得失，重点对城市公共基础设施和公共服务领域的投融资、生产和分配进行了实证分析。《城市基础设施与经济发展研究》总结了中国社会 70 年来在基础设施建设方面所取得的成就与面临的挑战，从财政分权和比较制度分析等理论视角揭示了基础设施影响地区经济发展的内在机制；利用计量经济分析探索了中国基础设施建设对市场融合、开放发展和民生改善的影响，从政治经济学理论视角提出了基础设施供给模式创新的理论与实现路径。《环境公共品的有效供给机制及路径研究》对多种环境公共品的供给机制进行了研究，重点研究了人们较少关注的家庭部门在环境治理中的功能与行为模式；把家庭部门作为供给主体，将代际因素纳入分析框架，并基于环境公共品的三种价值评估法构建了环境公共品的有效供给理论模型。《城市公共服务空间布局特征及综合能力评价》基于大数据技术，对城市公共服务的发展过程、资源规模、空间布局及服务能力等状况进行了综合分析，客观分析了影响城市公共服务的因素，并提出了优化城市公共服务的策略。有意思的是，《城市共享平台的多元协同治理研究》以共享经济为研究对象，探讨了广泛存在的私人产品公共性问题，该书全面梳理了国内外城市共享平台的发展模式、治理经验及作用机制，提出了自行治理优先、政府监督、社会辅助的共享平台多元协同治理的概念。这项研究突破了传统的城市公共产品供给限制，对新技术环境中私人产品公共消费和生产方式的革命性变化进行了开创性研究。从总体上来看，这些著作以基础设施、环境保护、污染治理等城市主要公共物品和公共服务为研究对象，分析了我国城市公共产品供给的特征及内在运作机制，并对公共产品有效供给提出了制度改革方案和政策建议。

丛书中有 5 本著作研究了城市社会治理问题。《城市移民与公共治理研究》把城市治理放在城市化过程中加以考察，研究了如何从移民管制转化为移民服务，并借以提升移民治理水平，使移民尽快融入城市。《城市公共安全风险防控体系研究》针对城市公共安全事故频发的现实，系统分析了城市公共安全问题的源头和类型，在深刻解析城市安全风险发生原因的基础上，探讨了有效的安全风险防控内在机制，构建了城市安全风险防控体系。《城市基层矛盾纠纷化解的社会机制研究》以近年来蓬勃发展的人民调解组织为例，剖析以其为代表的社会力量参与城市基层矛盾纠纷化解的现实需求、功能定位、组织网络、运作机制与发展逻辑等，以探索“中国式风险社会”的社会治理机制。《城市社区治理中整合性服务模式建构研究》以上海社区基层治理实践为例，从街道体制改革、政府购买服务、社区社会组织发展和社会力量参与社会治理与社区工作者队伍建设等各个角度考察了基层社会治理的发展状态，深度揭示了基层社会治理存在的新问题，剖析了深层次的社会性和结构性原因，并在此基础上探索现代基层社会治理的治理元素、创新流程和关键环节，提出了构建特大城市基层社会治理体系和实务模式的新设想。《中国城市社区基金会发展及运作研究》以城市社区基金会为研究对象，对行政驱动逻辑下社区基金会的成长环境、本土化特征、治理结构、功能作用进行了实证分析，以此探讨了中国政治体制下的基层社会组织的发展路径和运行机制。

本丛书出版之际，中国正在经历新型冠状病毒肺炎疫情。在经历“非典”疫情不到 20 年的时间里，此次规模巨大的全球性公共卫生灾难的暴发再次证明人类尊重自然规律的重要性，同时也提醒我们，应不断反思公共卫生体制和机制改革的有效性问题，反思现行社会治理体制的弊端和公共政策实施的偏差问题。值得欣慰的是，疫情在我国很快得到控制，特别是抗疫措施在全国范围内得到严格实施，这充分显示了社区基层组织在公共事件中的动员能力和应对能力，表明了社会治理制度变革中建立基于社会组织和民众参与的多元供给机制的重要性，也再次证明了在现代化强国的建设过程中建立有效的公共产品供给制度的重要性。

本丛书的出版得到了国家出版基金和上海市文教结合“高校服务国家重大战略出版工程”的资助。能够获得资助且得到高质量的出版，要感谢华东理工大学出版社的鼎力支持！丛书中的部分著作是上海市教委科研创新计划项目重大课题“城市公共产品供给机制研究”的成果，特此说明，并感谢资助部门！

吴柏钧

2020 年 5 月 20 日

前　言

foreword

发展经济学将走向何方？

发展经济学的发展

探索经济发展的奥秘是经济学研究永恒的话题，并且经济发展的奥秘也是发展经济学这一学科致力于回答的问题。20 世纪四五十年代，随着第二次世界大战的结束，亚非拉地区掀起了民族解放和国家独立的高潮，这些新兴国家以发展中国家的身份登上了历史舞台，并共同面临着实现经济繁荣、国强民富的历史使命。在这一背景下，发展经济学应运而生，一些经典的理论相继问世。从刘易斯的二元经济模型到普雷维什的“中心-外围理论”，再从罗森斯坦·罗丹的平衡发展战略到赫希曼的不平衡发展战略，无不是为发展中国家实现经济繁荣而出谋划策。

遗憾的是，从第二次世界大战结束到苏联解体，近五十年的时间过去了，成功跨越“中等收入陷阱”的国家却寥寥无几。相反，不少发展中国家陷入了经济长期停滞的泥潭之中，一些拉丁美洲国家甚至陷入了贫富悬殊、社会动荡的悲惨境地。似乎，发展经济学的理论思想并没有给发展中国家带来幸运。印度裔英国经济学家狄帕克·拉尔（Deepak Lal）呼吁发展中国家回归自由市场经济的传统，并将其专著命名为《发展经济学的贫困》①，用以揭示发展经济学的理论困境。

① Lal D. The poverty of “development economics” [M]. London: Institute of Economic Affairs, 1983.

与此同时，以市场理论为基础的微观经济学和制度经济学则得到了蓬勃发展，演化出蔚为壮观的理论体系。以道格拉斯·诺斯（Douglass North）、德隆·阿西莫格鲁（Daron Acemoglu）为代表的制度经济学派，通过大量理论和实证研究加深了我们对制度及其经济效应的理解。渐渐地，发展经济学开始与主流经济学的理论和方法相融合。大家逐渐意识到，想要实现经济繁荣，既不能脱离"有效市场"来谈论"有为政府"，也不能脱离一国的制度、文化和历史起点来寻求普适的发展路径。

从发展经济学的最新进展来看，学者开始热衷于探索促进发展的微观政策。2019 年 10 月，诺贝尔经济学奖授予了美国经济学家阿比吉特·巴纳吉（Abhijit Banerjee）、埃丝特·迪弗洛（Esther Duflo）和迈克尔·克雷默（Michael Kremer），以表彰他们"利用实验性方法在全球脱贫"方面所做的贡献。以上述三位学者为代表的新一代发展经济学家利用随机控制实验的方法验证了营养摄入、小微贷款、社区医疗等低成本的公共政策对摆脱贫困的积极作用。

尽管上述研究影响重大、意义深远，但它依然无法替代宏观视角的发展经济学研究，也无法回答那些具有全局性、外部性的公共产品（如基础设施）是否及如何影响经济发展的重要问题。

关 于 本 书

幸运的是，中国在过去 70 余年里积攒的关于经济发展的伟大实践，为观察和研究经济发展提供了大量素材和宝贵机遇。中华人民共和国成立 70 多年来，经济年均增长率达到 8.1%；改革开放 40 多年来，经济年均增长率更是高达 9.4%。世界银行前行长金墉曾在 2017 年指出，世界极端贫困人口比例从 40%下降至 10%，这一变化的主要贡献来自中国。根据世界银行的统计标准，中国极端贫困发生率从 1981 年的超过 80%大幅下降至 2018 年的不足 2%。毫无疑问，总结中国经济发展的经验具有世界意义。

在影响经济发展的诸多因素中，基础设施占有重要地位。从世界经济发展史的角度来看，从蒸汽机车到电力机车再到高速列车，从无线电到互联网再到“大智移云”[①]，每一次工业革命实际上是一次基础设施革命。从中国经济发展进程的角度来看，交通、通信、能源、水利等基础设施建设迅速发展，为缔造中国经济奇迹注入了重要动力，从某种意义上说，中国基础设施发展本身便是一个奇迹。那么，基础设施具体是怎样影响中国经济发展的，这是本书致力于回答的核心问题。

随着中国经济发展进入新常态，发展现代化基础设施体系成为转变经济发展方式的重要手段和深化供给侧结构性改革的一大主攻方向。2020年年初，新冠肺炎疫情突然袭来，国家迅速提出以发展5G网络、数据中心等新型基础设施建设作为应对疫情冲击的重要手段。总之，在新时代，基础设施被赋予了更为重要的历史使命。因此，系统研究基础设施及其经济效应已成为当代发展经济学研究者的责任和使命。

总的来说，本书是一本从基础设施的角度来理解中国经济发展的专著，试图为中国经济发展的经验提供一个注脚。本书系统梳理了基础设施的发展历史、基本概念、理论源流、数理模型、中国成就、经济效应及治理基础。必须指出的是，本书不是一本面面俱到的百科全书或查询手册。它既没有涉及基础设施的所有类型，也没有全面评估基础设施的各种效应，更做不到对基础设施的相关文献进行全面梳理。尽管如此，本书依然具有自己的特色。

本书关注历史，没有忽视基础设施在世界经济发展史上的基础地位，而是充分重视基础设施在中国经济艰难探索时期所取得的重要成就。本书关注未来，直面基础设施在全球经济降速增长时期所面临的机遇和挑战，并密切跟踪“大智移云”与实体经济融合发展的创新趋势。更重要的是，本书关注中国，探索中国基础设施对市场融合、开放发展、民生幸福和内生增长的影响，并致力于揭示中国基础设施供给背后的政治经济学逻辑。希望本书成为发展经济学浩瀚知识海洋中的一叶扁舟，能带领读者乘风破浪，开拓自己的研究路径，到达风光独特的彼岸。

---

① “大智移云”是大数据、智能化、移动互联网、云计算的简称。

致　谢

在这个信息爆炸的时代，想要完全独立完成一本学术专著的撰写几乎是一项不可能的任务，本书无疑是集体智慧的结晶。2020 年新冠肺炎疫情最严峻的时期，是本书集中撰写的时期，我与合作者在线上开展了多次交流，大大提高了研究效率。从这个意义上看，本书也是现代化信息基础设施的产物。

岑晓天、邓子睿、郭亚明、何令杰、廖菁清、廖捷、王嘉松为本书的撰写收集了大量的文献和数据资料。曹志伟、蒋芸菁、雷雨田整理了部分初稿，并提出了不少宝贵的修改意见。王尧佳基于丰富的商业实践经验为本书的架构提供了重要思路，并参与了部分章节的撰写。在此一并致谢！

本书的研究获得了吴柏钧教授主持的上海市教育委员会科研创新计划项目“城市公共产品有效供给机制研究”（项目代码：2017－01－07－00－02－E00008）的资助。吴老师长期倡导从历史和理论的角度对中国经济发展问题进行深入研究，每次与吴老师的讨论都让我受益匪浅，本书的部分章节也是我和吴老师合作研究的成果。

感谢华东理工大学商学院和上海公共经济与社会治理研究中心为本书的撰写提供了丰富的文献和数据资料以及宽容的学术环境。感谢华东理工大学出版社的编辑对书稿认真、负责、专业的编辑加工工作。书中难免有疏漏和不足之处，恳请广大读者批评指正！

潘春阳

2020 年 5 月 1 日

目 录

contents

第1章 绪 论

靡不有初，鲜克有终。

——《诗经·大雅·荡》

1.1 研究背景与研究意义

1.1.1 基础设施支撑中国增长奇迹

中华人民共和国成立70多年来，特别是改革开放以来，中国的基础设施建设取得了伟大成就。如今，中国交通网络纵横延伸，中国高速铁路里程和高速公路里程均位居世界第一，即便在中西部地区，“县县通高速，村村通公路”也已从梦想变为现实。即使是来自发达国家的政要和学者，也无不对中国高效便捷的交通体系感到惊讶和震撼。在中国，世界级基础设施工程众多。在世界高度排名前十的大桥中，中国拥有八座；在世界长度排名前十的大桥中，中国拥有五座；在世界十大港口中，中国港口占据七席。抚今追昔，从中华人民共和国成立之初道路和桥梁年久失修、疮痍满目，到今天基础设施建设领跑全球，真可谓恍如隔世！

习近平总书记指出，“我国基础设施建设成就显著，信息畅通，公路成网，铁路密布，高坝矗立，西气东输，南水北调，高铁飞驰，巨轮远航，飞机翱翔，天堑变通途。”① 可以说，基础设施的蓬勃发展充分体现出中国集中力量办大事、不断解放和发展生产力的制度优势，而基础设施建设已成为支撑中国经济快速发展的重要力量。

---

① 习近平．在庆祝改革开放40周年大会上的讲话［M］．北京：人民出版社，2018.

图 1.1 展示了中国铁路里程、等级公路里程和人均国内生产总值（Gross Domestic Product，GDP）在不同时期的增长率。纵观四个时期可以发现，两类典型交通基础设施的增长与经济发展（用人均 GDP 衡量）的增长基本趋于一致，即基础设施增长较快的时期往往对应着经济发展较快的时期。这在一定程度上表明基础设施建设对经济发展起到了基础性、支撑性的作用。

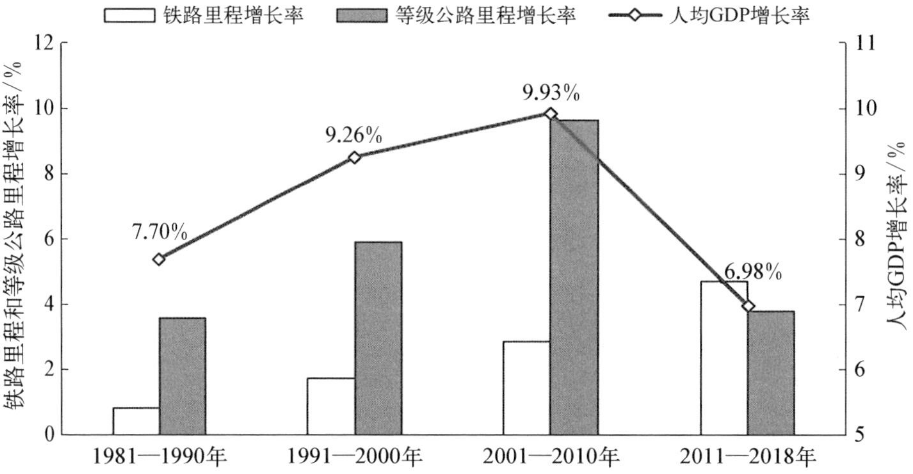

图 1.1　中国的基础设施建设与经济发展

数据来源：根据相应年份的《中国统计年鉴》计算整理。

固定资产投资是基础设施建设的重要资金来源。在图 1.2 中，我们进一步考察了中国的固定资产投资增长率与经济增长率（即真实 GDP 增长率）的相关性。从图中可以发现：长期来看，从 1981 年到 2018 年，两者的相关性达到了 0.80；分时期来看，从 1981 年到 1990 年、从 1991 年到 2000 年和从 2011 年到 2018 年，两者的相关性都接近或达到了 0.90。这些现象揭示了基础设施建设与经济增长携手并进的发展趋势。2001—2010 年，在投资拉动的经济增长模式下，固定资产投资增长率显著高于经济增长率，从而导致两者的相关性大幅下降。

1.1.2　跨越发展陷阱

站在新的历史起点上，我们必须清醒地认识到，中国经济发展已经进入新时代，中国经济基本告别了高速增长阶段。2013 年，党中央作出判

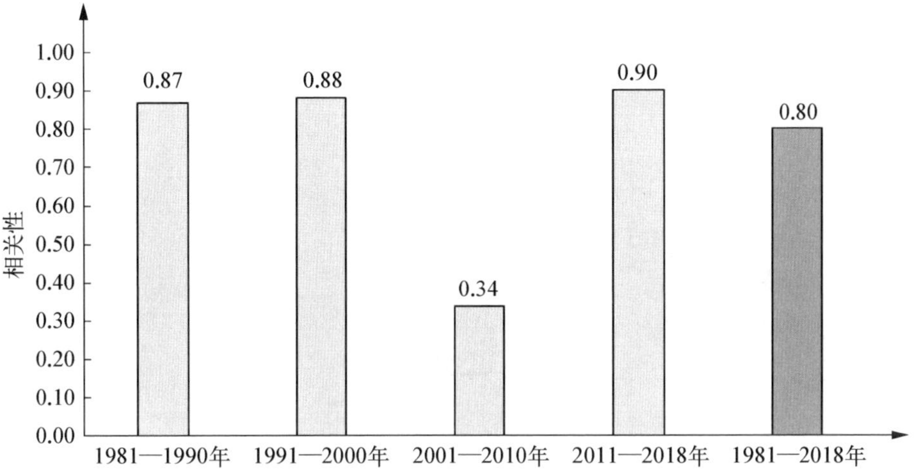

图 1.2　中国的固定资产投资增长率与经济增长率的相关性

数据来源：根据相应年份的《中国统计年鉴》计算整理。

断，中国经济发展正处于“三期叠加”阶段，即增长速度换挡期、结构调整阵痛期和前期刺激政策消化期。2014 年，党中央进一步提出，中国经济发展进入新常态，中国发展的环境、条件、任务、要求等都发生了新的变化。2017 年，党的十九大报告明确提出，中国经济已由高速增长阶段转向高质量发展阶段。

自 2007 年以来，特别是在 2008 年全球金融危机以后，中国经济增长速度陷入了持续下滑的困境。从图 1.3 中可以发现，中国经济年均增长率从 2007 年的 14.2%下滑至 2019 年的 6.1%。中国经济增长速度的持续下滑，不禁使人们忧虑中国是否会重蹈一些拉丁美洲国家的覆辙，落入“中等收入陷阱”① 而难以自拔。

从图 1.4 中可以看出，自 20 世纪 60 年代以来，尽管中国的人均 GDP 持续上升，从 1960 年的 89.5 美元迅速增长至 2018 年的 9 771 美元，但至今尚未超越世界的人均 GDP 水平（11 298 美元）。可见，中国想要跨越“中等收入陷阱”并跻身高收入国家的行列依然任重道远。

① “中等收入陷阱”这一概念是世界银行在《东亚经济发展报告（2006）》中提出的。其主要内涵是指一些国家在人均国民收入达到 3 000 美元以后，经济增长便陷入长期停滞状态，从而长期无法跻身高收入国家的行列。

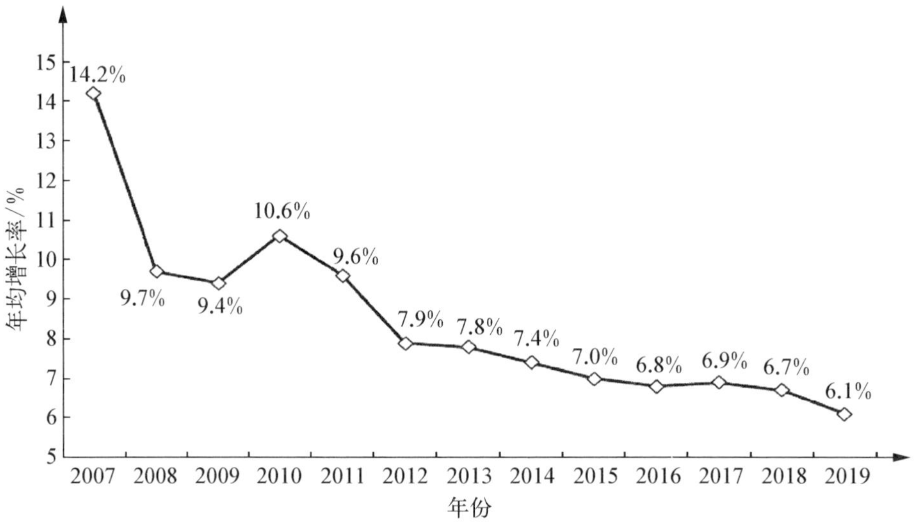

图 1.3　中国经济增长速度

数据来源：根据相应年份的《中国统计年鉴》计算整理。

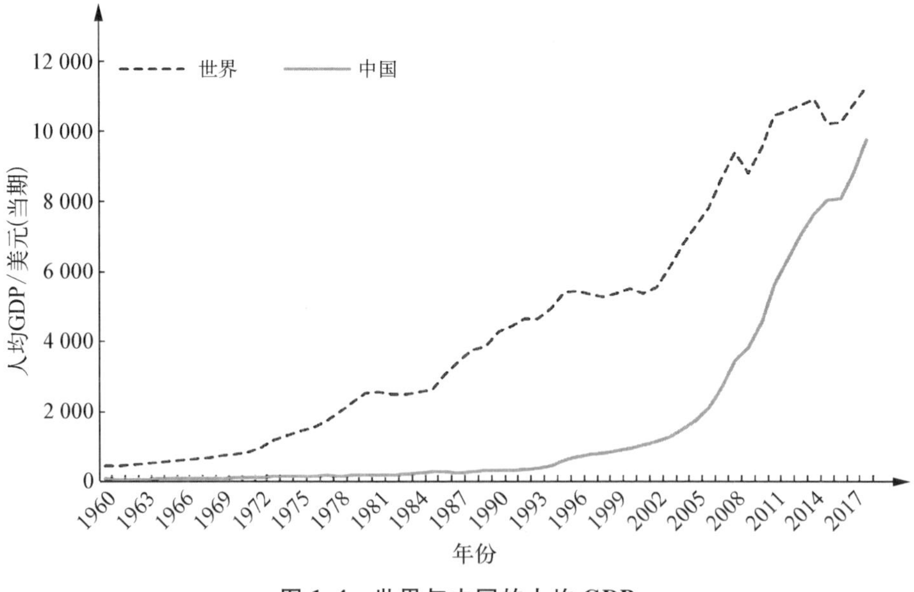

图 1.4　世界与中国的人均 GDP

数据来源：根据世界发展指标数据库计算整理。

因此，如何跨越发展陷阱、实现高质量发展，这是亟待回答的重大问题。科学判断并准确理解中国经济下行的内在逻辑是回答上述问题的关键。一些学者将中国经济下行归咎于外部经济条件的恶化。2008 年全球金融危机以来，世界经济复苏迟缓，欧洲南部诸国债台高筑，一些发展中国家也未能幸免，贸易保护主义、单边主义卷土重来。外需不振显然抑制了中国出口，从而制约了中国经济增长。另一些学者则将中国经济增长速度放缓视为经济增长的必然规律。因为资本、劳动力等生产要素存在边际产出下降的普遍规律，所以随着一国经济体量的不断增加，经济增长速度必然持续下降，这符合宏观经济理论的“收敛假说”。

毫无疑问，上述两种观点都在一定程度上解释了中国宏观经济的走势，但中国经济面临“三期叠加”的局面还有更为深刻的内在原因。本书倾向于认为，中国经济下行不仅反映了内生增长动力的不足，还揭示了内生增长动力形成机制的缺失。根据内生经济增长理论，在不依赖外生力量推动的前提下，可以通过形成内生增长动力来提升全要素生产率（Total Factor Productivity，TFP），从而实现经济持续增长。而这一内生增长动力主要来源于技术、管理、制度等各领域的创新活动，这些创新活动在不同程度上提升了全要素生产率。总之，推动中国经济发展模式从“要素投入推动型”向“创新驱动型”转变是适应、把握、引领经济新常态的内在要求，也是跨越发展陷阱、实现高质量发展的必然选择。

为了推动经济发展方式转变和经济结构调整，党的十八大以来，国家逐步推进供给侧结构性改革，并将其作为当前和今后一个时期经济发展和经济工作的主线。供给侧宏观经济管理重在解决结构性问题，注重激发经济增长动力。深化供给侧结构性改革，将强化基础设施体系支撑作为一大主攻方向，致力于加强水利、铁路、公路、水运、航空、管道、电网、信息、物流等基础设施网络建设。[①] 2018 年，国务院办公厅发布了《关于保持基础设施领域补短板力度的指导意见》，强调“保持基础设施领域补短板力度，进一步完善基础设施和公共服务，提升基础设施供给质量，更好

---

① 陈和. 深化供给侧结构性改革［M］//《党的十九大报告辅导读本》编写组. 党的十九大报告辅导读本. 北京：人民出版社，2017.

发挥有效投资对优化供给结构的关键性作用”。2019 年，中共中央、国务院印发了《交通强国建设纲要》，指出建设交通强国“是建设现代化经济体系的先行领域，是全面建成社会主义现代化强国的重要支撑”。

值得注意的是，新型基础设施的重要性日益提升。推动互联网、大数据、人工智能与实体经济深度融合，将成为未来实体经济发展的重要趋势。2018 年中央经济工作会议强调，要“加快 5G 商用步伐，加强人工智能、工业互联网、物联网等新型基础设施建设”。2019 年国务院《政府工作报告》也强调，要“加强新一代信息基础设施建设”。2020 年年初，突如其来的新冠肺炎疫情对我国经济社会发展带来了前所未有的冲击，党中央明确提出将发展新型基础设施建设作为应对冲击的重要手段。新型基础设施不但在疫情防控、复工复产中发挥独特作用，而且在稳定投资、扩大消费、培育增长新动能等方面潜力巨大。

本书致力于从基础设施的角度研究中国经济发展的内生增长动力，从而探索跨越发展陷阱的可行路径。本书在回顾基础设施发展历史、基本概念、理论源流、数理模型的基础上，系统回顾了中华人民共和国成立至 2019 年来基础设施建设取得的伟大成就和面临的潜在挑战，进而从市场融合、开放发展、民生幸福、内生增长这四个角度深入探讨了基础设施对中国经济高质量发展的重要意义。最后，本书从分权的视角解读了中国的治理体系及其对基础设施供给的影响，并从提升治理能力的角度提出了促进基础设施创新发展的政策建议。

1.1.3 研究意义

本书的研究具有显著的理论和政策意义。

第一，本书仔细梳理了基础设施的发展历史、基本概念、理论源流、数理模型，从而有助于我们更深入地理解基础设施影响经济发展的基本原理。

第二，本书系统回顾了社会主义建设初期（1949—1978 年）和改革开放以来（1978—2019 年）这两个时期，即中华人民共和国成立 70 年来，基础设施从恢复到新建再到飞跃式发展的伟大历程，从而有助于我们更深入地理解基础设施对国民经济和社会发展的重大意义。

第三，本书实证研究了中国基础设施的经济发展效应，包括基础设施对市场融合、开放发展、民生幸福和内生增长的影响，从而有助于我们更科学地设计和调整基础设施的相关政策，以培育经济发展新动能、跨越发展陷阱。

第四，本书深入分析了国家治理对于基础设施供给的重要意义，从而有助于我们更深入地理解基础设施发挥经济发展效应的制度根源及中国未来治理体系改革的方向。

总之，本书从基础设施的角度为中国经济伟大发展历程这一“鸿篇巨制”提供了一个注脚，同时也为发展中国家基础设施相关研究提供了新的经验证据。

1.2　框架结构与研究思路

1.2.1　框架结构

本书的研究围绕“基础设施”和“经济发展”这两个核心变量逐步展开。

本书的第一部分是“**理论基础**”，包括第 2 章至第 4 章，仔细梳理了基础设施的发展历史、基本概念、供给模式、代表性理论、国内外经验证据和四个代表性数理模型。这是本书研究的出发点。

本书的第二部分是“**历史回顾**”，包括第 5 章，系统回顾了社会主义建设初期（1949—1978 年）和改革开放以来（1978—2019 年）这两个时期，即中华人民共和国成立 70 年来，基础设施发展的历史背景、总体趋势、成就和挑战，并用经典的“供给-需求”分析框架进行提炼和总结。这是本书研究的经验基础。

本书的第三部分是“**实证研究**”，包括第 6 章至第 9 章，分别从市场融合、开放发展、民生幸福、内生增长这四个角度对基础设施的经济发展效应进行量化分析和因果推断。这是本书研究的主体部分。

本书的第四部分是“**制度分析**”，包括第 10 章，探索了国家治理对于基础设施供给的重要意义，从分权的视角解读了中国的治理体系及其对基础设施供给的影响，并提出政策建议。这是本书研究的最终落脚点。

本书的框架结构如图 1.5 所示。

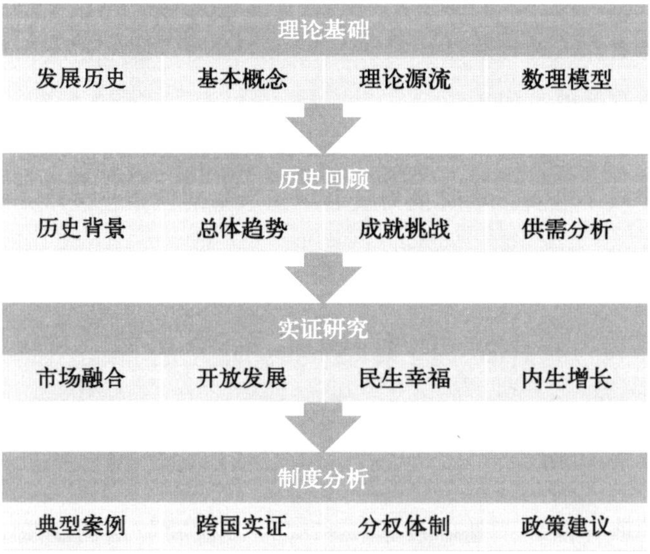

图 1.5 本书的框架结构

1.2.2 研究思路

本书的研究思路从经典的“市场结构—企业行为—市场绩效”（Structure - Conduct - Performance，SCP）分析范式拓展而来，即将产业经济学的 SCP 分析范式与中国的政治经济体制相结合，形成“治理基础—供给行为—发展绩效”（Governance - Provision - Development，GPD）这一富有特色的分析框架。

具体而言，“治理基础”是指一国制度体系的核心部分，针对中国而言，主要是指以“政治集权、经济分权”为特征的政治经济体制，其塑造了地方政府及官员提供基础设施的激励结构。“供给行为”不仅是指政府部门提供基础设施的类型、数量和质量，而且代表基础设施的供给模式，如政府采购、政府与社会资本合作等。“发展绩效”代表基础设施的经济发展效应，主要涉及市场融合、开放发展、民生幸福、内生增长这四个方面。总之，“治理基础”决定了“供给行为”，进而影响了“发展绩效”。

1.3　研究内容与研究难点

1.3.1　研究内容

本书除第 1 章（绪论）外，其余各章的主要研究内容如下。

第 2 章梳理了工业革命以来基础设施的创造发明、发展演进和历史意义。在此基础上，本章引出了基础设施的基本概念、主要类型及其经济学性质，并深入讨论了关于“基础设施政府供给”这一概念的内涵和外延。最后，本章介绍了以政府与社会资本合作为代表的基础设施供给模式创新。“以古为镜，可以知兴替”，对基础设施发展历史的掌握是我们开展经济学研究的起点。

第 3 章首先梳理了关于基础设施的名家观点和代表性理论，在这一基础上，回顾了亚非拉发展中国家基础设施的经济发展效应的经验证据。其次，本章集中回顾了中国基础设施的增长效应及其内在机制、减贫和收入分配效应。最后，本章基于文献反思了中国基础设施的经济发展效应背后的问题和挑战。“他山之石，可以攻玉”，积极借鉴和学习前人的研究成果是确保本书研究的科学性、前沿性和创新性的重要基础。

第 4 章介绍了关于基础设施的四个经济学理论模型及其政策含义，包括基础设施的冰山成本模型、内生增长模型、地区竞争模型，以及考虑基础设施外部性的地区竞争模型。本章试图通过对各模型的前提假设和均衡结果进行分析来揭示基础设施对经济增长的影响及内在机制。

第 5 章将中华人民共和国成立至 2019 年的时间历程分为改革开放前和改革开放后两个时期，对基础设施的发展成就进行了历史回顾，对相关的重大改革措施和政策进行了梳理归纳，并从中总结出经济学分析框架，对中国基础设施的发展模式、内在规律、成就和挑战进行了理性总结。

第6章从高速铁路连通城市的视角探索了基础设施发展对中国劳动力市场融合的影响。本章基于理论模型设定了计量方程，并采用2002—2015年中国“城市对”的平衡面板数据和倍差法（又称双重差分法，Difference-in-Difference，DID）对模型参数进行了估计。研究发现，高速铁路连通能够显著缩小城市间的工资差距，而且这一高速铁路连通效应在相距100~900 km的“城市对”中更为明显，这意味着高速铁路网络的扩张促进了城市间劳动力市场的融合。进一步研究发现，上述效应很可能是通过促进第二产业和第三产业劳动力的流动实现的。

第7章从外商直接投资（Foreign Direct Investment，FDI）的视角探索了基础设施对中国开放发展的影响。本章基于中国省级和地级市的面板数据探索了社会型基础设施和经济型基础设施对于吸引FDI流入的作用。研究发现，FDI关注一个地区社会型基础设施的水平，同时经济型基础设施的改善依然是吸引FDI流入的积极因素。本章的研究不仅有助于我们更深入地理解在世界经济复苏乏力、中国经济结构转型的背景下FDI地区分布的内在规律，还有助于我们设计和调整基础设施相关的公共政策，打造良好的投资环境，以促进全面开放发展。

第8章从天然气普及的角度探索了清洁能源基础设施对居民幸福感的影响。本章将中国综合社会调查和省级宏观经济数据进行匹配，利用普通最小二乘法（Ordinary Least Squares，OLS）和有序选择（Ordered Probit）模型对幸福感计量方程进行了估计。研究发现，天然气普及显著提升了居民幸福感。进一步的分析表明，在工业污染排放较高的地区，天然气普及对居民幸福感的提升作用更为明显。本章的研究不仅有助于我们理解影响中国居民幸福感的潜在因素，还有助于我们设计和调整清洁能源基础设施的相关政策，从而进一步提升社会福祉。

新型基础设施不但助力疫情防控、撬动投资和消费需求，而且有助于推动经济发展方式转型。第9章通过构造“新型基础设施发展政策指数”来进行计量经济分析，发现新型基础设施的发展显著促进了地区经济增长和提升了全要素生产率。但对于经济发展水平相对落后的地区而言，盲目推进新型基础设施建设可能事与愿违。

第 10 章探索了基础设施供给的治理基础和促进中国基础设施创新的政策建议。首先，本章基于现有文献回顾了一国治理能力影响基础设施供给的国际经验。其次，通过分析 138 个发展中国家的数据发现，一国较强的治理能力有助于促进私人部门参与基础设施供给。再次，本章从分权的视角解读了中国的治理体系及其对基础设施供给的影响。最后，本章从提升治理能力的角度提出了促进基础设施创新发展的政策建议。

1.3.2　研究难点

（1）基础设施经济学思想和模型的文献梳理

关于基础设施的经济学研究源远流长，理论思想至少可以追溯到亚当·斯密（Adam Smith）的《国富论》，而实证研究更是汗牛充栋。面对浩瀚的文献资料，本书尽最大努力选择并介绍了最有代表性的理论思想和四个具有深刻内涵的数理模型。

（2）中华人民共和国成立以来基础设施发展的历史回顾

中华人民共和国成立 70 多年来，基础设施经历了一个从修复到新建再到飞跃式发展的过程，这一过程是在中国政治经济学转型的宏大历史背景下展开的，如何紧密结合历史背景来阐述基础设施的发展历程是本书研究面临的一个挑战。本书将中华人民共和国成立至 2019 年的时间历程分为改革开放前和改革开放后两个时期，并将每个时期又细分为若干个重要的历史阶段，进而在这一框架下对基础设施的发展历程进行梳理。

（3）基础设施经济发展效应的实证研究

基础设施类型众多，同时基础设施所产生的经济发展效应也有多个方面，因此，如何选择研究对象是本书研究面临的又一个挑战。本书选择了交通基础设施、教育基础设施、清洁能源基础设施和基于数字科技的新型基础设施作为研究对象，分别探索了它们对劳动力市场融合、外商直接投资、居民主观幸福感和全要素生产率的影响。

（4）治理基础影响基础设施有效供给的制度分析

关于国家治理与基础设施供给的关系，学界尚未达成共识，同时也缺乏成熟的分析框架。因此，本书基于典型案例、跨国实证和理论分析对上述难题展开了初步探索，并试图从“中国式分权”的视角对中国的治理体系及其对基础设施供给的影响进行解读。

第2章　基础设施的发展简史与基本概念

如果没有它（美国太平洋铁路），八十天环游地球的梦想永远只是梦想而已。

——儒勒·凡尔纳《八十天环游地球》

本章梳理了工业革命以来基础设施的创造发明、发展演进和历史意义。在此基础上，本章引出了基础设施的基本概念、主要类型及其经济学性质，并深入讨论了关于“基础设施政府供给”这一概念的内涵和外延。最后，本章介绍了以政府与社会资本合作为代表的基础设施供给模式创新。“以古为镜，可以知兴替”，对基础设施发展历史的掌握是我们开展经济学研究的起点。

2.1　基础设施发展简史

2.1.1　工业革命时期基础设施的创新

自古以来，道路、桥梁、河道、水利设施一直是人类赖以生产和生活的基本条件。直至今日，中国的京杭大运河、都江堰等古代水利工程依然在航运、防洪、灌溉等领域发挥着重要作用，闪耀着中国古代劳动人民勤劳和智慧的光芒。

基础设施的创造发明和飞速进步主要出现在工业革命时期。火车、汽船、汽车、飞机等交通工具的出现，河道、铁路的不断扩展，电报、电话和无线通信的相继发明，以及电能的广泛应用，都显著“缩短”了人类的时空距离，大大加快了人类文明发展的步伐。

1807 年，美国工程师罗伯特·富尔顿（Robert Fulton）制造出新型汽船“克莱蒙特”号，利用蒸汽机带动车轮拨水为轮船提供动力。在试航成功不久后，这类汽船便大量生产并投入实际运营，从此揭开了人类社会远洋运输时代的序幕。1869 年和 1914 年，苏伊士运河和巴拿马运河的相继通航，突破了远洋运输地理瓶颈，进一步促进了国际航运网络的形成。

1825 年，英国工程师乔治·斯蒂芬森（George Stephenson）亲自驾驶他设计的“旅行者”号蒸汽机车，在英国斯托克顿至达林顿的一条长约 48 公里的商用铁路上试车成功。“旅行者”号蒸汽机车的试车成功昭示着人类铁路时代的到来。之后，铁路网络在世界各地迅速发展，成为国际航运网络的重要补充。1875 年，欧洲、美洲、亚洲、非洲都已铺设铁路，且共拥有 6.2 万部火车头、11.2 万节客车车厢和总质量约 50 万吨的货车车厢。可以说，19 世纪第三个 25 年是第一个真正的铁路时代。[①]

美国太平洋铁路的建设是世界铁路史上的标志性事件。1862 年，美国总统林肯批准通过了建设太平洋铁路的法案，致力于修建贯穿美国东西部的铁路网络。1863 年，西段铁路破土动工，但由于路线所经地区地势险峻，建设进展十分缓慢。1865 年开始，铁路建设承包商开始大规模雇佣华工，在上万名勤劳坚毅的华工的积极参与下，美国太平洋铁路于 1869 年宣告建成，比原计划整整提前了 7 年的时间。太平洋铁路的修建促进了美国东西部生产要素的流动和市场的融合。

如果说第一次工业革命（或工业革命上半期）主要依靠能工巧匠的经验积累和不断尝试，使人类社会摆脱畜力时代走进蒸汽时代，那么第二次工业革命（或工业革命下半期）则主要依靠科学和技术的有机结合，使人类社会跨越蒸汽时代走进电气时代。

19 世纪 30 年代以来，在英国科学家迈克尔·法拉第、俄国科学家鲍里斯·雅可比、德国工程师维尔纳·冯·西门子、比利时-法国科学家齐

① 霍布斯鲍姆. 资本的年代：1848—1875［M］. 张晓华，等译. 北京：中信出版社，2014.

纳布·格拉姆的接连努力下，电动机和发电机相继问世并不断改进，从而为电力工业的发展奠定了基础。19 世纪 80 年代左右，内燃机的发明和应用进一步改进了火车和轮船的性能，催生了汽车和飞机的发明。1903 年，美国莱特兄弟（Wright Brothers）用汽油发动机为动力设计并制造出一架飞机，在美国北卡罗来纳州的基蒂霍克海滩试飞成功，开创了人类交通事业的新纪元。自此，人类社会彻底摆脱缓慢的平面交通时代并步入快捷的海陆空立体交通时代。

空间距离的“缩短”并没有完全满足人类对信息快速传递的需求。19 世纪 30 年代，美国画家塞缪尔·莫尔斯（Samuel F. B. Morse）在一次偶然的旅途中接触到电子感应原理，之后刻苦钻研，终于在 1837 年发明了有线电报机。几乎在同一时间，英国科学家查尔斯·惠斯通（Charles Wheatstone）和威廉·库克（William Cooke）也根据电磁学原理发明了指针式电报机，并在 1837 年取得了英国的专利。电报的发明加速了信息的传播，并彻底改变了新闻业的发展格局。1876 年，美国发明家亚历山大·贝尔（Alexander G. Bell）根据电磁感应原理发明了电话机并设立了电话公司，开始大规模经营电话业务。1902 年，意大利工程师伽利尔摩·马可尼（Guglielmo Marconi）发明了无线电通信技术，并成功实现在英格兰和加拿大之间进行远距离无线通信。这一“穿越大洋的电波”标志着人类社会进入全球信息互通和实时传递的时代。

总之，始于 18 世纪 60 年代的第一次工业革命不但是一场科学技术的革命，也是一场基础设施不断创新发展的革命。

2.1.2　第二次世界大战以来基础设施的发展

第二次世界大战的结束是人类历史发展的一个里程碑。战后，不但建立了旨在维护国际和平的联合国这一超国家组织，而且以美苏为首的东西方两大阵营逐渐形成。世界格局的剧变给科技进步和经济发展带来了深远影响，同时也促进了基础设施的进一步创新。

在战后关于基础设施的科技进步中，最引人瞩目的便是电子计算机和互联网的发明。1946 年，世界上第一台电子数字计算机埃尼阿克

（Electronic Numerical Integrator And Computer，ENIAC）在美国宾夕法尼亚大学诞生，这一由 17 840 支电子管构成、重达 28 t 的庞然大物实现了每秒 5 000 次运算的奇迹，预示着计算机时代的到来。之后，计算机技术飞速发展，先后经历了电子管、晶体管、集成电路和大规模集成电路四个发展阶段，与人工智能相融合的第五代计算机也正呼之欲出。电子计算机被广泛运用到工业、农业、商业等产业部门，以及医院、学校、政府等公共部门，大大提高了人类整理和分析信息的能力，无疑促进了社会各领域的快速发展。

更重要的是，互联网（也称国际网络）的出现使人类迅速迈入网络时代。互联网的前身阿帕网（Advanced Research Projects Agency Network，ARPANET）出现在 20 世纪 50 年代的冷战时期，是美国军方出于自身计算机网络安全的考虑而建设的，并于 1969 年正式启用。1989 年，阿帕网解散，互联网民用化进程开启并不断加速。20 世纪 90 年代以来，以互联网为依托的各类产业蓬勃发展，成为推动美国经济增长的重要引擎，纳斯达克等股票指数也一路上扬，直至 2000 年“互联网泡沫”破裂为止。迄今，互联网已经遍布世界各地，这一“信息高速公路网”已日臻完善，深刻改变了人类文明的整体进程。

近年来，以人工智能为代表的信息科技蓬勃发展，这些结合人工智能的计算机系统能够部分地替代人类智力活动，包括感知、分析、学习、判断等方面，并被逐渐运用于科学研究、商业决策、教学辅助、医学诊断等诸多领域，正在以难以想象的速度、深度和广度改变经济发展模式和世界格局。

高速铁路的发明和普及也是战后科技发展的重要标志。尽管各国标准不同，但高速铁路一般是指运行时速超过 250 公里的铁路系统。1964 年，日本第一条东海道新干线（Shinkansen）于东京奥运会前夕通车运营，这是世界上第一条投入商业运营的高速铁路路线。这条新干线连接了日本东京、名古屋、大阪这三大城市，并促进了以这三个城市为核心的三大都市圈的发展。法国高速铁路 TGV（Train à Grande Vitesse）于 1981 年开通运营，是继日本东海道新干线之后的世界上第二条商业运营的高速铁路路线。之后，法国 TGV 高速铁路网络迅速扩展，不但挤占了航空业的客源，而且将首都巴黎与其他城市连接起来，促进了法国国内市场一体化的进程。德国城际特快列车 ICE（Inter City Express）于 1989 年正式投入运营，其服务范围不但覆盖了德国境内的各大城市，而且已经跨越国界延伸至邻近国家的多个城市。

中国高速铁路系统虽然发展较晚，但后来居上。2003 年，秦皇岛—沈阳客运专线全段建成通车，成为中国第一条高速铁路路线。2008 年，设计时速为 350 公里的京津城际铁路于北京奥运会前夕开通运营。尽管经历降速风波和重大事故，但中国高速铁路蓬勃发展之势难以阻挡，截至 2019 年年底，中国高速铁路营业总里程达到 3.5 万公里，高居世界第一。中国高速铁路网络的迅速扩张对于促进生产要素合理流动和高效集聚具有重大意义。

总的来看，日本新干线、法国 TGV、德国 ICE 和中国高速铁路一起成为世界四大高速铁路巨头。这些现代化的交通基础设施不但给本国社会和经济发展带来了便利，而且不断走向世界，为解决其他国家的交通问题提供了可行方案，促进了广大发展中国家的经济发展。

毫无疑问，战后基础设施的进步远不止于此，交通、能源、通信、水利等现代化基础设施的创新层出不穷。高速公路网络建设、核能的开发和利用、太阳能光伏发电系统、全球卫星导航、现代水利工程等都是战后基础设施发展的重要标志。各类基础设施从不同的领域对一国的经济发展和社会进步提供了支撑作用。

2.1.3　基础设施发展的历史意义

毫无疑问，基础设施的创新和发展是人类生产力进步的重要标志。正如《共产党宣言》所指出的，“资产阶级在它的不到一百年的阶级统治中所创造的生产力，比过去一切时代创造的全部生产力还要多，还要大。自然力的征服，机器的采用，化学在工业和农业中的应用，轮船的行驶，铁路的通行，电报的使用，整个大陆的开垦，河川的通航，仿佛用法术从地下呼唤出来的大量人口，——过去哪一个世纪料想到在社会劳动里蕴藏有这样的生产力呢?”①

享誉国际的近代史大师艾瑞克·霍布斯鲍姆（Eric Hobsbawm）在其脍炙人口的著作《资本的年代：1848—1875》中详尽描述了19世纪50年代以来铁路网络的全球性扩张，他不禁感慨，“那些生活在这个英雄时代的人们，当然会被这辉煌的成就所震撼，我们也不禁对他们那种欣喜若狂、充满自信、倍感骄傲的心情抱有同感。”②

从经济史的角度来看，基础设施的发展具有重大意义。首先，基础设施降低了运输成本，缩短了能源产地与工业基地的时空距离，从而显著促进了各国工业化的进程。霍布斯鲍姆指出，“这个时代的特有产品是铁和煤，而其最具代表性的象征是铁路，铁路把两者结合起来。”②威廉·麦克尼尔（William H. McNeill）在其著作《世界史：从史前到21世纪全球文明的互动》中也指出，“铁路让内陆地区变得开放，并且能够长距离地运输如铁矿和煤等大量原材料。由于陆上铁路运输开辟了新的机会，上西里西亚煤田和宾夕法尼亚煤田率先进入开采之列。”③总之，能源和工业的紧密结合从整体上降低了工业生产的成本，推进了一国工业化的进程。

其次，基础设施拓展了资本主义经济的地理范围，并将原本各自独立的经济体连接成为一个紧密的网络，开启了经济全球化的新时代。霍布斯鲍姆指出，“由于铁路、汽船和电报——他们最终代表着适合现代化生产工具的交通工具——资本主义经济的地理范围随着其商业交易的增加，突然成倍扩大。整个世界都变成其经济范围。”②他进一步指出，“从1848年至1870年，世界工业化程度最高的国家（英国）与最遥远或者说最落后地区之间的贸易额足足增加了6倍，这远远超出了前人的想象。”③可见，基础设施的发展是经济全球化的基础条件。

---

① 马克思，恩格斯．共产党宣言［M］．中共中央马克思恩格斯列宁斯大林著作编译局，译．北京：人民出版社，1997.

② 霍布斯鲍姆．资本的年代：1848—1875［M］．张晓华，等译．北京：中信出版社，2014.

③ 麦克尼尔．世界史：从史前到21世纪全球文明的互动［M］．施诚，赵婧，译．4版．北京：中信出版社，2013.

最后，通信基础设施的发展不但加速了信息的传播，也在很大程度上影响了政治的发展。一方面，出于外交和军事的需要，各国政府纷纷将电报业务收归国有，以便与他国政府和边疆前哨取得联系。另一方面，通信技术的发展促进了新闻业的发展，各国政治家开始广泛利用报纸这一传统媒体来影响和引导公众舆论。

2.2　基础设施的概念、类型与性质

2.2.1　基础设施的概念与类型

通过梳理基础设施发展的历史进程不难发现，基础设施并没有一个固定的范畴，而是一个不断发展的动态概念。

根据世界银行的《1994 年世界发展报告：为发展提供基础设施》，“经济基础设施”包括以下三方面的服务：(1) 公共设施——电力、电信、自来水供给、卫生设施与排水系统、固体废弃物的收集与处理，以及管道煤气；(2) 公共工程——公路、大坝和用于灌溉及排水的渠道工程；(3) 其他交通部门——城市和城市间铁路、城市交通、港口和水路，以及机场。[①] 该报告通过分类和举例对基础设施的概念进行了描述性界定，有助于我们从感性的角度认识基础设施。

中国国家统计局对“基础设施投资”这一指标进行了解释。“基础设施投资”是指“为社会生产和生活提供基础性、大众性服务的工程和设施，是社会赖以生存和发展的基本条件。包括以下行业投资：铁路运输业、道路运输业、水上运输业、航空运输业、管道运输业、多式联运和运输代理业、装卸搬运业、邮政业、电信广播电视和卫星传输服务业、互联网和相关服务业、水利管理业、生态保护和环境治理业、公共设施管理业”[②]。从中可以发现，上述指标解释的第一句实际上界定了“基础设施”这一概

① The World Bank. World development report 1994: Infrastructure for development [M]. Washington: The World Bank, 1994.

② 详见国家统计局网站。

念，第二句则列举了与基础设施密切相关的行业。

国内学者唐建新和杨军在其专著《基础设施与经济发展：理论与政策》中指出，“基础设施是指为直接生产活动以及满足人们基本需要，实现可持续发展提供共同条件和公共服务的设施和机构，一般包括交通运输、动力、通信、给排水、水利、排污等设施，以及教育、医疗保健、公共卫生、环境保护和法律、秩序等系统”①。可见，他们将教育、医疗等无形的公共服务也纳入了基础设施的概念中，可以说是对基础设施概念的扩展和补充，学界往往将这些公共服务称为“社会基础设施”。

根据百度百科，“基础设施是指为社会生产和居民生活提供公共服务的物质工程设施，是用于保证国家或地区社会经济活动正常进行的公共服务系统。它是社会赖以生存发展的一般物质条件”。应该说，这是对基础设施最为宽泛的界定。

近年来，新型基础设施建设日益受到关注。新型基础设施主要是指大数据中心、人工智能、云计算中心、5G 移动通信网络、工业互联网、物联网等依托互联网和数字科技的网络系统。这些新型基础设施在加快信息处理、提升生产效率、改进产品质量、改善服务体验等诸多领域展示出独特魅力。2018 年 12 月召开的中央经济工作会议指出，要“加快 5G 商用步伐，加强人工智能、工业互联网、物联网等新型基础设施建设”。2019 年国务院《政府工作报告》也强调，要“加强新一代信息基础设施建设”。2020 年年初，以“大智移云”为代表的新型基础设施在抗击新冠肺炎疫情中发挥了积极作用。

必须指出的是，尽管新型基础设施的发展同样需要大量资金投入，但相比于道路、桥梁等传统基础设施，其既不需要消耗大量钢筋水泥，也不需要占用农田土地，而更多的是依赖一个国家的科技、网络、数据等近乎无形的生产要素。换言之，新型基础设施所依托的往往是技术密集型的信息科技产业和高端制造业，而不是传统资本或劳动密集型的制造业和建筑业。

---

① 唐建新，杨军. 基础设施与经济发展：理论与政策［M］. 武汉：武汉大学出版社，2003.

综上所述，本书将基础设施分为三类：一是经济（型）基础设施，主要包括交通、通信、能源、水利等传统的基础设施；二是社会（型）基础设施，主要包括教育、医疗、卫生、文化、体育等提供民生服务的基础设施；三是新型基础设施，主要包括大数据、智能化、移动互联网、云计算等数字科技型基础设施。限于研究基础和资料可得性，本书将经济（型）基础设施作为研究重点，同时也对社会（型）基础设施、新型基础设施展开了探索性研究。

2.2.2　基础设施的经济学性质

尽管上述分析没有给出基础设施的精确定义，但通过分类和举例不难捕捉基础设施的一些经济学特征。

第一，基础设施是连接生产要素的生产要素，是经济活动开展的基础性条件。

不论是交通、通信、能源、水利等传统的基础设施，还是“大智移云”等新型基础设施，都致力于将原料、设备、人员、技术、管理、企业家精神等各种类型的生产要素连接在一起，使其集聚于生产部门创造出价值，并输送到市场以满足消费者需求。而且随着基础设施类型的拓展和功能的改善，资源利用效率（即生产效率，以投入产出比来衡量）也不断提高。因而从这个意义上看，基础设施是连接生产要素的生产要素，是各类经济活动顺利开展的前提条件。本书的这一观点与马克思关于基础设施性质的判断是基本一致的，马克思在其著作《资本论：第一卷》和《1857—1858 年经济学手稿》中指出，基础设施是“一般生产条件”①。

第二，基础设施具有一定的公共产品性质，其供给离不开政府部门的参与。

从公共经济学的基本原理来看，纯粹的公共产品是指同时满足非竞争性和非排他性的物品。具体而言，非竞争性是指增加一位消费者并不会妨碍其他消费者从该物品中获益。例如，在尚未达到交通饱和的高速公路或

---

① 详见本书 3.1.3 小节。

桥梁上增加一辆汽车的行驶不会妨碍其他车辆对高速公路的使用；在一个城市中增加一户家庭也几乎不会提高燃气管道、给排水和电力系统等市政基础设施的运营成本。从这个意义上看，上述基础设施供给的边际成本为零。非排他性是指将任何一位潜在的消费者排除在该物品的受益范围之外是不可能的，或者有极高的成本。例如，免费通行的高速公路和桥梁、免费提供的义务教育，以及大量公共卫生服务，都具有非排他性的特征。

在非竞争性的条件下，如果根据边际成本为零进行定价，即实施免费供应，那么便难以激发生产者的积极性，从而导致“供应不足”。相反，如果对基础设施进行收费供应，如设置过路过桥费，那么必然会将一些潜在的需求者排除在基础设施的益处之外，从而导致“消费不足”。更不用说在非排他性的条件下，即无法收费的情形，如城市内部的街道。简言之，非竞争性意味着收费是不可取的，而非排他性意味着收费是不可能的。

上述关于基础设施的收费难题不但是市场失灵的典型表现，也是政府承担相应供给责任的内在原因。长期以来，基础设施应由政府提供的理念一直被视为金科玉律。但由于基础设施种类繁多，不少基础设施并不完全满足公共产品的非竞争性和非排他性两大特征，因此不同类型基础设施的供给模式不能一概而论，基础设施供给由政府包揽的观点显然有失偏颇。考虑到现实中关于“基础设施政府供给”这一观点的误解和偏见，因此有必要对这一理念进行梳理和辨析。

2.3 “基础设施政府供给”的误解与辨析

“基础设施政府供给”这一理念源于基础设施的公共产品性质，但由于基础设施类型多样、性质复杂，不少人对上述理念产生了误解乃至偏见。本节通过辨析下述五大误解来深入认识“基础设施政府供给”的内涵和外延。

2.3.1　误解之一：政府供给=免费供给

有人以为，既然政府能够利用税收等公共资金对基础设施进行筹资，那么政府就应该免费向民众提供这些产品。诚然，诸如大型水利设施、城市道路等经济基础设施，以及基础教育、公共卫生等社会基础设施，具有明显的非竞争性且受益面广泛，政府的确采取（也应该采取）“税收筹资+免费供给”的供给模式。

但依然存在一些较为复杂的现实情况。第一，高速公路、桥梁等交通基础设施存在一定的竞争性，在完全免费通行的条件下，容易造成拥挤并导致运行效率下降。第二，市政基础设施所包括的供电、供水、供热等产品具有明显的私人产品性质，免费提供可能导致过度消费，从而损害社会福利。对于这类能够明确锁定受益对象的基础设施及其附属产品，政府往往根据“谁受益、谁付费”的原则采用“使用者付费”的供给模式。与此同时，为了保障低收入者等社会弱势群体的生活需要，政府还辅之以“部分补贴”的公共福利政策。

2.3.2　误解之二：政府供给=政府生产

有人以为，政府提供基础设施意味着政府工作人员直接组织基础设施的生产。事实上，所谓“政府供给”，其实是利用税收等公共资金对基础设施进行招标采购，而基础设施的建设、运营、维护，以及将基础设施所提供的服务传递给消费者的工作依然有赖于大量企业、医院、学校、社区等市场机构。简言之，“政府供给”大多是“市场生产+政府买单”的模式。

由此可见，在“政府供给”的背后，存在着一个庞大的基础设施生产网络，这一网络由无数企业、事业单位、社会组织（包括社会团体、民办非企业单位、基金会等类型）等市场机构组成。从产业结构来看，这些机构不仅涵盖制造业、建筑业、采掘业等工业部门，而且包括教育、医疗、公共管理、科技研发等服务行业。这些机构之间存在着激烈的竞争和优胜劣汰机制，这不但有助于基础设施的功能创新和质量提升，也有助于政府在招标采购基础设施时进行筛选。总之，政府提供基础设施不能脱离市场经济而单独存在。

2.3.3 误解之三：政府供给=唯一供给

有人以为，考虑到私人资本逐利的天然属性，任何民营机构都不应承担直接提供基础设施的职能，这样政府便成为基础设施的唯一供给方。尽管政府在提供基础设施领域具有不可替代的作用，但具体实践却要丰富和复杂得多。

20世纪80年代中期以来，政府与企业部门之间合作提供基础设施的模式逐渐兴起。例如，以“建设—经营—移交（Build - Operate - Transfer，BOT）”为特征的BOT模式、以“建设—拥有—经营（Build - Own - Operate，BOO）”为特征的BOO模式等。这些模式不但有利于发挥私人部门专业技能多样化和运作机制灵活的比较优势，还有助于降低政府监管成本、提高行政效率。总之，这些创新的供给模式调动了政府和企业的积极性，日益成为基础设施供给的主流模式。

2.3.4 误解之四：政府供给=普遍满意

有人以为，政府在提供基础设施时往往对数量和质量规定了统一的标准，因此民众对基础设施的满意度也会整齐划一，从而保障了基础设施供给的公平性。但事实上，不同消费者对同样数量或质量的基础设施存在差异性的评价，即不同消费者拥有互不相同的基础设施需求曲线，因此政府统一提供并不意味着消费者普遍满意。

以近年来一些城市大规模建设的市内高速公路和轨道交通为例，尽管每一位城市居民都可以平等地使用这些交通基础设施，但相比于居家办公族和退休人群，拥有频繁通勤需求的上班族显然对此具有更高的评价和满意度。进一步细分，开车上班族会对宽阔的市内高速公路有更高的评价，而公交上班族则更偏好四通八达的轨道交通。

上述分析也提醒我们，统一标准仅仅是政府提供基础设施的起点，而远未达到满足人民日益增长的美好生活需要的最终目的。面对民众多元化的基础设施需求，及时收集、准确汇总、有效分析这些信息已经对现有政府的行政管理能力提出了不小的挑战。

2.3.5　误解之五：政府供给=愿意供给

有人以为，政府提供基础设施意味着政府愿意提供基础设施。这一判断混淆了“实然”和“应然”的逻辑问题。事实上，政府应该提供基础设施是学者基于公共经济理论的一个价值判断和政策建议，并不意味着现实中的政府官员天生具备提供基础设施的意愿。根据公共选择理论，政府并不是一个以社会福利最大化为目标的“慈善机构”，政府官员与厂商、消费者一样，都符合理性人的假设，同样会对激励做出反应，同样具有“趋利避害”的行为倾向。

在传统的、以经济增长为核心的考评机制下，地方政府官员往往会受到激励，致力于提供高速公路、市政设施等能够在短期内，特别是任期内促进经济增长的经济基础设施，而相对缺乏提供基础教育、医疗保健、公共卫生等社会基础设施的意愿，也缺乏发展新型基础设施、促进经济发展方式转型的动力。更令人担忧的是，在个别贫困地区，地方政府官员甚至没有意愿提供道路、水电等最基本的基础设施，而更希望保留贫困县的“帽子”以获得长期的财政补助。① 党的十九大以来，随着干部考核评价机制的持续完善和精准扶贫政策的迅速落实，上述扭曲现象明显改善。总之，只有建立恰当的激励机制，才能真正将公共服务从理想转变为现实。

2.4　基础设施供给模式创新

长期以来，由于基础设施具有建设成本高、运营时间长、投资回报低等特性，基础设施的投资、建设、运营和管理似乎一直是政府部门和国有企业的“专利”。第二次世界大战之后，不少工业化国家的政府不得不拥有和经营大量与基础设施相关的企业部门，包括铁路、军工、航空、邮政

---

① 2012 年 3 月，国家对国家级贫困县名单进行调整，调出 38 个区县，但在各省份“退一补一”的要求下，国家级贫困县总数最终维持不变。

和电信等。但大量事实表明，政府一般不可能或不愿意按照商业原则经营国有企业，因此国有企业经营低效、亏损的情况十分普遍。① 面对这一情况，政府动用财政资金补贴国有企业便成为家常便饭，而这又导致了国有企业软预算约束的形成。在政府财政托底的保障下，国有企业负责人更加没有动力去改善经营效率，转而追求更高的在职消费，这最终导致亏损加剧。在这一背景下，不少国家债台高筑，财政预算持续膨胀，甚至陷入“越亏越补、越补越亏”的恶性循环之中。

20 世纪 80 年代以来，经济自由主义思潮席卷全球。一方面，以提高行政效率、压缩政府规模为宗旨的“新公共管理运动”广泛兴起。另一方面，以促进自由竞争、发挥市场作用为目的的“私有化运动”蓄势待发。美国里根政府通过大规模削减政府开支、整顿国有企业来提振经济。英国撒切尔政府更是大刀阔斧地削减公共部门的规模，并致力于推动国有企业的私有化改革。

在这一背景下，基础设施民营化、私有化的浪潮高涨，开始成为一种转变政府职能、提高公共资金效率的重要手段。企业部门迅速参与基础设施的供给中，以 BOT 模式为代表的一系列创新的基础设施供给模式应运而生。BOT 模式是指政府向企业颁布特许权，允许其在一定时期内建设某一基础设施项目并负责经营管理，并在特许期结束后将项目所有权移交给政府部门的基础设施供给模式。

在 BOT 模式的基础上，一系列衍生模式被开发出来。例如，委托经营（Operations & Maintenance，O&M）、管理合同（Management Contract，MC）、租赁—经营—移交（Lease - Operate - Transfer，LOT）、建设—拥有—经营（BOO）、购买—建设—经营（Buy - Build - Operate，BBO）、移交—经营—移交（Transfer - Operate - Transfer，TOT）、改建—经营—移交（Rehabilitate - Operate - Transfer，ROT）、区域特许经营（Concession）等模式，以及上述模式的组合。②

---

① Tanzi V, Schuknecht L. Public spending in the 20th century: A global perspective [M]. Cambridge: Cambridge University Press, 2000.

② 详见财政部政府和社会资本合作中心网站。

这种私人部门与政府部门之间签订长期合同，以提供基础设施等公共产品或服务的模式被统称为政府和社会资本合作（Public - Private Partnership，PPP）模式，即公私合作模式。尽管在各类具体的 PPP 模式中，定价机制、投资回报、风险分担、期满处置等因素各有不同，但重要的是，政府与企业建立了利益共享、风险共担、长期合作的合约机制。这种基础设施的私有化并没有彻底取消政府在提供基础设施中的职能，但在很大程度上转变了政府职能的性质，将政府部门从直接组织生产和融资中解脱出来，使其专注于监管企业这一领域。

20 世纪 90 年代以来，面对发展中国家基础设施的巨大需求和政府财力的相对拮据，PPP 模式开始盛行起来。图 2.1 展示了自 1996 年以来，发展中国家私人部门参与的能源、通信、交通、供水与卫生四类基础设施总投资额的变化趋势。从图中可以发现，私人部门参与的基础设施（Private Participation in Infrastructure，PPI）总投资额在 1998 年前后取得历史高点之后，经历了一段缓慢下降的时期，但在 2002 年之后，前三类基础设施总投资额都呈总体上升趋势，供水与卫生基础设施总投资额则一直维持稳

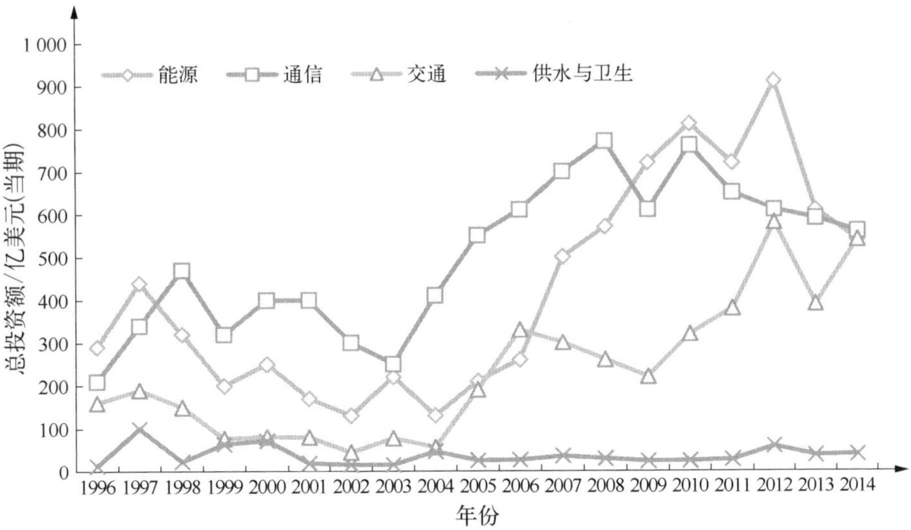

图 2.1　发展中国家私人部门参与的基础设施总投资额的变化趋势

数据来源：根据世界发展指标数据库计算整理。

定。2008 年全球金融危机以来，通信基础设施总投资额先增长后下降，而能源和交通基础设施总投资额则继续上升，到 2012 年之后才有所波动。总之，PPP 模式已经在发展中国家基础设施的融资、建设和运营中扮演起日益重要的角色。

第3章　基础设施经济学的起源与发展

吾尝跂而望矣，不如登高之博见也。

——荀子《劝学》

本章首先梳理了关于基础设施的名家观点和代表性理论，在这一基础上，回顾了亚非拉发展中国家基础设施的经济发展效应的经验证据。其次，本章集中回顾了中国基础设施的增长效应及其内在机制、减贫和收入分配效应。最后，本章基于文献反思了中国基础设施的经济发展效应背后的问题和挑战。“他山之石，可以攻玉”，积极借鉴和学习前人的研究成果是确保本书研究的科学性、前沿性和创新性的重要基础。

3.1　基础设施经济学研究溯源

关于基础设施的经济学研究源远流长。在历史上，不少著名的经济学家围绕“基础设施的经济效应”和“基础设施的供给模式”这两个方面开展了深入而广泛的思考，并得出了一系列富有启发意义的观点。

3.1.1　亚当·斯密的国家职能理论

关于基础设施的经济学研究至少可以追溯到现代经济学之父、古典自由主义经济学先驱亚当·斯密（Adam Smith）的国家职能理论。在1776年出版的经济学开山著作《国民财富的性质和原因的研究》（简称《国富论》）中，亚当·斯密指出了一个国家应当承担的三大职能：第一，保护社会不受其他社会的侵略，即国防职能；第二，尽可能地保护社会中的每一个成员不受另一个成员的压迫，即司法职能；第三，建设并维持一些特定的公共工程和公共机关，即提供基础设施的职能。[①] 其中，职能之三提到的“公共工程和公共机关”主要是指道路、桥梁、运河、港湾等公共工程，以及教育、宗教等公共设施。亚当·斯密强调，建设和维持上述公共基础设施有助于促进一国的商业发展。

与此同时，亚当·斯密还对公共基础设施的供给模式进行了深入考察。他认为，一方面，公共基础设施受益范围局限于当地，应由地方税融资并由地方政府管理。尽管地方政府滥用财政收入的现象存在，但相比于国家政府，其并不严重且较易纠正。用今天的经济学术语转述，那就是基础设施应由当地政府提供，即“分权提供”的模式。另一方面，公共基础设施可以采用“谁使用，谁付费”的模式进行融资，这符合融资公平性的原则。因此，基础设施也可以由私人提供，而不一定通过征税由政府提供。

亚当·斯密能在 240 多年前便提出基础设施“分权提供”和“私人提供”的重要理念，可见其对经济规律的洞察是何等深刻。

3.1.2 李斯特的“标准模式”

弗里德里希·李斯特（Friedrich List）是古典自由主义经济学的怀疑者和批判者，是德国历史学派的先驱。在他的理论中，国家应该在经济生活中起主导作用，因此与古典自由主义经济学中“最小的政府是最好的政府”这一理念相违背。

但必须指出的是，在基础设施供给方面，古典自由主义的政策取向和李斯特的观点则基本一致。在李斯特的国家干预理论中，他强调，国家应当修筑公路、铁路、桥梁、运河、防海堤等基础设施。总之，国家的使命是促进财富和生产力增长，使本国由野蛮转变为文明、由弱小演变为强大。

---

① 斯密. 国民财富的性质和原因的研究［M］. 郭大力，王亚南，译. 北京：商务印书馆，2008.

当代全球经济史学家、英国牛津大学教授罗伯特·艾伦在其著作《全球经济史》中，系统回顾了18世纪末，俄国、日本、墨西哥等国家经济起飞的过程，认为建设铁路、统一关税、建立银行、发展教育是推动经济起飞的四大重要力量，并将这一经济发展模式称为李斯特的“标准模式”。①

19世纪30年代，李斯特还积极推动德国铁路的建设工作，但遗憾的是，他因为卷入一场财务丑闻而被德国政府驱逐出境。1841年，李斯特的著作《政治经济学的国民体系》出版，奠定了他在经济学界的重要地位。②

3.1.3　马克思的“一般生产条件”

卡尔·马克思（Karl H. Marx）是全世界无产阶级和劳动人民的革命导师，是马克思主义的主要创始人，是马克思主义政党的缔造者和国际共产主义的开创者。时至今日，马克思的学说依然闪烁着耀眼的真理光芒。③

马克思对基础设施的内涵、作用和供给模式都开展过深入的思考。在其经济学著作《资本论：第一卷》中，马克思指出，“广义地说，除了那些把劳动的作用传达到劳动对象、因而以这种或那种方式充当活动的传导体的物以外，劳动过程的进行所需要的一切物质条件都算作劳动过程的资料。它们不直接加入劳动过程，但是没有它们，劳动过程就不能进行，或者只能不完全地进行……这类劳动资料中有的已经经过劳动的改造，例如厂房、运河、道路等等。”④ 可以发现，基础设施即文中的“一切物质条件”属于生产资料的重要组成部分，因而也是生产力的决定因素之一。

在其《1857　1858年经济学手稿》中，马克思将物质生产条件区分

① 艾伦. 全球经济史［M］. 陆赟，译. 南京：译林出版社，2015.

② 布劳格. 凯恩斯以前的100位著名经济学家［M］. 冯炳昆，译. 北京：商务印书馆，2008.

③ 习近平. 在纪念马克思诞辰200周年大会上的讲话［M］. 北京：人民出版社，2018.

④ 马克思. 资本论：第一卷［M］. 中共中央马克思恩格斯列宁斯大林著作编译局，译. 北京：人民出版社，2004.

为“特殊生产条件”和“一般生产条件”。前者是指那些处于直接生产过程、适用于个别资本家生产的条件。而后者是指“道路、运河等流通物质条件和铁路、出租建筑物、农业改良、排水设备等形式的固定资本，以及修建和经营铁路、运河、自来水、电报等固定资本的生产部门”[①]。马克思进一步指出“一般生产条件”的三个重要作用：一是“使流通易于进行”；二是“使流通成为可能”；三是“使生产力增长”。总之，马克思列举的“一般生产条件”正好对应现代意义上的基础设施，其不但是生产活动顺利开展的必要条件，也是社会发展的重要推动力量。

值得指出的是，马克思对基础设施的供给模式也进行了富有启发性的探索。他认为，基础设施大致有三种供给方式：一是“利用徭役来筑路”；二是“利用赋税来筑路”；三是“让资本家来修筑道路”。前两者实际上是基础设施的国家供给，即以国家暴力为基础，将剩余劳动或剩余产品的一部分转化为基础设施。而后者是基础设施的私人供给。当资本主义经济高度发达，大量资本集聚在资本家手中，并允许资本家对道路、桥梁的使用收取费用时，资本家有能力也有动力为社会提供基础设施。

马克思进一步指出，“一个国家，例如美国，甚至可以在生产方面感到铁路的必要性；但是，修筑铁路对于生产所产生的直接利益可能如此微小，以致投资只能造成亏本。那时，资本就把这些开支转嫁到国家肩上，或者，在国家按照传统对资本仍然占有优势的地方，国家还拥有特权和权力来迫使全体拿出他们的一部分收入而不是一部分资本来兴办这类公益工程，这些工程同时又是一般生产条件。”[①]因此在马克思的理念中，国家有责任也有能力为社会提供基础设施，这一点与亚当·斯密的国家职能理论、李斯特的国家干预理论是基本一致的。

3.1.4 凯恩斯的总需求管理

约翰·梅纳德·凯恩斯（John Maynard Keynes）是英国著名经济学家，被誉为“宏观经济学之父”。其代表作《就业、利息和货币通论》掀

① 马克思，恩格斯. 马克思恩格斯全集：第46卷［M］. 中共中央马克思恩格斯列宁斯大林著作编译局，译. 北京：人民出版社，1979.

起了经济学的“凯恩斯革命”，对当时占据主导地位的自由放任主义经济学（Laissez-faire Economics）进行了无情的批判，形成了一整套应对经济衰退、促进经济繁荣的理论和政策体系，并以总需求管理和政府干预为其理论的核心。

需要指出的是，尽管凯恩斯没有对基础设施进行专门研究，但他将基础设施建设视为政府干预经济的重要手段。他认为，在经济衰退时期，总需求严重不足，失业率维持高位，此时政府可以有偿雇佣大批失业人员来建设道路、桥梁等基础设施，这些受雇人员必将通过所得收入增加消费，从而刺激相应的生产部门雇佣工人并扩大产出，这些新增就业人员就会带来新一轮的消费需求，并带动新一轮的就业形势，因此经济必将在循环往复中走出衰退、走向繁荣。凯恩斯将上述政策效应称为“乘数效应”。在一些经济学教科书中，上述逻辑被推向极致——雇两百人挖坑，再雇两百人把坑填平，即通过人为制造就业机会来扩大消费、提振经济。上述“挖坑原理”尽管有失偏颇，但的确捕捉了凯恩斯主义思想的精髓。

20世纪30年代，凯恩斯主义为美国经济走出“大萧条”立下汗马功劳。1933年，美国出台的“罗斯福新政”秉承了凯恩斯主义的思想，开启了国家干预经济的模式。其中，通过“以工代赈”的形式修建大量基础设施是重要内容之一，即联邦政府通过雇佣失业人员，在全国范围内兴建数以万计的基础设施工程，包括学校、桥梁、堤坝、下水道系统、邮局和行政机关等公共设施。著名的田纳西河流域综合开发工程便是其代表作。因此可以认为，基础设施建设不但是促进经济长期繁荣的积极因素，而且是在短期内摆脱经济衰退的可行手段。

3.1.5　基础设施的发展经济学理论

第二次世界大战后，大量“第三世界”国家迎来民族解放和政治独立，迫切需要快速实现经济发展和民富国强。在这一背景下，发展经济学的一些思想为发展中国家的振兴指明了道路。

美国经济史学家华尔特·惠特曼·罗斯托（Walt Whitman Rostow）在其著作《经济增长的阶段：非共产党宣言》中，通过系统考察西方国家经济起飞和走向繁荣的经历，将一国的社会经济发展过程划分为六大阶段：传统社会阶段、起飞准备阶段、起飞阶段、成熟阶段、大众高消费阶段和后高消费阶段。[①] 在这一经济发展史模型中，他强调，大力投资基础设施是发展中国家实现“经济起飞”所不可或缺的条件。

美国著名发展经济学家阿尔伯特·赫希曼（Albert O. Hirschman）提出不平衡增长理论。[②] 他认为，政府部门应该重点扶持某些主导部门的发展，通过跨部门的联系效应（Linkage Effect）产生正外部性，从而推动其他部门的发展。从这个意义上看，一国发展的过程犹如一条从主导部门向其他部门传递的“链条”。一般而言，政府部门应主动投资建设周期长、所需资金量大、短期收益率低且与其他产业关联度高的基础设施部门，从而降低下游各类制造业的生产成本，即前向联系效应（Forward Linkage Effect），同时也增加了对上游能源、建筑业的需求，即后向联系效应（Backward Linkage Effect），并最终促进一国经济的发展。

英国著名发展经济学家保罗·罗森斯坦·罗丹（Paul Rosenstein-Rodan）提出大推进理论。[③] 他认为，一国各经济部门之间具有互补性，就像车身和车轮那样，只有符合一定的比例并相互结合，才能驱动一国经济的“马车”。例如，基础设施建设部门与私人部门显然存在互补关系，没有政府提供道路、港口、机场等基础设施，私人部门便无法运输货物，也难以在没有基础设施的地区开展投资。同时，在自由市场经济体制下，基础设施建设部门和私人部门是独立决策的，两者之间难以协同一致，因此发展中国家的政府应该大力投资建设基础设施以解决上述协调难题。总之，发展经济学家一致支持政府部门对基础设施进行投资。

3.1.6 基础设施的公共产品理论

20 世纪 60 年代以来，经济学各流派趋于融合发展，古典自由主义、

① 罗斯托. 经济增长的阶段：非共产党宣言［M］. 郭熙保，王松茂，译. 北京：中国社会科学出版社，2001.

② 赫希曼. 经济发展战略［M］. 曹征海，潘照东，译. 北京：经济科学出版社，1991.

③ 罗兰. 发展经济学［M］. 金志农，译. 北京：中国人民大学出版社，2016.

激进主义、保守主义等重要的经济学思想水乳交融，逐渐形成新古典综合派一大主流。新古典综合派从公共产品的角度来研究基础设施，并且不再热衷于强调基础设施对于经济发展的重要意义，转而关注基础设施的供给模式。

新古典综合派普遍认为，理想的完全竞争市场在现实中并不存在，现实中的市场或多或少地存在一些缺陷，这些缺陷会导致市场失灵，损害资源的配置效率。其中，公共产品是导致市场失灵的原因之一。根据前文分析可知，公共产品供应存在收费两难问题，即如果收费供给，则导致需求不足，而如果免费供给，则导致供给不足。总之，公共产品的出现导致了市场失灵，损害了资源的配置效率。

显然，道路、桥梁、港口、灯塔等基础设施基本符合公共产品的特征，因此从公共产品的角度对基础设施进行研究可谓水到渠成。新古典综合派代表人物、1970 年诺贝尔经济学奖获得者、被誉为“经济学界最后一个通才”的保罗·萨缪尔森（Paul A. Samuelson）在其 1954 年发表的名篇《公共支出的纯理论》中指出，在非竞争性的条件下，人们有隐藏对公共产品真实偏好的动机，因此分散的价格机制无法给出有效的公共产品配置方案。① 因此，政府负责提供公共产品成为解决上述市场失灵的“金科玉律”。

20 世纪 80 年代后，上述标准答案遭到新制度学派的挑战。新制度经济学创始人和法律经济学主要创始人、1991 年诺贝尔经济学奖获得者罗纳德·科斯（Ronald H. Coase）在其 1974 年发表的名篇《经济学中的灯塔》中指出，尽管萨缪尔森等重要学者基于公共产品理论得出“灯塔无法收费、私人没有激励提供”的结论，但却与历史事实相悖。② 科斯调查了英国早期的灯塔制度发现，17 世纪初期，英国领港公会建造了两座灯塔，且拥有建造灯塔的特权。但 1610—1675 年，英国领港公会未建一座新塔，但私人投资建塔十座。灯塔的使用费在船只进港停泊后，根据船只航程所

① Samuelson P A. The pure theory of public expenditure [J]. Review of Economics and Statistics, 1954, 36 (4): 387 - 389.

② Coase R H. The lighthouse in economics [J]. Journal of Law and Economics, 1974, 17 (2): 357 - 376.

经过的灯塔次数来确定。在1820年后，英国领港公会开始收购私人灯塔并转为公共提供，实施这一举措并不是因为灯塔收费困难，而是政府认为私人灯塔收费太高。“科斯的灯塔”不但表明了基础设施私人提供的历史事实，而且照亮了产权理论发展的前路。

新古典综合派经济学家、2001年诺贝尔经济学奖得主约瑟夫·施蒂格利茨（Joseph E. Stiglitz）在其著作《公共部门经济学》中对灯塔问题有所辩护，认为大船东提供灯塔主要出于对自身利益而非他人利益的考虑，因此即便他愿意提供灯塔，其提供的数量也是不足的。①

3.1.7 福格尔的反事实分析

在基础设施经济学研究的历史上，福格尔应占有一席之地。著名经济史学家、1993年诺贝尔经济学奖得主罗伯特·福格尔（Robert W. Fogel）以计量史学（Cliometrics）② 的研究著称于世。20世纪60年代，他对19世纪后半期美国铁路网络建设的经济效应进行了深入研究，并出版专著《铁路和美国经济增长：计量经济史学论文集》③。在研究中，福格尔创造性地提出了一个“反事实”的问题：如果美国当时并没有修建铁路，那么经济增长率会是多少？可以想象，如果“反事实”的经济增长率与现实（“真事实”）的经济增长率相差无几，那么就可以推出铁路建设无助于经济增长的结论，这无疑是颠覆性的。

福格尔认为，如果没有铁路，那么人们会利用公路和水路（河流和运河）作为替代的运输方式。基于这一假说，他通过复杂的计算发现，铁路带来的“社会储蓄”约占美国国民生产总值的1.8%~3.1%。他认为，这一数值是较小的，如果没有铁路，美国经济增长最多会倒退两年而已，因此铁路对美国经济增长的贡献被前人大大高估了。当然，福格尔也承认：

---

① Stiglitz J E, Rosengard J K. Economics of the public sector [M]. 4th ed. New York: W. W. Norton & Company, 2015.

② 计量史学“Cliometrics”一词由“Clio”和“Metrics”两部分构成，前者源于希腊神话中司掌历史的克利俄女神，后者则有度量、衡量之意。

③ Fogel R W. Railroads and American economic growth: Essays in econometric history [M]. Baltimore: The Johns Hopkins University Press, 1964.

一方面，随着铁路网络变得更加密集，铁路的运输成本会不断降低，甚至会低于水路的运输成本；另一方面，恰恰是因为美国有发达的水系，才可以进行这样的“反事实”推断，换成是英国和墨西哥则行不通。

一时间，福格尔的研究激起了轩然大波，不少经济学家对其研究结论、思路、方法都产生了众多的质疑。① 站在今天的高度审视，福格尔得到的结论可能已经无足轻重，但必须承认的是，福格尔倡导的“反事实”思维方式对于后来学者探索基础设施的因果效应产生了极为深刻的影响，福格尔不迷信前人观点的治学精神和突破传统观念的勇气也值得每一位研究者学习。

3.2　发展中国家基础设施的经济发展效应

对基础设施影响经济发展理论机制的探索不能替代基于现实数据的经验研究。长期以来，经济学家利用计量经济模型等工具系统研究了基础设施对生产率、经济、贫困等方面的影响，得到了一系列富有启发性的观点。

Aschauer 于 1989 年发表的名篇《公共支出是否具有生产性?》② 是较早系统研究基础设施经济发展效应的重要文献。Aschauer（1989）利用美国 1949—1985 年的数据进行分析，发现非军事公共投资存量对生产率有积极而重要的影响，其中普通公路、高速公路、机场、交通枢纽、下水道、水利设施等“核心”基础设施对生产率有较强的解释力。基于此，Aschauer 将美国 20 世纪 70 年代以来生产率的下降归咎于公共基础设施投资的减少。尽管这一文献是针对发达国家的情况，但其引发了一系列关于发展中国家的相关研究。针对亚非拉发展中国家的研究普遍表明，

---

① 隋福民. 创新与融合：美国新经济史革命及对中国的影响（1957—2004）［M］. 天津：天津古籍出版社，2009.

② Aschauer D A. Is public expenditure productive?［J］. Journal of Monetary Economics, 1989, 23（2）：177 - 200.

改善基础设施对于提高生产率、促进就业、消除贫困都具有重要的现实意义。

3.2.1 来自亚非拉国家的经验证据

在针对**越南**的研究中，van de Walle（1996）采用 1992—1993 年覆盖 4 800 户越南家庭（23 790 人）的生活水平调查数据进行了分析。① 他发现，基础设施具有再分配效应，向人均土地拥有量较小的贫困家庭提供灌溉基础设施有利于提高其农作物收入，同时灌溉基础设施投资的经济回报率至少达到 20%。Larsen 等（2004）分析了越南 1993—2002 年的公共投资项目数据。② 他们发现，基础设施的公共投资为越南减贫做出了巨大的贡献，且这一贡献主要源于基础设施质量的改善而非数量的增加，同时交通、供水和卫生设施的改善对于减贫更为有效。

对**印度**基础设施的研究是发展经济学界的一大热点。Donaldson（2018）研究了印度在英国殖民统治时期铁路建设对地区间贸易的影响。③ 通过构建一个一般均衡贸易模型并分析印度 45 个地区 17 种商品的贸易数据，他发现铁路网络的修建和连通降低了贸易成本并缩小了地区间价格差距，这不但增加了地区间和地区内的贸易，而且提高了实际农业收入水平。考虑到铁路的修建可能具有选择性，即当局可能会选择在经济增长潜力较大的地区修建铁路，这便会高估铁路的经济发展效应。为了解决上述内生性问题，他采用了英国殖民统治时期计划修建但从未修建的铁路路线进行安慰剂检验，发现这些铁路路线与农业收入并无显著关联，这就在一定程度上否定了当局根据经济增长潜力进行铁路选址的可能性。

2019 年诺贝尔经济学奖获得者 Duflo 及其合作者 Pande 探索了印度大

---

① van de Walle D. Infrastructure and poverty in Viet Nam [R]. [S. l.]: Living Standards Measurement Study Working Paper, 1996: 121.

② Larsen T I, Pham H L, Rama M. The impact of infrastructure development on rural poverty reduction in Vietnam [R]. [S. l.]: World Bank Policy Research Working Paper, 2004: 30790.

③ Donaldson D. Railroads of the Raj: Estimating the impact of transportation infrastructure [J]. American Economic Review, 2018, 108 (4-5): 899-934.

型灌溉水坝的经济发展效应。Duflo 等（2007）分析了印度 1971—1999 年 271 个地区的农业生产数据，以及 1973、1983、1987、1993 和 1999 年这 5 年 374 个地区的贫困数据。① 他们发现，河流的梯度是影响大坝经济发展效应的关键因素。在大坝下游地区，农业产出显著增长，且降雨导致的损失风险有所下降，而在大坝所在地区，农业产出增长并不显著，但产出波动性明显增加。类似地，农村贫困率在大坝下游地区显著下降，但在大坝所在地区明显上升。这主要是因为在那些与大坝水库临近的地区，土壤水分趋于饱和，降雨导致洪涝的概率显著上升。总之，不管是市场力量还是国家制度都无法消除大坝建设的分配效应。

在针对**南非**的研究中，Dinkelman（2011）利用工具变量和固定效应两种方法探索了南非农村电气化对就业的影响。② 他发现，农村电气化显著提高了女性就业率，并且这一新的基础设施在增加男性和女性的工作时间的同时，降低了女性的工资但提高了男性的收入。进一步的经验证据显示，上述电气化的就业效应主要是通过将女性从家庭生产中解放出来实现的。

在针对**尼日利亚**的研究中，Ogun（2010）利用尼日利亚 1970 年 1 月—2005 年 4 月的季度时间序列数据，并基于结构向量自回归（Structural Vector Autoregressive，SVAR）模型对基础设施的减贫效应进行了研究。③ 他发现，总体而言，基础设施建设减少了贫困，而且教育、保健等社会基础设施的减贫效应要大于交通、通信等有形基础设施的减贫效应。

在针对**巴西**的研究中，Lipscomb 等（2013）探索了巴西 1960—2000 年水电站建设对地方经济发展的影响。④ 他们首先基于地理因素模拟出最

---

① Duflo E, Pande R. Dams [J]. Quarterly Journal of Economics, 2007, 122 (2): 601－646.

② Dinkelman T. The effects of rural electrification on employment: New evidence from South Africa [J]. American Economic Review, 2011, 101 (7): 3078－3108.

③ Ogun T P. Infrastructure and poverty reduction: Implications for urban development in Nigeria [J]. Urban Forum, 2010, 21 (3): 249－266.

④ Lipscomb M, Mobarak M A, Barham T. Development effects of electrification: Evidence from the topographic placement of hydropower plants in Brazil [J]. American Economic Journal: Applied Economics, 2013, 5 (2): 200－231.

低建设成本的水电站的位置，然后将这些模拟水电站位置作为真实水电站位置的工具变量以缓解模型的内生性偏误。通过工具变量估计，他们发现，水电站建设显著提高了地方的人类发展指数（Human Development Index，HDI），即提高了地方的人口预期寿命、受教育水平和工资水平，同时提高了当地的房产价值、降低了贫困率，并促进了正规就业。进一步的研究揭示，上述广泛而积极的经济发展效应主要是通过劳动生产率的普遍提高带来的，而不是由要素的空间再配置带来的。

在针对**阿根廷**的研究中，Galiani 等（2005）探索了阿根廷供水系统改革对儿童死亡率的影响。① 20 世纪 90 年代，阿根廷约有 30%的城市先后实施了供水系统的私有化改革，他们根据供水系统所有权在时间和空间上的变化设计了一个倍差法计量经济模型。通过估计发现，供水系统的私有化改革显著降低了儿童死亡率，平均而言，实施供水系统私有化改革的城市的儿童死亡率要比未实施改革的城市低 8%，而且对于最贫困的地区而言，上述降低比例高达 26%。进一步研究发现，该私有化改革是通过降低传染病和寄生虫病这些与供水卫生有关疾病的死亡率，从而降低儿童死亡率的。

3.2.2 跨国经验证据

Devarajan 等（1996）利用 1970—1990 年 44 个发展中国家的面板数据进行研究。② 他们发现，经常性公共支出对经济增长作用为正，而资本性公共支出（其中大部分形成基础设施）对经济增长作用为负。他们认为，发展中国家存在资本性支出过多而经常性支出过少的公共资源误配置（Misallocation）现象，从而遏制了基础设施增长效应的发挥。

Strobl 等（2011）沿着 Duflo 等（2007）的思路，研究了非洲 53 个国家 59 个流域大型水坝对农田生产率的分配效应。③ 他们基于水文学的

---

① Galiani S, Gertler P, Schargrodsky E. Water for life: The impact of the privatization of water services on child mortality [J]. Journal of Political Economy, 2005, 113 (1): 83-120.

② Devarajan S, Swaroop V, Zou H F. The composition of public expenditure and economic growth [J]. Journal of Monetary Economics, 1996, 37 (2): 313-344.

③ Strobl E, Strobl R O. The distributional impact of large dams: Evidence from cropland productivity in Africa [J]. Journal of Development Economics, 2011, 96 (2): 432-450.

精细空间数据来识别某地区相对大坝的上下游位置，并利用卫星灯光数据测度农田的生产率。他们基于计量经济模型发现，大坝下游地区的生产率显著提高，而大坝附近地区的生产率并无显著改善。同时，对大坝上游地区带来的积极效应还有赖于当地的气候条件。具体来说，某一地区上游存在大坝，相当于人均每日卡路里摄入增加 12%，或者农业产出增加 1%。

潘春阳等（2019）基于 1996—2014 年 138 个发展中国家的数据，探索了基础设施私人提供对于降低发展中国家贫困率的积极影响。① 通过计量经济分析，他们发现，私人部门参与的基础设施的人均投资额每上升 1%，一国日均生活费不足 3.10 美元的人口比重将下降 2.41%，而日均生活费不足 1.90 美元的人口比重将下降 1.55%。值得指出的是，一国对官员腐败的良好控制是促进私人部门参与基础设施供给的积极因素。

3.3　中国基础设施的经济发展效应

作为基础设施建设的大国和强国，中国基础设施的经济发展效应也广受关注，主要包括经济增长效应及其内在机制、减贫和收入分配效应。

3.3.1　基础设施的经济增长效应

刘生龙等（2010）研究了基础设施对经济增长的溢出效应。② 他们基于 1988—2007 年 28 个省（自治区、直辖市）的面板数据，系统分析了三大网络性基础设施（即交通、能源和信息基础设施）与全要素生产率的关系。他们发现，交通基础设施和信息基础设施对中国的经济增长具有显著的溢出效应，而能源基础设施对中国经济增长的溢出效应则并不显著。

---

① 潘春阳，吴柏钧. 腐败控制、私人部门参与基础设施提供与反贫困效应——来自发展中国家的经验证据（1996—2014）[J]. 南方经济，2019（1）：60－80.

② 刘生龙，胡鞍钢. 基础设施的外部性在中国的检验：1988—2007 [J]. 经济研究，2010，45（3）：4－15.

郑世林等（2014）研究了电信基础设施对中国经济增长的影响。① 通过对1990—2010年31个省（自治区、直辖市）的面板数据进行计量经济分析，他们发现，当电信技术处于产业发展初期时，电信基础设施的普及能够显著促进经济增长，而当这种电信技术处于产业成熟期和衰退期时，相关电信基础设施对经济增长的影响逐渐减弱。这一研究对于明确中国未来电信基础设施的发展战略方向具有借鉴意义。

一些文献②针对交通基础设施展开了研究。张学良（2012）研究了中国交通基础设施的空间溢出效应。③ 通过对1993—2009年的省级面板数据和空间计量经济模型进行分析，他发现，中国交通基础设施对中国区域经济增长具有重要作用，其空间溢出效应非常显著，其中外地交通基础设施对本地经济增长的影响以正向空间溢出效应为主，但也存在负向空间溢出效应的证据。

周浩等（2012）研究了京广线和京沪线铁路提速对沿线城市经济增长的影响。④ 他们基于1994—2006年的城市面板数据将城市分为“受到提速影响”和“未受到提速影响”两组，进而利用倍差法对铁路提速的因果效应进行了探索。他们发现，铁路提速促进了沿途站点的经济增长（用人均GDP增长率来衡量），同时，铁路提速对经济增长的影响随时间的延长呈现递增的趋势。这一研究揭示了交通基础设施质量的改善对沿线城市经济增长的积极影响。

值得指出的是，一些研究揭示了基础设施的过度投资对经济增长的抑制作用。孙早等（2015）采用2003—2012年的省级面板数据进行了计量经济分析。⑤ 他们发现，东部、中部地区基础设施建设投资与经济增长之

---

① 郑世林，周黎安，何维达. 电信基础设施与中国经济增长［J］. 经济研究，2014，49（5）：77－90.

② 近年来，关于中国高速铁路经济效应的研究迅速兴起，本书第6章集中回顾了这些文献。

③ 张学良. 中国交通基础设施促进了区域经济增长吗？——兼论交通基础设施的空间溢出效应［J］. 中国社会科学，2012（3）：60－77.

④ 周浩，郑筱婷. 交通基础设施质量与经济增长：来自中国铁路提速的证据［J］. 世界经济，2012，35（1）：78－97.

⑤ 孙早，杨光，李康. 基础设施投资促进了经济增长吗？——来自东、中、西部的经验证据［J］. 经济学家，2015（8）：71－79.

间存在显著的倒 U 形关系，但西部地区基础设施建设投资与经济增长之间存在负向关系，这说明高强度的基础设施建设投资会对地区经济增长产生抑制作用。类似地，廖茂林等（2018）采用 1993—2016 年的省级面板数据进行了计量经济分析。[①] 他们发现，基础设施投资对中国经济增长总体上有显著的正向影响，但这种影响呈现明显的倒 U 形特征。这一研究揭示了当前基础设施投资对经济增长促进较弱的现状，对于制定基础设施投资增长速度和结构调整的相关政策具有启发意义。

3.3.2 基础设施经济增长效应的内在机制

（1）生产率

一些学者从生产率的角度揭示了基础设施经济增长效应的内在机制。Fan 等（2004）探索了农村基础设施及其他公共资本对不同地区生产率的影响。[②] 他们利用 1996 年农业普查数据发现，总体而言，相比于解释农业生产率，农村基础设施和教育能够更好地解释非农业生产率。同时，西部地区较低的生产率主要是由较低水平的农村基础设施、教育和科技导致的。因此，提升公共资本的规模和效率是缩小西部地区与其他地区生产率差异的关键任务之一。

Wan 等（2017）致力于区别和估计基础设施对企业生产率的直接效应和间接效应，后者主要来源于基础设施产生的集聚效应。[③] 他们通过分析中国企业微观数据发现，三种基础设施（道路、通信服务器、电缆）既能够直接促进企业生产率的提高，也可以通过集聚效应对企业生产率产生积极的间接影响。

（2）市场一体化

还有学者从市场一体化的角度开展了研究。刘生龙等（2011）研究了

---

① 廖茂林，许召元，胡翠，等. 基础设施投资是否还能促进经济增长？——基于 1994~2016 年省际面板数据的实证检验［J］. 管理世界，2018（5）：63－73.

② Fan S G, Zhang X B. Infrastructure and regional economic development in rural China［J］. China Economic Review，2004，15（2）：203－214.

③ Wan G H, Zhang Y. The direct and indirect effects of infrastructure on firm productivity：Evidence from manufacturing in the People's Republic of China［R］.［S. l.］：ADBI Working Paper，2017：714.

交通基础设施对中国区域经济一体化的影响。① 通过对 2008 年省际货物运输周转量的数据建立引力模型进行分析，他们发现，交通基础设施的发展显著促进了省际贸易量的增加，这意味着交通基础设施促进了区域经济一体化。

范欣等（2017）研究了基础设施建设对国内市场分割的影响。② 通过对 1993—2012 年的省级面板数据建立空间杜宾模型进行分析，他们发现，"以邻为壑"现象在中国仍长期存在，但基础设施建设的直接效应显著，有助于改善市场细分。但从整体上看，基础设施建设的空间溢出效应并不显著。这一研究意味着政府不但要加大跨区域基础设施建设力度，还应加强跨省合作，实现优势互补。

（3）人口集聚

宋晓丽等（2015）从促进人口集聚的角度进行了研究。③ 他们基于 1997—2007 年 253 个城市的面板数据，考察了这一时期 7 条铁路干线 6 次铁路提速对城市人口规模的影响。他们发现，在整个提速期间，相对于未提速城市，铁路提速促使沿途站点城市（即提速城市）的人口规模增加了 35.2%，这意味着有更多劳动力流入了交通基础设施较好的城市，从而为经济增长奠定了基础。

3.3.3 基础设施的减贫和收入分配效应

刘晓昀等（2003）研究了贫困地区农村基础设施投资对农户收入和支出的影响。④ 他们采用 1999—2000 年对贵州农户的调查数据，基于计量经济模型分析了该地区水、电和道路基础设施投资对农户收入和支出的影响。他们发现，贫困地区农户从基础设施投资中获得了显著收益。同时，

---

① 刘生龙，胡鞍钢. 交通基础设施与中国区域经济一体化［J］. 经济研究，2011，46（3）：72－82.

② 范欣，宋冬林，赵新宇. 基础设施建设打破了国内市场分割吗？［J］. 经济研究，2017，52（2）：20－34.

③ 宋晓丽，李坤望. 交通基础设施质量提升对城市人口规模的影响——基于铁路提速的实证分析［J］. 当代经济科学，2015，37（3）：19－26，124－125.

④ 刘晓昀，辛贤，毛学峰. 贫困地区农村基础设施投资对农户收入和支出的影响［J］. 中国农村观察，2003（1）：31－36.

基础设施投资对农户的影响往往因农户的人力资本状况不同而有显著差异，具有较高人力资本的农户更容易从中受益。这一研究揭示了基础设施的减贫效应，以及人力资本对这一减贫效应的影响。

郭劲光等（2009）研究了中国基础设施建设投资的减贫效应。[①] 他们在回顾中国扶贫发展战略与贫困变化逻辑的基础上，利用 1987—2006 年中国农村基础设施及贫困数据进行了计量经济模型分析。他们发现，中国扶贫战略的发展是随着贫困概念内涵的变化而变化的，基础设施的数量和质量方面对于改善贫困和提高农民收入都具有重要影响，两者应同时受到关注。这一研究揭示了通过改变基础设施质量和数量将对农民收入结构产生不同的影响，对于农村减贫政策的设计具有启发意义。

康继军等（2014）研究了交通基础设施建设、交通运输业发展对贫困减少的影响。[②] 他们采用 1998—2012 年 30 个省（自治区、直辖市）的交通基础设施及经济发展面板数据进行了计量经济分析。他们发现，公路交通基础设施和公路运输业可以明显改善城乡收入差距，而对于铁路交通基础设施和铁路运输业，只有当其发展达到一定规模后，才能显著降低城乡收入差距以减少贫困。这一研究表明，尽管交通基础设施对缩小城乡收入差距具有基础作用，但这一作用的发挥是有条件的，特别取决于铁路的发展规模。

刘晓光等（2015）研究了基础设施的城乡收入分配效应。[③] 他们采用 1992—2010 年 31 个省（自治区、直辖市）的城乡收入差距、基础设施水平和劳动力转移程度面板数据进行了计量经济分析。他们发现，交通和通信基础设施水平的提高均可以带来显著的收入分配改善效果，即具有缩小城乡收入差距的作用。基础设施水平的提高可以显著提高农村居民收入，对城镇居民收入也有显著的正向影响，并能够有效促进农业劳动力向非农

---

① 郭劲光，高静美. 我国基础设施建设投资的减贫效果研究：1987—2006［J］. 农业经济问题，2009（9）：63－71.

② 康继军，郭蒙，傅蕴英. 要想富，先修路？——交通基础设施建设，交通运输业发展与贫困减少的实证研究［J］. 经济问题探索，2014（9）：41－46.

③ 刘晓光，张勋，方文全. 基础设施的城乡收入分配效应：基于劳动力转移的视角［J］. 世界经济，2015，38（3）：145－170.

业部门转移，从而缩小城乡收入差距。这一研究揭示了提高基础设施水平是促进农业劳动力转移的有力措施，也是推动工业化、城市化至关重要的物质基础。

张勋等（2016）研究了中国的农村基础设施对包容性增长的影响。①他们基于中国健康与营养调查数据，用座机电话和自来水普及率来衡量基础设施发展水平，通过计量经济分析发现，座机电话和自来水等农村基础设施总体上有利于提高农村居民的收入水平，从而帮助缩小中国的城乡收入差距，其中收入较低的群体从农村基础设施中获益更多。这一研究揭示了基础设施数量和质量的提高对于收入分配状况的积极影响，对改善城乡及区域收入分配状况具有启发意义。

3.4 反思中国基础设施的经济发展效应

纵观现有文献，中国基础设施促进经济发展的积极效应一再被经验证据所确认，但还有一些研究揭示了中国基础设施经济发展效应背后的问题和令人担忧之处。

第一，基础设施建设可能更有助于国内中心大城市吸引各类要素资源，导致中小城市资源流失，从而形成不平衡发展的格局。Faber（2014）基于新经济地理学的理念，深入探讨了交通基础设施建设在降低贸易成本的同时导致经济活动更加集中还是更加分散这一基础性问题。② Faber（2014）将中国高速公路网络（National Trunk Highway System，NTHS）建设视为一个大规模的自然实验，并利用“最低成本路径生成树”算法构造了建设成本最低的模拟高速公路网络，并将其作为真实高速公路网络的工具变量，从而缓解了被高速公路连接的城市（结点城市）非随机选择的问

① 张勋，万广华. 中国的农村基础设施促进了包容性增长吗？［J］. 经济研究，2016，51（10）：82－96.

② Faber B. Trade integration, market size, and industrialization: Evidence from China's national trunk highway system［J］. Review of Economic Studies, 2014, 81（3）: 1046－1070.

题。工具变量估计结果显示，高速公路网络建设显著降低了结点城市的经济增长率，特别是工业产出增长率。Faber 认为，这很可能是中心城市与外围城市（即结点城市）之间贸易成本的降低使得生产在中心城市更为集聚。

第二，劳动力流动障碍可能会阻碍基础设施积极效应的充分发挥。2019 年诺贝尔经济学奖获得者阿比吉特·班纳吉、埃丝特·迪弗洛及其合作者研究了中国 20 世纪 80 年代中期到 21 世纪初交通基础设施可达性对各城市经济发展的影响。① 他们首先构造了连接中国历史名城（包括北京、成都、贵阳、昆明、兰州、南昌、太原、西安）与条约口岸城市（包括上海、宁波、福州、广州）的直线网络，将其作为外生给定的“历史交通路线”，然后采用某城市到该网络的最近距离来衡量该城市交通基础设施的可达性，从而在一定程度上解决了城市交通基础设施的内生性问题。通过计量经济分析，他们发现，较好的交通基础设施可达性的确促进了城市人均 GDP 的提高，但对于人均 GDP 增长率并没有显著影响。他们认为，中国劳动力在地区间的流动壁垒导致交通便利带来的好处无法充分集聚，从而阻碍了基础设施积极效应的充分发挥。

第三，以债务融资为基础的基础设施投资模式可能会提高中国的系统性金融风险。Ansar 等（2016）系统考察了中国基础设施投资对经济发展的影响和潜在风险。② 他们认为，中国的基础设施并未成为经济增长的一个引擎，基础设施投资并不具备一个经风险调整后的正收益率。更重要的是，基础设施债务融资和在非生产性项目上的过度投资导致了债务积累、货币扩张、金融市场不稳定和整体经济的脆弱。他们进一步指出，中国应该尽快转向较低规模但较高质量的基础设施投资模式，以避免基础设施投资模式不当导致的金融风险和经济危机。

第四，必须指出的是，一个国家的治理体系和治理能力是基础设施发

① Banerjee A, Duflo E, Qian N. On the road: Access to transportation infrastructure and economic growth in China [J]. Journal of Development Economics, 2020, 145: 102442.

② Ansar A, Flyvbjerg B, Budzier A, et al. Does infrastructure investment lead to economic growth or economic fragility? Evidence from China [J]. Oxford Review of Economic Policy, 2016, 32 (3): 360 - 390.

挥积极效应的制度基础。经过本书作者的前期研究发现，对于发展中国家而言，有效的腐败控制能力是促进私人部门参与基础设施供给并发挥减贫效应的重要前提。[①] 发达国家的历史经验也表明，政府腐败是降低基础设施质量的根本原因。[②] 关于这些内容，将在本书的第 10 章中进一步展开分析。

---

① 潘春阳，吴柏钧．腐败控制、私人部门参与基础设施提供与反贫困效应——来自发展中国家的经验证据（1996—2014）［J］．南方经济，2019（1）：60－80.

② 格莱泽，戈尔丁．腐败与改革：美国历史上的经验教训［M］．胡家勇，王兆斌，译．北京：商务印书馆，2012.

第4章 基础设施经济增长模型回顾

一旦开始思考经济增长，你便无暇他顾。

——罗伯特·卢卡斯《论经济发展的机制》

本章介绍了关于基础设施的四个经济学理论模型及其政策含义，包括基础设施的冰山成本模型、内生增长模型、地区竞争模型，以及考虑基础设施外部性的地区竞争模型。本章试图通过对各模型的前提假设和均衡结果进行分析来揭示基础设施对经济增长的影响及内在机制。

4.1 基础设施的冰山成本模型

铁路、公路和桥梁的兴修与改善能够降低运输成本，从而促进地区间、国家间贸易的发展。这一经济学直觉便构成了基础设施经济效应理论研究的起点。美国著名经济学家保罗·萨缪尔森对运输成本与国际贸易之间的内在关系进行了深入思考和数理分析。① 本节将萨缪尔森的模型简化，以揭示基础设施的贸易效应。

假设有A和B两个城市，同一种商品（如小麦）在A、B两地的价格分别为P_A和P_B。将一单位小麦从A城市运输到B城市需要耗费一定的运输成本，假设运输成本为商品数量的一个固定比例$f(0\% < f < 100\%)$。换言之，商品在运输的过程中会损失或“融化”一部分，这便是这类模型

① Samuelson P A. Theoretical notes on trade problems [J]. Review of Economics and Statistics, 1964, 46 (2): 145-154.

被称为冰山成本模型的原因。

当 $P_A < (1-f) P_B$ 时，即 $P_A / P_B < (1-f)$，将小麦从城市 A 运往城市 B 是有利可图的；而当 $P_B < (1-f) P_A$ 时，即 $P_A / P_B > 1/(1-f)$，将小麦从城市 B 运往城市 A 是有利可图的。因此，当不等式 $(1-f) < P_A / P_B < 1/(1-f)$ 成立时，A、B 两地便不会产生小麦贸易，构成了 $[(1-f), 1/(1-f)]$ 这一不可贸易区，而且单位运输成本 f 越高，不可贸易区便越宽，产生贸易活动的概率也越小。反之，如果交通基础设施的改善有效降低了单位运输成本 f，那么不可贸易区便越窄，产生贸易的概率就越大。

图 4.1 阐释了基础设施的贸易效应理论逻辑。在初始状态时，由于 A、B 两地价格并不悬殊，P_A / P_B 处于 $[(1-f), 1/(1-f)]$ 这一不可贸易区之内。当交通基础设施改善，单位运输成本 f 下降时，左右两侧的可贸易区同时扩大，两地小麦相对价格 P_A / P_B 便从不可贸易区进入可贸易区，从而实现两地贸易的产生。总之，交通基础设施的改善是通过降低运输成本从而促进地区间贸易产生的。

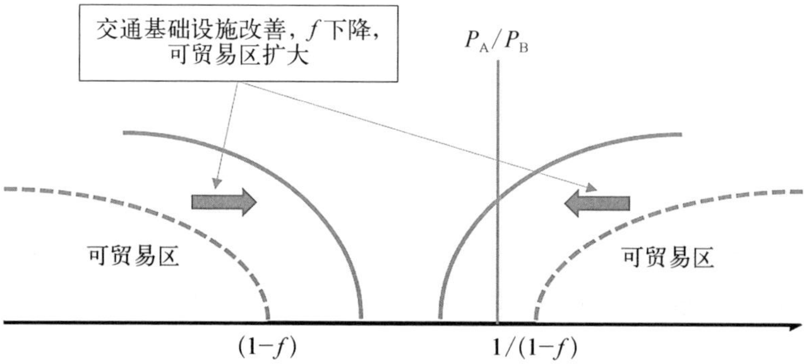

图 4.1　基础设施的贸易效应理论逻辑

4.2　基础设施的内生增长模型

内生增长模型的发展源远流长，其旨在揭示稳态下人均意义的经济增长依然存在，即稳态的人均产出增长率大于零。长期以来，学者从“干中学（Learning by Doing）”和“知识溢出（Knowledge Spillovers）”等视角揭示了实现内生增长的可能机制。美国著名宏观经济学家罗伯特·巴罗（Robert J. Barro）进一步将公共产品引入经济增长模型，发现了实现内生经济增长的新机制，因此这一模型被称为巴罗模型。一般认为，交通、通信、能源、水利等基础设施具有明显的公共产品性质，因而可以用此模型来揭示基础设施与经济增长的内在联系。

4.2.1　模型假设

根据 Barro 等（2004）的研究思路①，可以设定如下经济增长模型。假设经济体中有 n 家企业，第 i（$i=1, 2, \cdots, n$）家企业雇佣劳动 L_i，拥有资本 K_i。该经济体的技术水平为 A，并拥有规模为 G 的生产性基础设施。基础设施具有非竞争性，即任何一家企业使用基础设施都不会影响其他企业对该基础设施的使用。进一步假设企业适用柯布-道格拉斯（Cobb-Douglas）生产函数，即第 i 家企业的生产函数为

$$Y_i = A L_i^{1-\alpha} K_i^{\alpha} G^{1-\alpha} \tag{4.1}$$

式中，α 为资本产出弹性系数且满足 $0 < \alpha < 1$。根据该生产函数，可以观察到以下四个基本结论。

第一，基础设施具有非竞争性，这可以由 G 没有下标 i 得出。

第二，如果给定基础设施规模 G，那么劳动 L 和资本 K 具有规模报酬不变的性质。

第三，如果给定劳动 L，那么基础设施规模 G 和资本 K 也具有规模报酬不变的性质。

第四，基础设施规模 G 能够提升劳动 L 和资本 K 的边际生产率（分别表示为 MPL、MPK），因为

$$MPL = A(1-\alpha) L_i^{-\alpha} K_i^{\alpha} G^{1-\alpha} \tag{4.2}$$

---

① Barro R J, Sala-i-Martin X. Economic growth [M]. 2nd ed. London: The MIT Press, 2003.

$$MPK = A\alpha L_i^{1-\alpha} K_i^{\alpha-1} G^{1-\alpha} \tag{4.3}$$

这意味着基础设施与企业的生产要素投入是互补的。

进一步假设资本回报率为 r，折旧率为 δ，企业利润最大化的目标要求资本边际生产率与边际成本相一致，令人均资本 $k_i = K_i / L_i$，则有

$$MPK = A\alpha k_i^{\alpha-1} G^{1-\alpha} = r + \delta \tag{4.4}$$

式（4.4）意味着在利润最大化的动机下，企业都会选择相同水平的人均资本，即 $k_i = k$。假设这个经济体的劳动力总量为 L，那么各企业的生产函数便可以被加总为

$$Y = \sum_{i=1}^{n} Y_i = \sum_{i=1}^{n} A L_i k_i^{\alpha} G^{1-\alpha} = AL k^{\alpha} G^{1-\alpha} \tag{4.5}$$

假设各期产出被用于消费、资本折旧和提供基础设施之后都用于资本积累，且利用一次性征税的形式为基础设施融资，那么有

$$\dot{K} = Y - C - \delta K - G \tag{4.6}$$

式中，$\dot{K}$ 为资本增长率；C 为消费。进一步整理可以得到资本积累的动态方程，即

$$\dot{k} = A k^{\alpha} G^{1-\alpha} - c - \delta k - G/L \tag{4.7}$$

式中，c 为人均消费。

4.2.2 模型设定与求解

假设社会计划者以整个时期的消费者效用 U 最大化为目标，那么可以建立如下最优化模型：

$$\max_{c,\ k,\ G} U = \int_0^{+\infty} \mathrm{e}^{-\rho t} \frac{c^{1-\theta} - 1}{1 - \theta} \mathrm{d}t \tag{4.8}$$

$$\text{s.t.}\ \dot{k} = A k^{\alpha} G^{1-\alpha} - c - \delta k - G/L \tag{4.9}$$

式中，t 为时间；$\dot{k}$ 为人均资本增长率；ρ 为贴现因子且满足 $0<\rho<1$；常数 θ 满足 $\theta \geqslant 0$ 且 $\theta \neq 1$。据此设定哈密顿函数为

$$H = \mathrm{e}^{-\rho t} \frac{c^{1-\theta} - 1}{1 - \theta} + v(t)(A k^{\alpha} G^{1-\alpha} - c - \delta k - G/L) \tag{4.10}$$

式中，v 为瞬时效用。其一阶条件和横截性条件分别如式（4.11a）~（4.11c）和式（4.11d）所示。

$$\begin{cases}\partial H/\partial c = e^{-\rho t}c^{-\theta} - v = 0 & (4.11a)\\ \partial H/\partial G = A(1-\alpha)k^{\alpha}G^{-\alpha} - 1/L = 0 & (4.11b)\\ \partial H/\partial k = v(A\alpha k^{\alpha-1}G^{1-\alpha} - \delta) = -\dot{v} & (4.11c)\\ \lim_{t\to+\infty} k(t)v(t) = 0 & (4.11d)\end{cases}$$

式中，$\dot{v}$ 为瞬时效用增长率。

根据式（4.11b），可以得到两个具有启发性的结论。

第一，$G=(1-\alpha)Y$，即在均衡状态下，基础设施随着经济的增长而线性扩张。换言之，在均衡状态下，基础设施总是占据经济产出的一个固定比例 $(1-\alpha)$。

第二，$G=[A(1-\alpha)L]^{1/\alpha}k$，即在均衡状态下，技术进步、人口规模的扩大都是促进基础设施扩展的积极因素。换言之，在一个技术水平较高、人口规模较大的经济体内，基础设施的规模也较大。

通过对上述最优化条件的进一步整理，可以得到关于人均消费的动态方程，即

$$\dot{c}/c = (1/\theta)[\alpha A^{1/\alpha}(1-\alpha)^{(1-\alpha)/\alpha}L^{(1-\alpha)/\alpha} - \delta - \rho] \qquad (4.12)$$

式中，$\dot{c}$ 为人均消费增长率。从式（4.12）中可以发现，在均衡状态下，人均消费增长率并不为零，且人口规模 L 的增加或者技术水平 A 的提高都能够提高均衡状态下的人均消费增长率，这便实现了经济的内生增长。

总之，上述模型通过将基础设施这一公共产品引入一个标准的经济增长模型，从而实现了经济的内生增长。从直觉上可以认为，正是由于基础设施具有非竞争性，人口规模的扩大能够在享受基础设施生产效应的同时降低人均税收负担，从而实现均衡状态下人均消费的增长。

4.3　基础设施的地区竞争模型

基础设施的冰山成本模型和内生增长模型都是在单个经济体的前提条

件下展开分析的，因而并不适用于存在多个地区的情景。但对于一个大国（如中国和美国）而言，探索基础设施在一国各地区的分布规律，以及基础设施对于各地区发展的影响具有十分重要的理论和政策意义，因此有必要将基础设施引入多地区的情境中进行考察。

Cai 等（2005）利用一个地区竞争模型揭示了在资本流动和不流动的情况下政府投资基础设施的行为。① 本节将其模型简化，以凸显基础设施对各地区经济发展的影响。

4.3.1 模型假设

假设一国拥有 n 个地区或地方政府，地区 i（$i=1, 2, \cdots, n$）符合如下 Cobb-Douglas 生产函数：

$$F_i = A_i k_i^{\alpha} I_i^{\beta} \tag{4.13}$$

式中，α 为人均资本的产出弹性系数且满足 $\alpha > 0$；β 为基础设施的产出弹性系数且满足 $\beta > 0$、$\alpha + \beta < 1$；A_i 表示地区 i 的先天禀赋，可以理解为地区的治理能力、地理位置或人力资本；I_i 表示地方政府的基础设施投资，可以是交通、通信等经济基础设施，也可以是学校、医院等社会基础设施，只要能够促进当地产出即可，且基础设施的投资是由地方政府决定的；k_i 为投资者投资到地区 i 的资本规模，并假设总资本是一个常量，即 $K = \sum_{i=1}^{n} k_i$。

假设地方政府不但追求本地的经济增长，而且热衷于自身消费，即地方政府 i 具有以下目标函数：

$$U_i = (1 - t_i) F_i + \theta c_i \tag{4.14}$$

式中，t_i 为地区 i 的宏观税率；c_i 为地区 i 的政府消费；θ 为地区 i 的政府在税后产出和自身消费之间的相对偏好程度且满足 $\theta > 0$。上述假设意味着，地方政府既不是一个毫不利己、专门追求产出最大化的“慈善机构”，也

① Cai H B, Treisman D. Does competition for capital discipline governments? Decentralization, globalization, and public policy [J]. American Economic Review, 2005, 95 (3): 817 - 830.

不是一个唯利是图、以自身消费最大化为目标的"利维坦"，而是一个具有部分自我利益导向的机构。显然，这一假设与现实状况具有较好的相容性。

进一步假设各地方政府在初期都拥有财政资源 R，且假设各地区的宏观税率相同，即 $t_i = t > 0(\forall i)$。各地方政府将初始财政资源 R 和税收收入 tF_i 都用于提供基础设施和自身消费。基于此，可以得到地方政府 i 的预算约束方程，即

$$I_i + c_i = R + tF_i \tag{4.15}$$

4.3.2　模型设定与求解

假设各地方政府与投资者的博弈具有以下结构：首先，各地方政府同时决定自身的基础设施投资和自身消费；然后，投资者决定各地区的投资规模。在资本能够跨地区自由流动的假设下，资本必然从税后资本边际生产率较低的地区流向较高的地区，直到各地区的税后资本收益率完全相同为止。由于地区数量众多，任何地区都不能对税后资本收益率施加影响，只能被动接受。基于此，可以令全国范围的税后资本收益率为 r。

如果地方政府 i 的基础设施投资为 I_i，投资者基于此决定各地区投资规模，那么有

$$r = (1 - t)\partial F_i / \partial k_i \tag{4.16}$$

结合地区生产函数，可以得到地区 i 资本投资的最优反应函数，即投资规则为

$$\tilde{k}_i(I_i) = \left[\frac{1}{r}(1 - t)\alpha A_i I_i^{\beta}\right]^{1/(1-\alpha)} \tag{4.17}$$

从式（4.17）中可以发现，第一，地区基础设施投资越高，越能够吸引更多的资本流入，这便是"地区竞争效应"的含义。第二，地区先天禀赋越好，也越能够吸引更多的资本流入，这意味着治理能力、地理位置和人力资本等短期内难以变动的因素往往是扩大地区差距的推动力，这被称

为“禀赋效应”。

根据后退归纳法的原理，地方政府将基于投资者的最优反应进行决策。地方政府 i 的最优化问题为

$$\max_{I_i,\ c_i} U_i = (1-t)\ F_i(\tilde{k}_i,\ I_i) + \theta c_i \tag{4.18}$$

$$\text{s.t. } I_i + c_i = R + t F_i(\tilde{k}_i,\ I_i) \tag{4.19}$$

将预算约束代入目标函数，消去政府消费 c_i 后，上述问题转化为无约束的最优化问题，假设内点解存在，因此得到一阶条件，即

$$\frac{\partial F_i}{\partial \tilde{k}_i} \times \frac{\partial \tilde{k}_i}{\partial I_i} + \frac{\partial F_i}{\partial I_i} = \frac{\theta}{1+(\theta-1)t} \tag{4.20}$$

进一步整理后可得

$$I_i^* = \rho_1(\alpha,\ \beta,\ \theta,\ r,\ t)\ A_i^{1/(1-\alpha-\beta)} \tag{4.21}$$

将 I_i^* 代入投资者最优反应函数可得

$$k_i^* = \rho_2(\alpha,\ \beta,\ \theta,\ r,\ t)\ I_i^* \tag{4.22}$$

式中，ρ_1、ρ_2 为关于各常数的函数。如果可以将地区先天禀赋分为优劣两类，即 A_B、$A_P(A_B > A_P)$，那么有

$$\frac{I_B^*}{I_P^*} = \frac{k_B^*}{k_P^*} = \left(\frac{A_B}{A_P}\right)^{1/(1-\alpha-\beta)} \tag{4.23}$$

从式（4.23）中可以发现，地区先天禀赋的差距扩大了各地方政府基础设施投资的差距，进而扩大了投资者在各地区投资的差距，即形成了“强者愈强、弱者愈弱”的“马太效应”。

这意味着在地区资本竞争的格局下，地方政府基础设施投资的行为实际上放大了地区先天禀赋的作用，从而扩大了地区间的发展差距。也就是说，在一些治理能力强、地理位置优越、人力资本充裕的地区，地方政府会受到激励，大量投资基础设施，从而吸引资本流入并推动经济增长。正如中国的长江三角洲城市群，各城市基础设施较为完善，营商环境较为友好，因而外资流入源源不断。但在一些治理能力弱、地理位置闭塞、人力

资本短缺的地区，地方政府缺乏投资基础设施的激励，也不寄希望于资本流入，而是更多地追求政府消费。正如在中国的一些中西部贫困地区，个别地方政府对于投资基础设施和招商引资缺乏足够的激励，而更愿意通过争取财政转移支付来维持地方社会经济的运转。

总之，上述模型不但从理论上揭示了基础设施影响地方资本竞争从而扩大地区发展差距的内在机制，还较好地解释了中国各地方政府在基础设施投资和政府消费领域的行为差异，因而具有重要的理论和现实意义。

4.4 考虑基础设施外部性的地区竞争模型

外部性是交通、通信等基础设施的一个重要特征，即一个地区的基础设施投资往往给邻近地区带来收益，而 4.3 节中关于基础设施的地区竞争模型并没有考虑这一点，因此本节将基础设施的外部性引入地区竞争模型，试图揭示在存在外部性的条件下，基础设施对地方经济发展的影响。

4.4.1 模型假设

假设一国拥有 n 个地区或地方政府，且各地区的基础设施投资具有正外部性，即地区 i（$i=1, 2, \cdots, n$）的产出不但受到本地区基础设施投资 I_i 的影响，还受到其他地区 $j(j \neq i)$ 基础设施投资 I_j 的影响。根据著名经济学家 Buchanan 和 Stubblebine 的研究思路①，上述外部性可以定义为

$$F_i = F(I_i, I_j)(\forall j \neq i, i = 1, 2, \cdots, n) \tag{4.24}$$

依然假设地区 i 符合 Cobb-Douglas 生产函数，即

$$F_i = A_i k_i^{\alpha} I_i^{\beta}\left(\prod_{j \neq i} I_j\right)^{\gamma} \tag{4.25}$$

① Buchanan J M, Stubblebine W C. Externality [J]. Economica, 1962, 29 (116): 371-384.

式中，α、β、γ 均为常数且满足 $\alpha+\beta+(n-1)\gamma<1$，即地区 i 之外的其他地区的基础设施投资都以同样的产出弹性 γ 影响地区 i 的产出；A_i 为地区 i 的先天禀赋；I_i、I_j 均为地方政府的基础设施投资；k_i 为投资者投资到地区 i 的资本规模，并假设总资本是一个常量，即 $K=\sum_{i=1}^{n}k_i$。

同样假设地方政府具有追求经济增长和自身消费的混合目标，即地方政府 i 的目标函数为

$$U_i=(1-t_i)F_i+\theta c_i \tag{4.26}$$

式中，t_i 为地区 i 的宏观税率；c_i 为地区 i 的政府消费；θ 为地方政府 i 对增长和消费的相对偏好程度且满足 $\theta>0$。假设各地方政府在初期都拥有财政资源 R，且假设各地区的宏观税率相同，即 $t_i=t>0$，因此地方政府 i 的预算约束方程为

$$I_i+c_i=R+tF_i \tag{4.27}$$

4.4.2 模型设定与求解

假设各地方政府与投资者进行如下博弈：首先，各地方政府同时决定自身的基础设施投资和自身消费；然后，投资者决定各地区的投资规模 k_i。在资本自由流动的条件下，各地区的税后资本收益率在均衡状态下必然相等，记为 r。

给定各地方政府的基础设施投资如下：

$$I\triangleq(I_1,\ I_2,\ \cdots,\ I_n) \tag{4.28}$$

地区 i 的投资者根据式（4.29）决定最优的资本投资 $\tilde{k}_i$。

$$r=(1-t)\partial F_i/\partial k_i \tag{4.29}$$

由此可以得到地区 i 资本投资的最优反应函数为

$$\tilde{k}_i(I)=\left[\frac{1}{r}(1-t)\alpha A_i I_i^{\beta}\left(\prod_{j\neq i}I_j\right)^{\gamma}\right]^{1/(1-\alpha)} \tag{4.30}$$

从式（4.30）中可以发现，第一，“地区竞争效应”依然明显，即本

地区较高的基础设施投资能够吸引更多的资本流入。第二，“地区外溢效应”开始凸显，即其他地区的基础设施投资也有助于本地区吸引资本流入。同时，“禀赋效应”依然值得重视，本地区先天禀赋越好，资本流入也相应越多。

根据后退归纳法的原理，地方政府将基于上述最优反应函数进行基础设施投资决策。地方政府 i 的最优化问题为

$$\max_{I_i,\ c_i} U_i = (1 - t)\ F_i(\tilde{k}_i,\ I) + \theta c_i \tag{4.31}$$

$$\text{s.t. } I_i + c_i = R + t F_i(\tilde{k}_i,\ I) \tag{4.32}$$

假设内点解始终存在，经过计算可以得到地区 i 的最优决策为

$$I_i^{*\frac{1-\alpha-\beta+\gamma}{1-\alpha}} = \frac{1}{\theta}\left[\theta^{-n}\prod_i \varphi(A_i)\right]^{\frac{\gamma}{1-\alpha-\beta-(n-1)\gamma}}\varphi(A_i) \tag{4.33}$$

式中，$\varphi(A_i)=\rho_1(\alpha,\ \beta,\ \theta,\ r,\ t)\ A_i^{1/(1-\alpha)}$。将 I_i^* 代入投资者最优反应函数可得

$$k_i^* = \rho_2(\alpha,\ \beta,\ \theta,\ r,\ t)\ I_i^* \tag{4.34}$$

式中，ρ_1、ρ_2 为关于各常数的函数。如果可以将地区先天禀赋分为优劣两类，即 A_B、$A_P(A_B > A_P)$，那么有

$$\frac{I_B^*}{I_P^*} = \frac{k_B^*}{k_P^*} = \left(\frac{A_B}{A_P}\right)^{1/(1-\alpha-\beta+\gamma)} < \left(\frac{A_B}{A_P}\right)^{1/(1-\alpha-\beta)} \tag{4.35}$$

从式（4.35）中可以发现，地区先天禀赋的差距扩大了各地方政府基础设施投资的差距，进而扩大了投资者在各地区投资的差距，即“强者愈强、弱者愈弱”的“马太效应”依然是存在的。但相比于不考虑基础设施外部性的模型结论（详见 4.3 节），当 $\gamma > 0$，即基础设施外部性存在时，上述“马太效应”会有所收敛。这是因为先天禀赋相对弱势的地区能够借助其他地区基础设施的“地区外溢效应”来反哺自身的发展，从而在一定程度上摆脱先天禀赋的起点劣势。

考虑基础设施外部性的地区竞争模型具有显著的政策含义。想要在不进行资源再分配的前提下缩小地区间发展差距，一个可行的方案是，中央

政府着力协调地方政府间关系，破除阻碍基础设施连通的边界壁垒，实现“断头路”的跨地区连接，最大限度地发挥基础设施的正外部性，从而达到缩小地区间发展差距的目的。

第5章　中华人民共和国成立以来的基础设施发展70年：成就与挑战

神女应无恙，当惊世界殊。

——毛泽东《水调歌头·游泳》

本章将中华人民共和国成立至2019年的时间历程分为改革开放前和改革开放后两个时期，对基础设施的发展成就进行了历史回顾，对相关的重大改革措施和政策进行了梳理归纳，并从中总结出经济学分析框架，对中国基础设施的发展模式、内在规律、成就和挑战进行了理性总结。

5.1　社会主义建设初期基础设施的发展（1949—1978年）

中华人民共和国成立70年来，中国走过了艰难曲折的求索之路，取得了辉煌壮丽的发展成就。“今天，社会主义中国巍然屹立在世界东方，没有任何力量能够撼动我们伟大祖国的地位，没有任何力量能够阻挡中国人民和中华民族的前进步伐。”①

70年来，交通、通信、能源、水利等各类基础设施蓬勃发展，成为支撑国民经济和社会发展的基础性力量。习近平总书记指出，“我国基础设施建设成就显著，信息畅通，公路成网，铁路密布，高坝矗立，西气东

① 习近平. 在庆祝中华人民共和国成立70周年大会上的讲话［M］. 北京：人民出版社，2019.

输，南水北调，高铁飞驰，巨轮远航，飞机翱翔，天堑变通途。”① 可以说，中华人民共和国成立以来基础设施的发展本身就是一个奇迹。站在新的历史起点上，我们有必要对中国基础设施70年发展历程进行系统梳理，对未来可能面临的挑战进行预测。

为了更好地把握中国基础设施的发展历程，我们将中华人民共和国成立70年历程分为两个时期：第一时期是从1949年中华人民共和国成立到1978年改革开放前夕，即社会主义建设初期；第二时期是从1978年改革开放到2019年中华人民共和国成立70周年，即改革开放以来（图5.1）。在每一阶段的分析中，我们首先描述了一些代表性基础设施的总体发展趋势，以给读者一个直观的印象；其次详细分析了各重要时期的历史背景、改革举措与基础设施发展成就；最后基于历史回顾，总结出一个一般性的经济学分析框架，对中国基础设施发展的内在规律进行剖析。

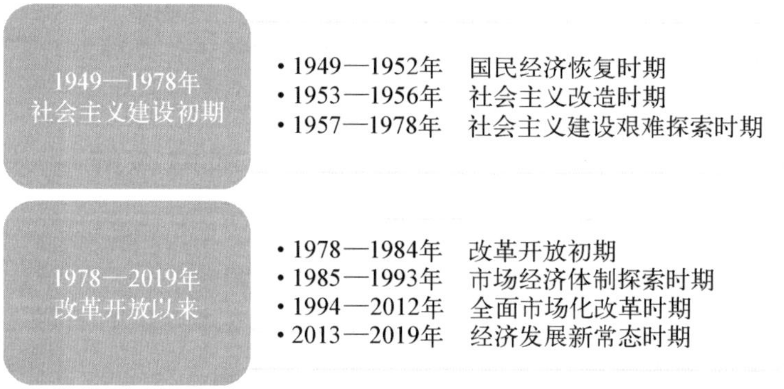

图5.1 中华人民共和国成立70年历程的时期划分

5.1.1 1949—1978年典型基础设施的总体发展趋势

本小节基于中国翔实的时间序列数据，展示了从1949年中华人民共和国成立到1978年改革开放前夕，交通、通信、能源这三类基础设施的总体发展趋势，并将这一发展趋势的分析置于经济增长和波动的宏观背景

① 习近平. 在庆祝改革开放40周年大会上的讲话［M］. 北京：人民出版社，2018.

之中，以期凸显基础设施发展的时代特征及其与宏观经济状况的关联。

（1）交通基础设施的发展

铁路是指供火车等交通工具行驶的轨道线路，是一类重要的交通基础设施。图 5.2 展示了社会主义建设初期的铁路发展与经济增长率。我们用铁路营业里程来衡量铁路的发展，铁路营业里程又称营业长度，是指投入客货运输正式营业或临时营业的线路长度。① 从图中可以发现：第一，在社会主义建设初期，铁路建设取得了显著进步，铁路营业里程从 1949 年的 2.18 万公里持续增长至 1978 年的 5.17 万公里，年均增长率②约为 3.02%；第二，铁路的发展并没有明显受到经济波动的冲击，尤其是 1959—1961 年，尽管经济增长明显下滑，但铁路营业里程仍然保持稳健的增长趋势。

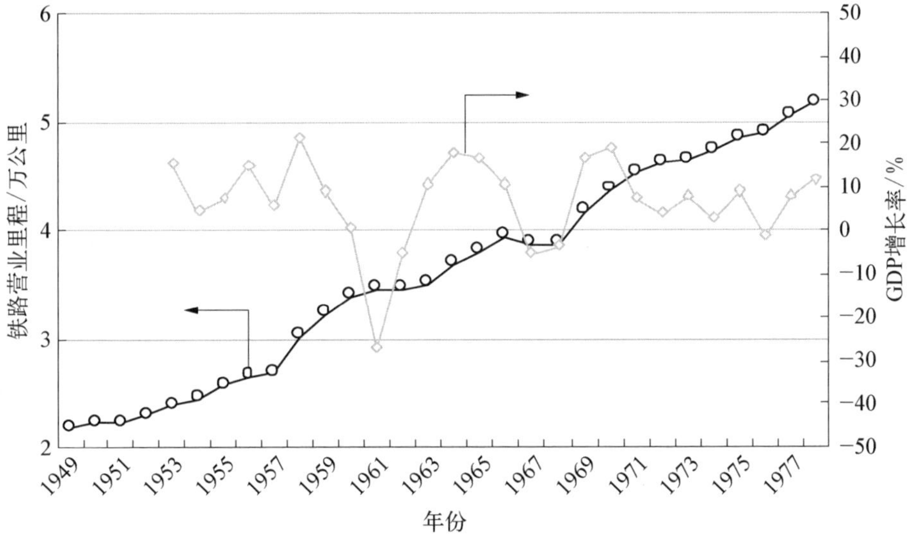

图 5.2　社会主义建设初期的铁路发展与经济增长率

数据来源：国家统计局国家数据网站。

公路是指能够行驶汽车的公共道路，是一类典型的交通基础设施。图 5.3 展示了社会主义建设初期的公路发展与经济增长率。我们用公路里程

① 详见国家统计局网站。

② 本章中年均增长率均按照相关变量历年增长率的几何平均数计算求得。

来衡量公路的发展，公路里程是指报告期末公路的实际长度。① 从图中可以发现：第一，在社会主义建设初期，公路得到快速发展，从 1949 年的 8.08 万公里增长到 1978 年的 89.02 万公里，年均增长率约为 8.63%；第二，经济波动对公路建设影响较小，除在 1957—1961 年略有起伏之外，公路里程一直保持稳定增长的趋势。

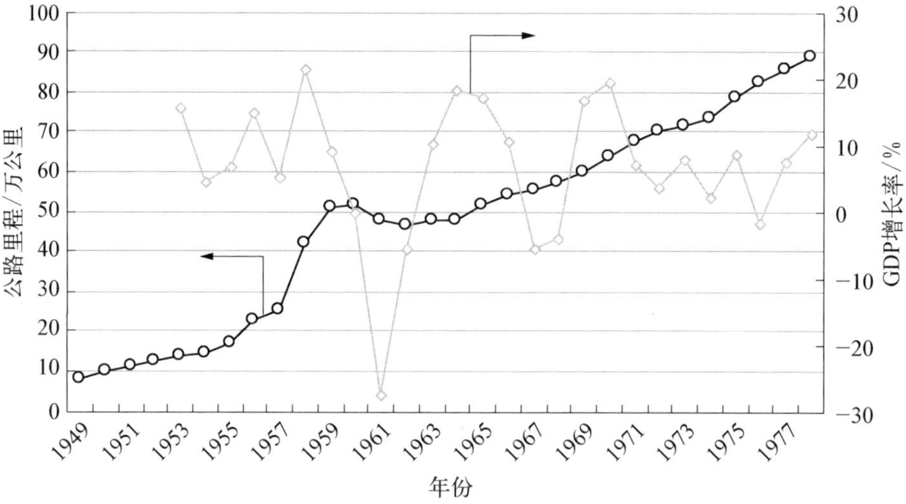

图 5.3　社会主义建设初期的公路发展与经济增长率

数据来源：国家统计局国家数据网站。

内河航道是指在内陆水域中用于船舶航行的通道，是一类用于水上运输的交通基础设施，是铁路和公路的重要补充。图 5.4 展示了社会主义建设初期的内河航道发展与经济增长率。我们用内河航道里程来衡量内河航道的发展，内河航道里程是指在一定时期内，能通航运输船舶及排筏的天然河流、湖泊水库、运河及通航渠道的长度。② 从图中可以发现，在社会

① 公路里程统计范围包括城间、城乡间、乡（村）间能行驶汽车的公共道路，公路通过城镇街道的里程，公路桥梁长度、隧道长度、渡口宽度；不包括城市街道里程、断头路里程、农（林）业生产用道路里程、工（矿）企业等内部道路里程。统计原则：按已竣工验收或交付使用的实际里程计算；两条或多条公路共同经由同一路段的重复里程，只计算一次。详见国家统计局网站。

② 内河航道里程统计范围包括全年季节性通航累计三个月以上的航道，不包括仅供零散流放竹、木排的河道。统计原则：两省以河为界的航道里程，双方均按一半计算，以免重复。详见国家统计局网站。

主义建设初期，内河航道的发展分为两个阶段：第一阶段是从 1949 年到 1960 年，在这一阶段，内河航道里程从 7.36 万公里快速上升至 17.39 万公里，达到了中华人民共和国成立之后的历史最高水平；第二阶段是从 1960 年到 1978 年，在这一阶段，内河航道里程持续下降，内河航道发展受限，到 1978 年，内河航道里程已经下降至 13.6 万公里。产生这一现象主要是因为水资源综合利用不够、建设资金投入较少等，[①] 同时，铁路和公路的快速发展对内河航道产生了替代作用，从而降低了对内河航道的需求。

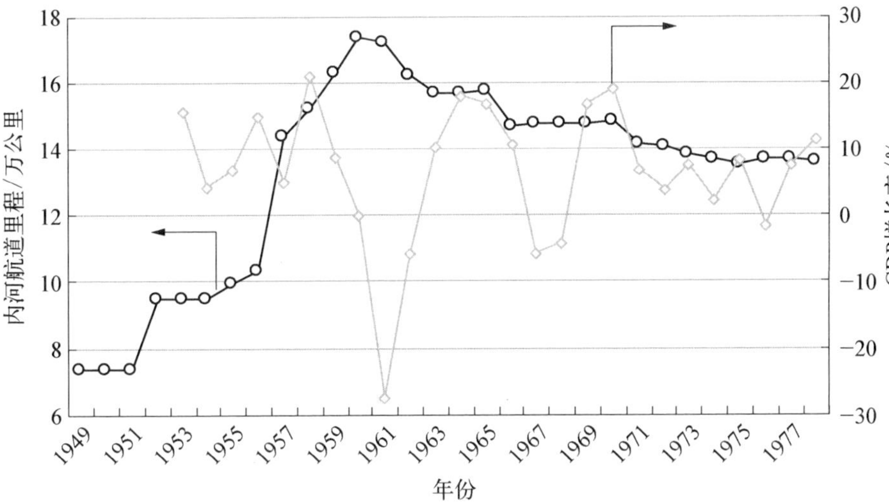

图 5.4　社会主义建设初期的内河航道发展与经济增长率

数据来源：国家统计局国家数据网站。

航空路线（简称航线）是一类用于空中运输的交通基础设施。图 5.5 展示了社会主义建设初期的航线发展与经济增长率。我们用定期航班航线里程来衡量航线的发展，定期航班航线里程是指定期航班营运里程的总长度，包括国际航线和民用航空国内航线的线路长度。[②] 从图中可以发现，在社会主义建设初期，航线的发展可以分为两个阶段：第一阶段是从 1949

① 张文尝，王姣娥，金凤君，等. 新中国交通运输 60 年发展与巨变［J］. 经济地理，2009，29（11）：1770－1776.

② 详见国家统计局网站。

年到 1973 年，在这一阶段，定期航班航线里程的增长相对缓慢，年均增长率为 6.19%；第二阶段是从 1973 年到 1978 年，在这一阶段，由于中国与欧洲多国正式建交以及中美关系开始缓和等，中国定期航班航线里程快速增长，年均增长率高达 26.81%。

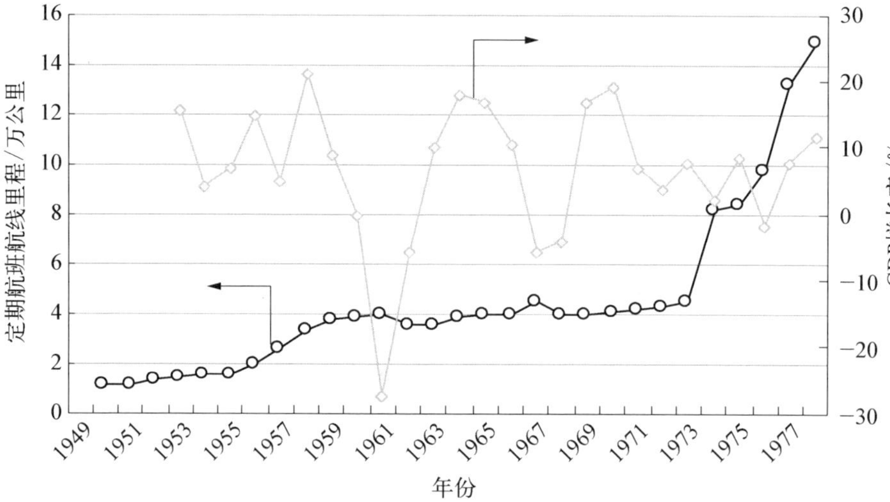

图 5.5　社会主义建设初期的航线发展与经济增长率

数据来源：国家统计局国家数据网站。

（2）通信基础设施的发展

邮政是一类传统的通信基础设施。图 5.6 展示了社会主义建设初期的邮政发展与经济增长率。我们用邮政营业网点数量，即邮电局所数量来衡量邮政的发展。① 从图中可以发现，第一，总体来看，邮政营业网点数量在波动中不断增长，年均增长率约为 2.21%。第二，在社会主义建设初期，邮政的发展可以分为两个阶段：第一阶段是从 1949 年到 1962 年，在这一阶段，邮政营业网点数量处于波动状态，在 1957—1958 年经历了快速增长时期，但在 1959—1961 年迅速回落；第二阶段是从 1962 年到 1978 年，在这一阶段，邮政营业网点数量持续缓慢上升，到 1978 年，邮政营业网点数量已经达到 49 623 处，相当于 1949 年的 1.9 倍左右。

① 详见国家统计局网站。

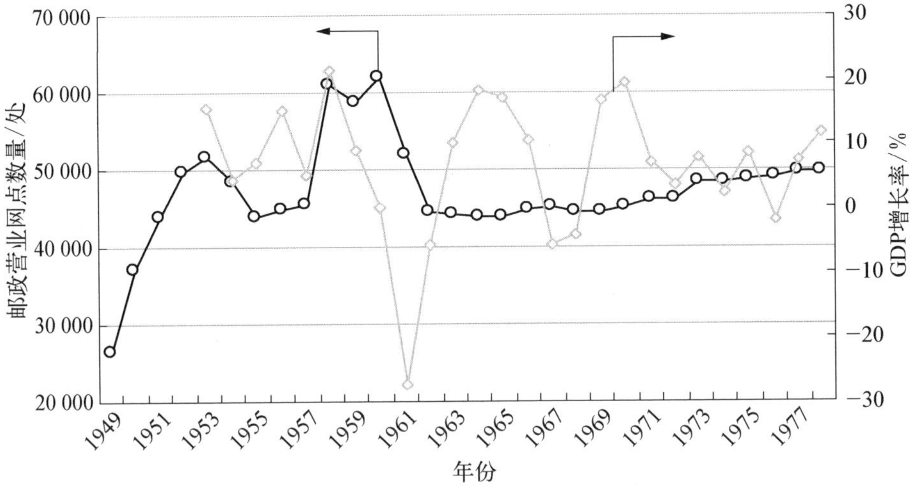

图 5.6　社会主义建设初期的邮政发展与经济增长率

数据来源：国家统计局国家数据网站。

电话是一类重要的通信基础设施。图 5.7 展示了社会主义建设初期的电话发展与经济增长率。我们用电话普及率来衡量电话的发展，电话普及率是指报告期行政区域总人口中，平均每百人拥有的电话机数量。① 从图中可以发现，第一，总体来看，在社会主义建设初期，电话普及率有所增长，从 1949 年的每百人 0.05 部上升至 1978 年的每百人 0.38 部，年均增长率约为 7.24%，但电话普及率依然低下。第二，在社会主义建设初期，电话普及率的增长并不均衡。1957—1960 年，电话普及率快速上升，实现了电话发展的“大跃进”。从 1961 年开始，电话普及率又短暂下滑，到 1963 年，电话普及率基本恢复到 1958 年的水平。之后，电话普及率经历了一段缓慢下降的时期，直到 1969 年左右才开始持续回升。

（3）能源基础设施的发展

输油（气）管道是一类典型的能源基础设施。图 5.8 展示了社会主义建设初期的输油（气）管道发展与经济增长率。我们用管道输油（气）里程来衡量输油（气）管道的发展，管道输油（气）里程是指油品（或天

① 本小节中的电话指固定电话，计算公式：电话普及率 = 电话机总数（部）÷行政区域总人口数（百人）。详见国家统计局网站。

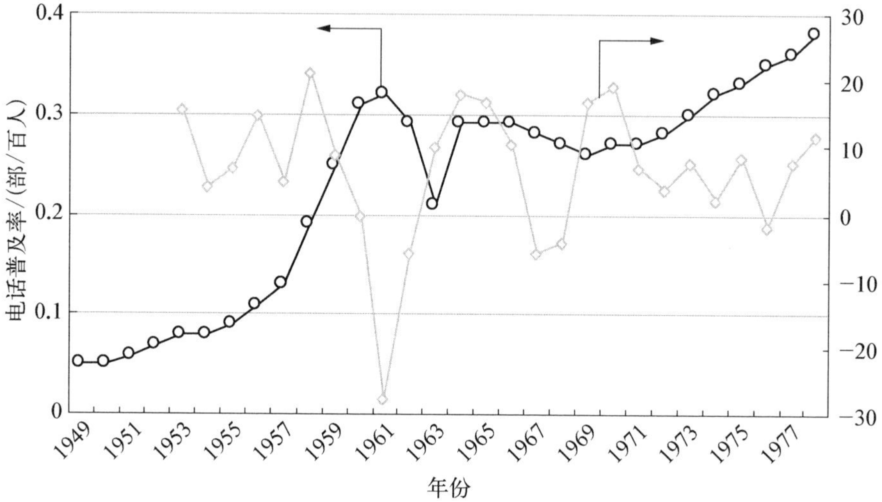

图 5.7　社会主义建设初期的电话发展与经济增长率

数据来源：国家统计局国家数据网站。

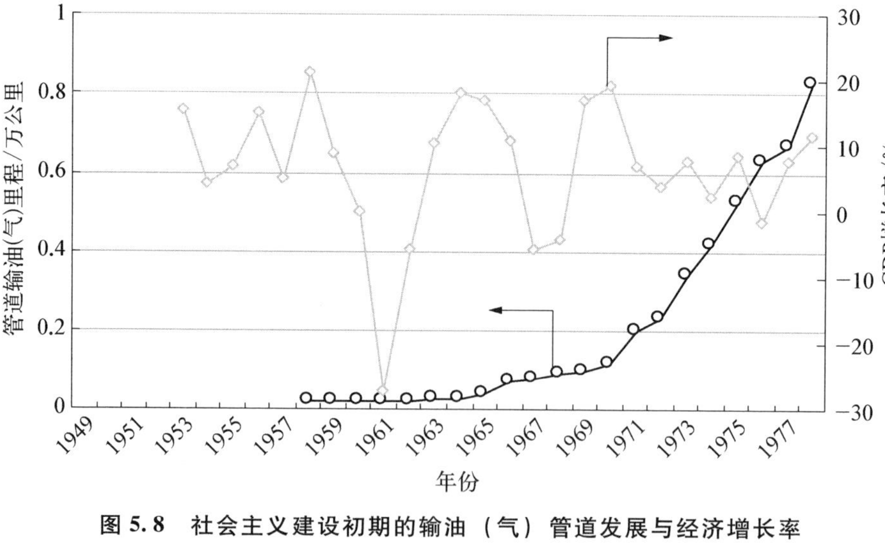

图 5.8　社会主义建设初期的输油（气）管道发展与经济增长率

数据来源：国家统计局国家数据网站。

然气）的实际输送距离，一般按输油（气）管道的单线长度计算。[①] 从图中可以发现，第一，总体来看，输油（气）管道的发展取得了长足的进步。从 1958 年到 1978 年，管道输油（气）里程从 0.02 万公里增长到 0.83 万公里，年均增长率为 20.48%。第二，在社会主义建设初期，输油（气）管道发展可以分为两个阶段：第一阶段是从 1958 年到 1970 年，在这一阶段，管道输油（气）里程增长相对缓慢，年均增长率为 16.1%；第二阶段是从 1970 年到 1978 年，在这一阶段，输油（气）管道建设步伐加快，年均增长率达到 26.51%。

纵观 1949—1978 年，国民经济在震荡中摸索前进，但中国的交通、通信、能源等主要基础设施都得到了恢复和发展，这些进步无疑是来之不易的。

5.1.2 国民经济恢复时期基础设施的修复与新建（1949—1952 年）

中华人民共和国成立伊始，国民经济百废待兴。由于连年战争，铁路、公路、港口、航道都遭到严重破坏。1949 年，中国铁路总里程仅为 2.2 万公里，低于英国 1880 年的水平，且 41%的铁路集中于东北地区，东西干线缺乏，西北和西南地区基本没有铁路，地区之间近乎隔绝，经济交流陷于瘫痪。[②] 同时，全国公路总里程共 14.9 万公里，但通车里程不足 60%，已铺路面的公路仅占 39%，严重影响交通运输。在港口和航道方面，大量港埠失修、航道淤塞，被誉为中国北方最大的综合性港口的天津港当时也残破不堪、无法使用。基础设施千疮百孔，这对国民经济的恢复和发展产生了严重的制约。

中华人民共和国成立之初，国家将基础设施建设放在了优先位置。中国社会主义经济建设的开创者和奠基人之一陈云指出，“要实现全国规模地恢复与发展工业，首先要创造一些条件。第一是恢复交通，尤其

① 详见国家统计局网站。

② 吴承明，董志凯. 中华人民共和国经济史：1949—1952［M］. 北京：社会科学文献出版社，2010. 本小节相关数据没有特别说明都引自上述文献。

是铁路交通。”[①] 他强调“运输是全国经济的杠杆”，并提出“抢修前方，修补后方”的方针。

1949 年，中国人民革命军事委员会铁道部成立，统一全国铁路的修建与管理。在铁路工人、部队和广大群众的艰苦努力下，8 000 多公里的线路在一年内得到了修复。1950 年 1 月 2 日，新华社宣告：“全国铁路网的基本恢复，使首都和全国主要城市紧密连结起来，使前方与后方、铁路沿线的城市和广大农村、工厂、矿山联系成一个整体，对于支援人民解放军解放西藏、海南岛，对于全国的经济建设，均将起着巨大的作用。”[②]

同时，铁路新线建设积极开展，截至 1952 年年底，新建铁路线 1 473 公里。广西来宾—睦南关线、四川成都—重庆线、甘肃天水—兰州线分别于 1951 年 10 月、1952 年 7 月和 1952 年 10 月建成通车。铁路线的修复和新建促进了运输量的增加，从 1950 年到 1952 年，铁路运输量增加了 31.48%，其中货运量增加了 54%。总之，中华人民共和国成立初期，铁路线的建设对于经济恢复、政治稳定均起到了关键作用。

在公路和水运方面，1949 年中华人民共和国成立前夕，中国人民政治协商会议第一届全体会议上设立了中央人民政府交通部，负责领导全国的水运、公路和民间交通运输工作。

1950 年，中央人民政府政务院颁布《关于一九五〇年公路工作的决定》，要求各地组织力量，修复原有公路，整修交通工具，提高运输能力；并提倡在国有企业领导下，发展民间运输合作，鼓励私人投资。同年，中央人民政府交通部提出，在修复原有公路的同时也要有计划地新建公路。在解放军战士、筑路工人和人民群众的共同奋斗下，全国公路建设工作迅速展开。截至 1952 年年底，全国公路通车里程达到 13 万公里，完成军事抢修、改建、新建、恢复路线共 303 条。

1950 年，中央人民政府政务院颁布《关于一九五〇年航务工作的决定》，国家开始组织力量推进航务、港务的各项工作。疏浚港湾河道、整

① 刘书楷. 陈云与新中国财经工作的起步 [J]. 党的文献，1995 (3)：21－24.

② 陈重伊. 国务院 24 部委组建实录 [M]. 北京：中共党史出版社，2009.

修码头仓库、打捞维修船只等工作有序开展。同时，国家大力支持私营航运企业发展，助力国民经济的恢复。港口修复整治工作也随即开展，在施工机器、专业人才极度匮乏的情况下，仅用了一年多的时间便修复了塘沽新港，1952 年 10 月，塘沽新港正式开港，并迅速成为我国北方的外贸货运中心。从 1949 年到 1952 年，全国航务建设进展显著，港内挖泥 1 736 万立方米，航道挖泥 1 187 万立方米，水运量年增长率达到 26.4%，水运业的恢复有效弥补了铁路和公路发展的不足。

在航空业方面，1949 年，中央人民政府人民革命军事委员会下设民用航空局。从 1950 年到 1952 年，航线长度从 12 131 公里增长至 13 885 公里，飞机载重量从 104.3 吨增长至 108.4 吨。

在邮电业方面，1949 年，中央人民政府邮电部成立。从 1950 年到 1952 年，长途电信交换机容量增长了 115.61%，市内电话交换机容量增长了 106.96%，邮路总长度从 86.3 万公里增长至 129 万公里。

在水利设施方面，1949 年，中央人民政府水利部成立。国家组织力量积极开展江河治理和农田水利灌溉工程建设，包括大规模淮河治理工程、黄河下游堤河治理工程、荆江分洪工程、沂河和沭河治理工程等，并完成了官厅水库、佛子岭水库和三河闸等的主要工程。水利建设从消极除害转向积极兴利，为国民经济恢复和发展奠定了基础。

总之，从 1949 年到 1952 年，国家在国民经济建设中基本遵循新民主主义经济（New-Democratic Economy）[①] 纲领，在国家财政实力尚不能充分支撑基础设施大规模建设的情况下，积极支持各种经济成分参与基础设施建设，修复并新建了大量基础设施，为国民经济复苏做出了巨大贡献。

5.1.3 社会主义改造时期基础设施的发展（1953—1956 年）

1953 年前后，国内外局势发生深刻变化。从国内视角来看，国民经济初步恢复，土地改革基本完成；从国际视角来看，朝鲜战争临近尾声，

---

① 新民主主义经济是指中国进入社会主义以前，以社会主义性质的国营经济为领导的，由国营经济、合作经济、个体经济和私人资本主义经济等多种经济成分组成的过渡性经济。

西方资本主义国家的封锁依然严密。在追求“国强民富”朴素愿望的推动下，基于对国际政治局势发展的宏观判断，1953 年 6 月 15 日，毛泽东同志在中央政治局扩大会议上发表重要讲话，指出“党在过渡时期的总路线和总任务，是要在十年到十五年或者更多一些时间内，基本上完成国家工业化和对农业、手工业、资本主义工商业的社会主义改造。这条总路线是照耀我们各项工作的灯塔。不要脱离这条总路线，脱离了就要发生‘左’倾或右倾的错误。”

在这一方针的指导下，国家制定了从 1953 年到 1957 年发展国民经济的第一个五年计划（简称“一五”计划）。“一五”计划的基本任务是“集中主要力量进行以苏联帮助我国设计的 156 个建设项目为中心、由 694 个大中型建设项目组成的工业建设，建立我国的社会主义工业化的初步基础……”并强调“保证国民经济中社会主义成分的比重稳步增长”。

“一五”计划中的 156 个建设项目全部由苏联帮助设计和建设，且基本是重工业项目。[①] “一五”计划期间，重工业基本建设投资占工业基本建设投资的 85%。可见，“一五”计划是以重工业优先发展为战略目标的。但是，重工业具有建设周期长、关键技术和设备依赖进口、投资规模大这三大特征，与当时中国资本积累少、外汇储备少、资金动员能力弱的资源禀赋特征存在尖锐矛盾，因此想通过市场机制配置资源，从而实现重工业快速发展的目标是不切实际的。[②]

因此，在这一背景下，人为干预市场价格并利用计划手段配置资源成为国家实现战略目标的必然选择。具体而言，首先，国家通过压低农产品、原材料、工资和外汇价格以最大限度地降低重工业发展的成本。其次，国家根据计划手段将各类资源优先配给工业部门，特别是重工业部门。最后，为了防止企业经营偏离国家目标，国家对农业、手工业和资本

① 实际施工 150 项，包括国防工业 44 项、冶金工业 20 项、能源工业 52 项、机械工业 24 项、化学工业和轻工业 10 项。

袁宝华. 袁宝华回忆录　第七章　赴苏联谈判的日日夜夜［J］. 中国经贸导刊，2019 (11)：75－77.

② 林毅夫，蔡昉，李周. 中国的奇迹：发展战略与经济改革（增订版）［M］. 上海：上海三联书店，2002.

主义工商业实施生产资料社会主义所有制改造，即实现企业国有化，从而剥夺企业生产经营的自主决策权。与此同时，国家加大基础设施建设力度，为国民经济，特别是重工业的发展提供支撑。

可以发现，上述各项相互补充、相互支撑的政策措施都是围绕同一目标——优先发展重工业展开的。在这一制度体系下，国家在“一五”计划期间取得了巨大的发展成就。到 1957 年年底，“一五”计划超额完成，国民经济面貌焕然一新。1957 年，全国工农业总产值达到 1 241 亿元，比 1952 年增长了 67.8%，其中全国工业总产值达到 704 亿元，比 1952 年增长了 128.6%。对于苏联帮助我国设计的 156 个建设项目，到 1957 年年底，有 135 个已施工建设，其中 68 个已全部建成和部分建成投入生产。①

“一五”计划期间，交通等基础设施也得到了大力发展。“一五”计划提出，要“相应地发展交通运输业、轻工业、农业和商业”。到 1957 年年底，全国铁路通车里程达到 29 862 公里，比 1952 年增加了 22%。五年内，新建铁路 33 条，恢复铁路 3 条。宝成铁路、武汉长江大桥、鹰厦铁路分别于 1956 年、1957 年、1958 年建成通车。到 1957 年年底，全国公路通车里程达到 25 万公里，比 1952 年增加了 1 倍。青藏公路和康藏公路于 1954 年竣工通车。中国第一个民用机场——北京首都国际机场于 1955 年开工建设，并于 1958 年投入使用。玉门油矿于 1957 年基本建成。② 无疑，基础设施的不断完善给国家重工业的发展和战略目标的推进提供了重要支撑。

5.1.4 社会主义建设艰难探索时期基础设施的发展（1957—1978 年）

“一五”计划期间，中国的国民经济得到了迅速发展，工业体系也日益形成规模。在此基础上，国家继续实施重工业优先发展的战略。1956 年，国家制定的第二个五年计划（1958—1962 年，简称“二五”计划）

① 参考中华人民共和国国史网大事年表之“一五”计划。
② 第一个五年计划的编制与实施（1953—1957 年）[J]. 中国产经，2018（3）：75 - 83.

的基本任务是“继续进行以重工业为中心的工业建设，推进国民经济的技术改造，建立我国社会主义工业化的巩固基础……”并设定了具体的增长目标：1962 年工农业总产值比 1957 年原计划增长 75%左右，工业总产值增长 1 倍左右……①

但是，在中央集中计划的经济体制下，一些计划体制固有的弊病不可避免地凸显出来。由于国民经济体系庞大、各地实际情况千差万别，中央各部门制定计划、监督执行的难度越来越大，“计划赶不上变化”的情况时有发生。总之，中央与地方之间固有的信息不对称问题使得中央集中计划体制难堪重负，且遏制了地方发展经济的积极性。1956 年，毛泽东同志发表《论十大关系》，在论述中央和地方关系时，他强调，“应当在巩固中央统一领导的前提下，扩大一点地方的权力，给地方更多的独立性，让地方办更多的事情。”

在这一背景下，1958 年，中国实施了第一次经济体制改革，以“放权让利”为主要基调。具体而言，中央将部分计划权、企业管辖权、物资分配权、项目审批权、财政税收权和劳动管理权下放给地方政府，但是仍然维持计划经济这一基本经济体制和资源配置方式。因而学界往往将这一分权改革称为“体制下放”或“行政分权”，其是在维持计划经济模式的同时，将计划权下放给地方政府，而不是“市场分权”，即通过市场化改革将经营决策权下放给企业部门。② 但是，这一“体制下放”造成了国民经济和生产秩序的混乱，反而使得大量稀缺资源被低效使用，经济效率持续下降。从 1959 年开始，国民经济陷入困境。

在这一背景下，中共中央决定对国民经济进行重大调整，于 1960 年提出了“调整、巩固、充实、提高”八字方针，以有效缓解“大跃进”造成的经济困难，并计划用三年的时间（1963—1965 年）作为国民经济调整和过渡阶段，为第三个五年计划（1966—1970 年，简称“三五”计划）的实施创造条件。这次调整将 1958 年下放给地方政府的计划权基本收回，重新回到中央集中计划的经济体制，迅速淘汰了不符合生产标准的

① 参考中华人民共和国国史网大事年表之“二五”计划。

② 吴敬琏. 当代中国经济改革［M］. 上海：上海远东出版社，2004.

钢铁冶炼设备，并将临时召集的农村工人遣散退回农村。这次雷厉风行的调整在较短的时间内恢复了国民经济秩序，到 1963 年，国民经济开始稳定并有所复苏。

计划权的重新集中打破了地方之间以邻为壑的分割局面，基本恢复了各地方之间的分工协作关系及上下游行业之间的经济联系，物资短缺和投资饥渴的矛盾大大缓解。随着国民经济的逐步好转，地方发展本地经济的自主权逐渐扩大，大量非工业部门的基本建设投资、地方管理的企事业单位的计划指标、“五小企业”① 的分配权都划归地方掌握。②

与此同时，国家优先发展重工业、国防工业，赶超世界先进水平的战略目标维持不变。1964 年，国家制定了“三五”计划，强调在保障农业和国防的基础上发展工业，并制定了工农业总产值 5 年平均增长率为 7%左右的增长目标。同时，基于对国际局势的考虑，国家开始实施“三线建设”这一重大战略决策，即逐步改变我国生产力布局的一次由东向西转移的战略大调整，建设的重点在西南、西北地区。

尽管“三五”计划的实施遭受“文化大革命”的干扰，但由于三年过渡时期的积累和计划制定得较为合理，主要计划目标都得以实现。“三五”计划期间，国民经济年均增长了 9.95%，工农业总产值年均增长了 9.6%，其中农业总产值年均增长了 3.9%，工业总产值年均增长了 11.7%。这一时期基础设施发展亦取得进步。1967 年，青铜峡水电站第一台机组投产发电。1968 年，中国第一座自主设计建造的南京长江大桥建成通车。1970 年，中国第一颗人造卫星——“东方红一号”发射成功；同年，成昆铁路全线竣工运营。可以说，“三五”计划的实施奠定了中国独立的、比较完整的工业体系和国民经济体系的基础。③

必须指出的是，经济发展的成就终究无法掩盖中央集中计划体制的缺陷。1970 年，国家再次在计划经济的框架下实施以“行政分权”为核心

① “五小企业”是指规模较小、技术水平较弱的小煤矿、小炼油、小水泥、小玻璃、小火电。

② 胡书东. 经济发展中的中央与地方关系：中国财政制度变迁研究［M］. 上海：上海三联书店，2001.

③ 参考中华人民共和国国史网大事年表之“三五”计划。

的经济体制改革，要求国务院工业交通各部的直属企业、事业单位绝大部分下放给地方管理。在很短的时间内，2 600多个中央直属企业、事业和建设单位都下放给各自所在的省、市、自治区管理。① 这一分权改革与1958年的“体制下放”具有相同的运行逻辑，再次打乱了原有的地区间的协作关系和上下游行业的经济联系，企业正常的生产秩序遭到破坏，经济效率持续下降。面对混乱的局面，国家屡次提出整顿措施，加强统一计划，整顿企业管理，但在“文化大革命”的干扰和冲击下，国民经济主要比例严重失调，经济效益不断下降，国民经济一度濒临崩溃的边缘。

第四个五年计划（1971—1975年，简称“四五”计划）期间，经济发展曲折起伏，政治运动激荡反复，国民经济在艰难探索中仍然取得了重大成就。“四五”计划期间，国民经济年均增长了7.76%，工农业总产值年均增长了7.8%，其中农业总产值年均增长了4.0%，工业总产值年均增长了9.1%。② 同时，中国在铁路建设、水利建设、油田建设、卫星发射回收、计算机研发等领域也取得了突破性的进展。1973年，中国第一台每秒钟运算一百万次的集成电路电子计算机在北京试制成功。1974年，大港油田、胜利油田相继建成；同年，湘黔铁路建成通车。1975年，当时中国最大的水利电力枢纽工程——刘家峡水电站建成；同年，中国发射一颗返回式遥感人造地球卫星并成功回收，成为继美国、苏联之后第三个掌握卫星回收技术的国家。毫无疑问，这些都是党和人民排除“文化大革命”干扰而取得的伟大成就。

5.2 改革开放以来基础设施的飞跃式发展（1978—2019年）

5.2.1 1978—2019年典型基础设施的总体发展趋势

本小节基于中国翔实的时间序列数据，展示了从1978年改革开放到

① 参考中国共产党新闻网中国共产党大事记之1970年。
② 参考中华人民共和国国史网大事年表之“四五”计划。

2019 年中华人民共和国成立 70 周年，交通、通信、能源这三类基础设施的总体发展趋势，并将这一发展趋势的分析置于经济高速增长的背景之中，以期凸显基础设施发展与经济增长的关联。①

（1）交通基础设施的发展

图 5.9 展示了改革开放以来的铁路发展与经济增长率。从图中可以发现，第一，自 1978 年以来，中国经济高速增长，年均增长率高达 9.5%，与此同时，中国的铁路发展也取得了巨大进步。从 1978 年到 2018 年，铁路营业里程从 5.17 万公里增长到 13.17 万公里，年均增长率为 2.37%。第二，在 2008 年之后，中国的铁路建设明显加速。1978—2007 年，铁路营业里程年均增长率为 1.43%，而 2008—2018 年，该年均增长率上升至 4.88%。

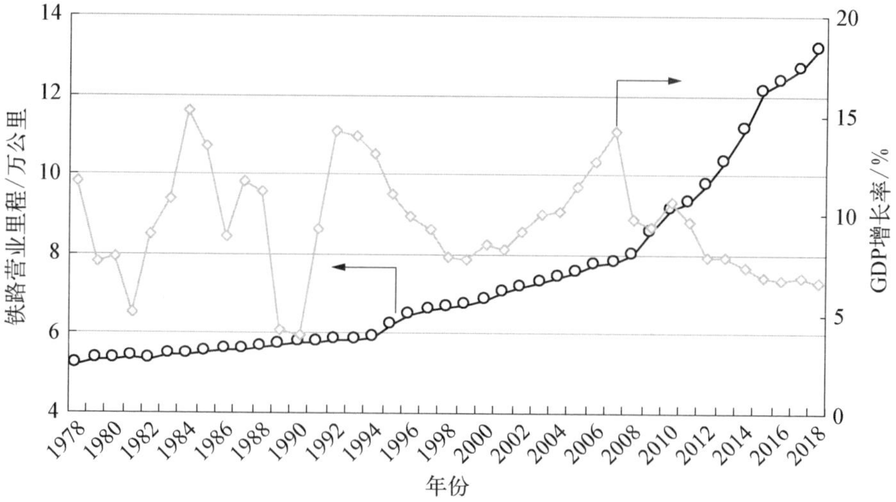

图 5.9　改革开放以来的铁路发展与经济增长率

数据来源：国家统计局国家数据网站。

图 5.10 展示了改革开放以来的公路发展与经济增长率。从图中可以发现，改革开放以来，中国的公路发展进步显著，公路里程从 1978 年的 89.02 万公里持续增长到 2018 年的 484.65 万公里，年均增长率达到 4.33%。需要注意的是，从 2005 年开始，村道纳入公路里程统计范围，

① 由于数据发布时滞，本书完稿之时，一些典型基础设施的统计数据仍未公布，因此本小节主要对 1978—2018 年的数据进行统计分析。

故而2005年公路里程产生了陡增现象。在去除这一特殊情况之后，从1978年到2018年，公路里程年均增长率达到2.9%。

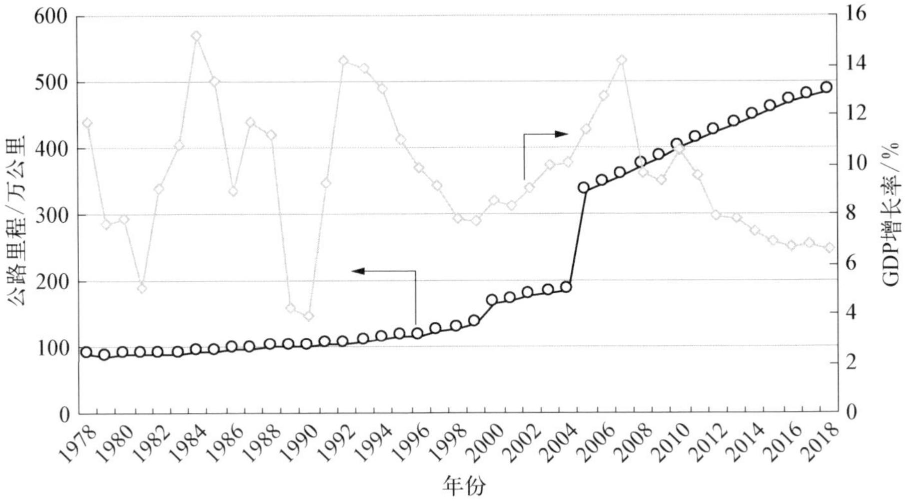

图 5.10　改革开放以来的公路发展与经济增长率

数据来源：国家统计局国家数据网站。

高速公路[①]是一类现代化、高质量的交通基础设施。图5.11展示了改革开放以来的高速公路发展与经济增长率。从图中可以发现，自1988年中国第一条高速公路——沪嘉高速公路建成通车以来，高速公路迅速发展，高速公路里程从1988年的0.01万公里迅速增长到2018年的14.26万公里，年均增长率高达27.39%。截至2018年年底，中国高速公路总里程已经高居世界第一。

内河航道是一类用于水上运输的交通基础设施。图5.12展示了改革开放以来的内河航道发展与经济增长率。从图中可以发现，内河航道的发展大致经历了三个阶段：第一阶段是从1978年到1998年，在这一阶段，由于统计口径的变动，内河航道里程从1978年的13.60万公里下降至1979年的10.78万公里，但之后始终保持平稳增长的状态，到1998年，

① 根据《公路工程技术标准》（JTG B01—2014），公路分为高速公路、一级公路、二级公路、三级公路及四级公路等五个技术等级。其中高速公路为专供汽车分方向、分车道行驶，全部控制出入的多车道公路。高速公路年平均日设计交通量宜在15 000辆小客车以上，设计速度不宜低于100 km/h。

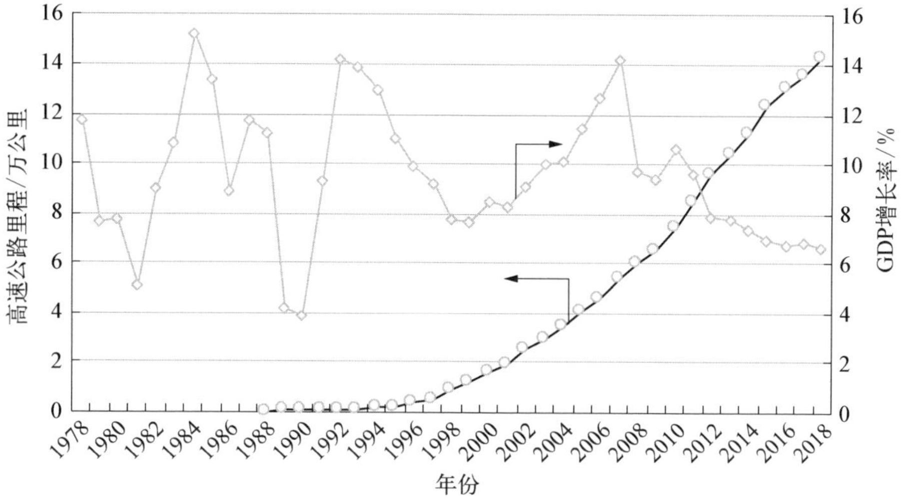

图 5.11　改革开放以来的高速公路发展与经济增长率

数据来源：国家统计局国家数据网站。

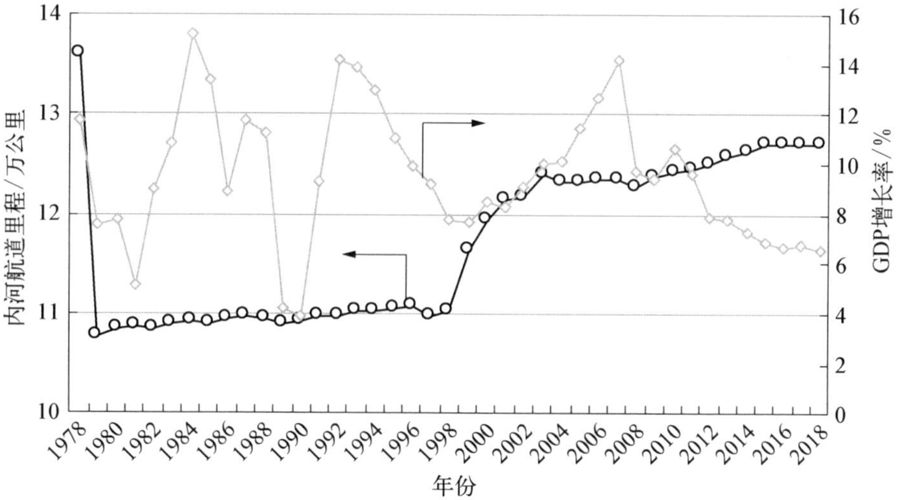

图 5.12　改革开放以来的内河航道发展与经济增长率

数据来源：国家统计局国家数据网站。

内河航道里程为 11.03 万公里；第二阶段是从 1998 年到 2003 年，这一阶段是改革开放以来内河航道建设较快的时期，也是中国经济加速发展的时期，在这五年中，内河航道里程增长约 1.37 万公里；第三阶段是从 2003 年到 2018 年，内河航道里程再次进入平稳增长期，到 2018 年，内河航道里程达到 12.71 万公里。

港口码头泊位是一类用于停靠船舶的交通基础设施。图 5.13 展示了改革开放以来的港口码头泊位发展与经济增长率。从图中可以发现，总体上看，改革开放以来，沿海主要港口码头泊位数①呈快速上升的趋势，从 1979 年的 415 个发展到 2018 年的 6 150 个，年均增长率为 7.16%。具体来看，港口码头泊位的发展可分成三个阶段：第一阶段是从 1979 年到 2002 年，这一阶段的港口码头泊位发展较为平稳，到 2002 年，沿海主要港口码头泊位数达到 1 790 个，年均增长率约为 6.56%；第二阶段是从 2002 年到 2009 年，在这一阶段，港口码头泊位建设加速，到 2009 年，沿海主要港口码头泊位数增加至 5 372 个，年均增长率高达 14.9%，港口码头泊位的迅速发展与这一阶段的经济增长加速是基本同步的；第三阶段是从 2009 年至 2018 年，这一阶段的沿海主要港口码头泊位数恢复平稳上升态势，年均增长率约为 2.3%。

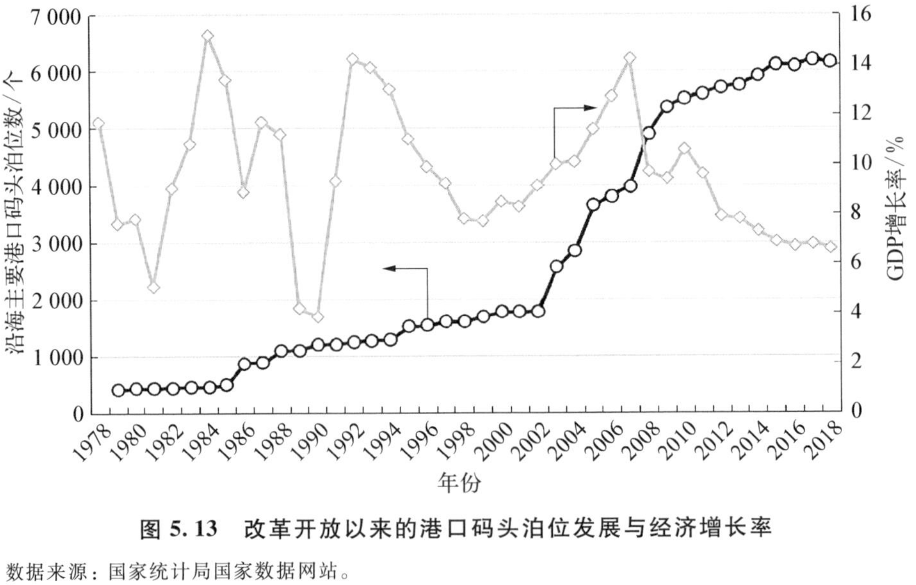

图 5.13　改革开放以来的港口码头泊位发展与经济增长率

数据来源：国家统计局国家数据网站。

① 港口码头泊位数是指设有系靠船舶装置同时可供靠泊船舶的泊位数量，包括码头泊位、浮筒泊位以及供船舶锚泊的锚地泊位、水路过驳的平台泊位等。供停泊一艘船舶所备的位置称为一个泊位。详见国家统计局网站。

民用航班飞行机场（简称民用机场）是一类民用航空交通基础设施。图 5. 14 展示了改革开放以来的民用机场发展与经济增长率。从图中可以发现，第一，总体上看，从 1984 年到 2018 年，民用机场数①增长较快，从 1984 年的 88 个发展到 2018 年的 233 个，年均增长率为 2. 91%。第二，改革开放后，民用机场的发展可以分为两个阶段：第一个阶段是从 1984 年到 2003 年，这一阶段的民用机场数总体上升，但存在多次波动，到 2003 年，民用机场数达到 126 个，年均增长率约为 1. 91%；第二阶段是从 2003 年到 2018 年，这一阶段的民用机场建设加速，年均增长率达到 4. 18%。

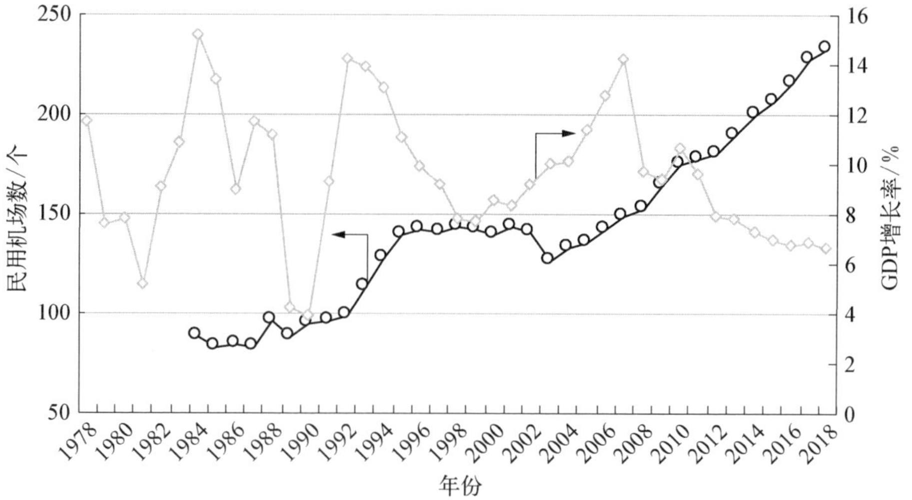

图 5. 14　改革开放以来的民用机场发展与经济增长率

数据来源：国家统计局国家数据网站。

（2）通信基础设施的发展

邮政是一类典型的通信基础设施。图 5. 15 展示了改革开放以来的邮政发展与经济增长率。从图中可以发现，第一，改革开放以来，邮政的发展进步显著，邮政营业网点②数量从 1978 年的 49 623 处发展到 2018 年的

① 民用机场数的统计数据是从 1984 年开始发布的。需要注意的是，在 1992 年以前，民用机场数为民航总局直属企业数，自 1992 年起为民航全行业数。详见国家统计局网站。

② 邮政营业网点在 1998 年及以前为邮电局所，1999—2006 年为邮政局所，从 2002 年起，统计口径调整为邮政局所和邮政代办点，自 2007 年起为规模以上邮政业法人企业办理业务的场所。详见国家统计局网站。

274 635 处，年均增长率为 4. 26%。第二，改革开放后，邮政的发展可以分为两个阶段：第一个阶段是从 1978 年到 2011 年，在这一阶段，邮政营业网点数量平稳增加，到 2011 年，邮政营业网点数量达到 78 667 处，年均增长率约为 1. 41%；第二个阶段是从 2011 年到 2018 年，在这一阶段，邮政营业网点数量迅猛增加，年均增长率达到 19. 55%。

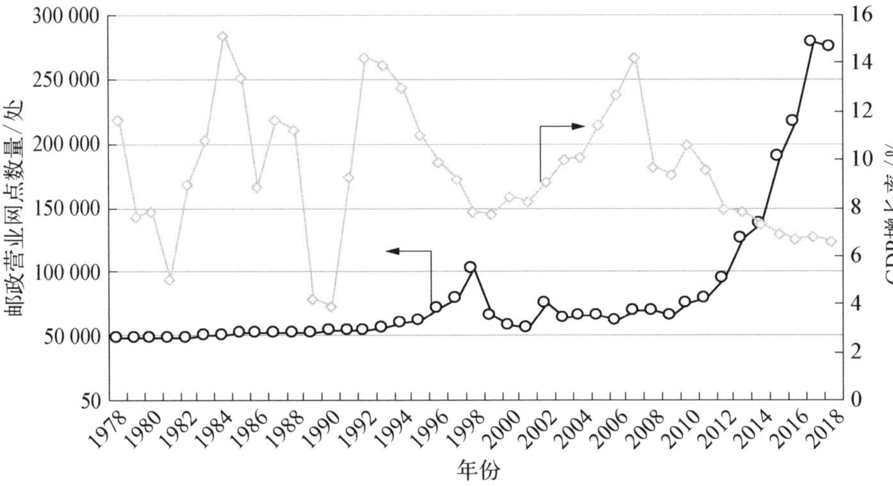

图 5. 15　改革开放以来的邮政发展与经济增长率

数据来源：国家统计局国家数据网站。

电话，包括固定电话和移动电话，是一类重要的通信基础设施。图 5. 16 展示了改革开放以来的电话发展与经济增长率。从图中可以发现，第一，改革开放以来，电话普及率增长显著，从 1978 年到 2018 年，电话普及率从每百人 0. 38 部上升至每百人 126 部。第二，改革开放后，电话的发展可以分为两个阶段：第一个阶段是从 1978 年到 1996 年，这一阶段的电话普及率从每百人 0. 38 部缓慢上升至每百人 6. 33 部；1997 年，国家开始实施邮电分营，电话普及率开始加速上升，因而第二阶段是从 1997 年到 2018 年，电话普及率从 1997 年的每百人 8. 11 部上升至 2018 年的每百人 126 部。

移动电话是当代社会最为常用的通信工具，在很大程度上替代了固定电话的功能。图 5. 17 展示了改革开放以来的移动电话发展与经济增长率。从图中可以发现，第一，总体上看，从 1992 年到 2018 年，移动电

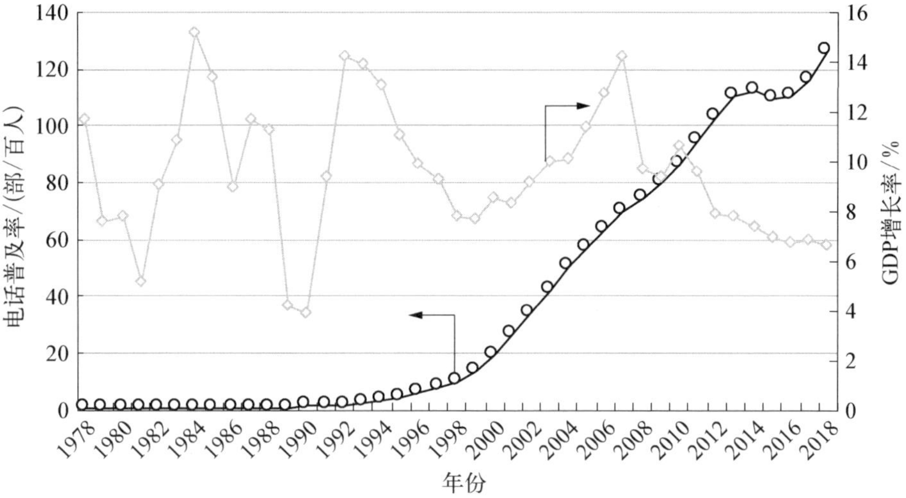

图 5.16　改革开放以来的电话发展与经济增长率

数据来源：国家统计局国家数据网站。

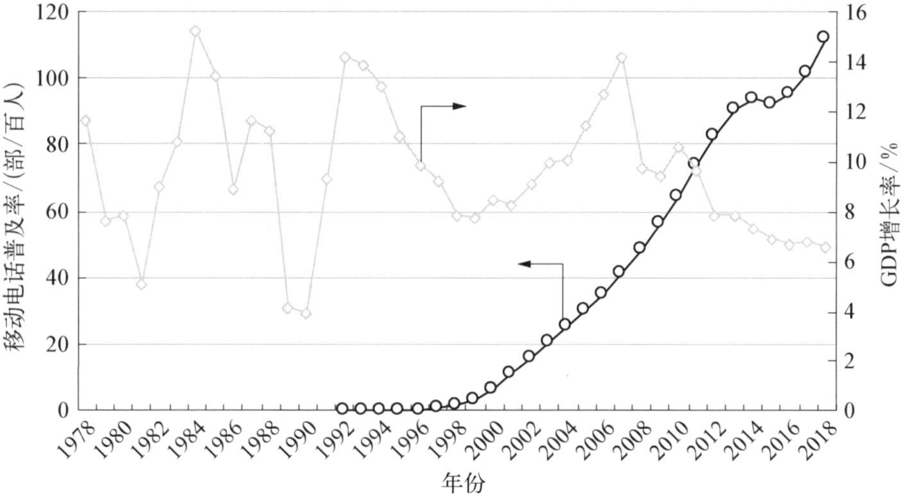

图 5.17　改革开放以来的移动电话发展与经济增长率

数据来源：国家统计局国家数据网站。

话普及率①逐渐提高，从 1992 年的每百人 0.02 部增加到 2018 年的每百人

① 移动电话普及率是指报告期行政区域总人口中平均每百人拥有的移动电话机数。计算公式：移动电话普及率 = 移动电话机总数（部）÷行政区域总人口数（百人）。移动电话普及率的统计数据是从 1992 年开始发布的。详见国家统计局网站。

112.23 部，可以说移动通信基础设施的发展取得了巨大进步。第二，改革开放后，移动电话的发展可以分为两个阶段：第一阶段是从 1992 年到 1998 年，移动电话普及率从每百人 0.02 部缓慢上升至每百人 1.93 部；1999 年，国家实施电信改革，组建中国移动通信集团公司，为移动通信基础设施的发展注入了新的动力，因而第二阶段是从 1999 年到 2018 年，移动电话普及率从每百人 3.47 部上升至每百人 112.23 部。

互联网是通信基础设施现代化发展的重要代表。图 5.18 展示了改革开放以来的互联网发展与经济增长率。从图中可以发现，总体上看，从 2002 年到 2018 年，互联网的发展成就显著，互联网普及率①从 2002 年的 4.6%上升至 2006 年的 10.5%，之后加速上升，到 2018 年，互联网普及率已经达到 59.6%。

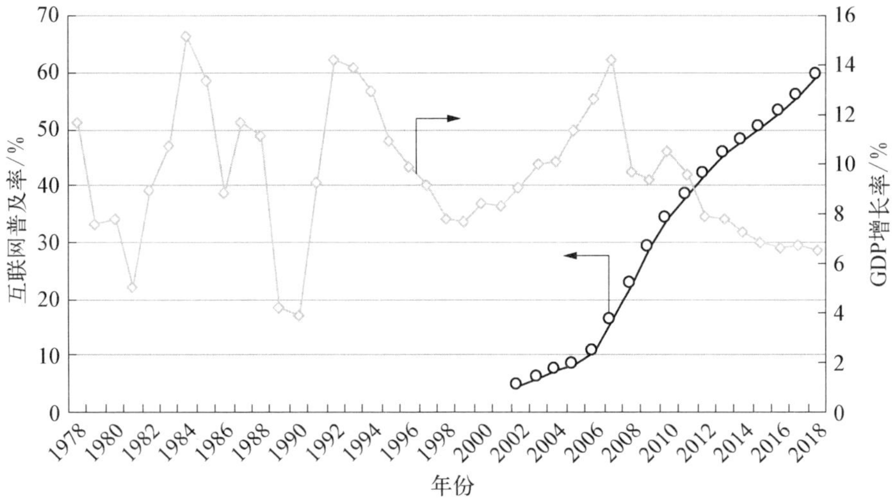

图 5.18　改革开放以来的互联网发展与经济增长率

数据来源：国家统计局国家数据网站。

（3）能源基础设施的发展

输油（气）管道是一类典型的能源基础设施。图 5.19 展示了改革开

① 互联网普及率是指报告期行政区域总人口中互联网用户数占总人口的比重。计算公式：互联网普及率=［互联网用户数（人）÷行政区域总人口数（人）］×100%。互联网普及率的统计数据是从 2002 年开始发布的。详见国家统计局网站。

放以来的输油（气）管道发展与经济增长率。从图中可以发现，第一，总体上看，管道输油（气）里程增长迅速，从 1978 年的 0.83 万公里持续增长到 2018 年的 12.23 万公里，年均增长率为 7.34%。第二，改革开放以来，输油（气）管道的发展可以分为两个阶段：第一阶段是从 1978 年到 2000 年，管道输油（气）里程从 0.83 万公里缓慢上升至 2.47 万公里，年均增长率约为 5.08%；第二阶段是从 2000 年到 2018 年，管道输油（气）里程加速增长，年均增长率约为 8.74%。

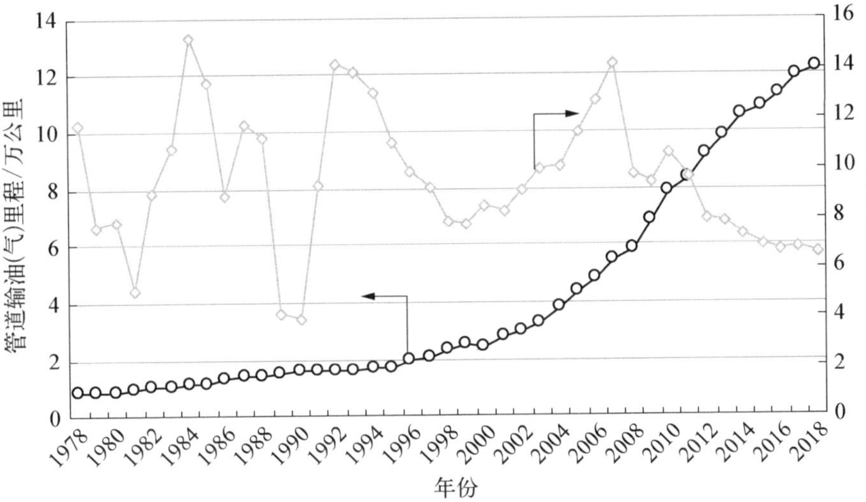

图 5.19　改革开放以来的输油（气）管道发展与经济增长率

数据来源：国家统计局国家数据网站。

必须指出的是，输油（气）管道仅仅是能源基础设施的一个重要组成部分，尚不足以代表能源基础设施的全部，火电站、水电站、核电站等都是能源基础设施的重要组成部分。为了从总体上反映改革开放以来能源基础设施的规模及发展，我们采用能源生产总量[①]这一指标进行分析。

图 5.20 展示了改革开放以来的能源生产总量与经济增长率。从图中

① 能源生产总量是指一定时期内全国一次能源生产量的总和。其中，一次能源生产量包括原煤、原油、天然气、水电、核能及其他动力能（如风能、地热能等）发电量，不包括低热值燃料生产量，生物质能、太阳能等的利用和由一次能源加工转换而成的二次能源生产量。详见国家统计局网站。

可以发现，第一，从 1978 年到 2017 年，能源生产总量增长显著，从 1978 年的 62 770 万吨标准煤持续增长至 2017 年的 358 500 万吨标准煤，年均增长率为 4. 45%，这从侧面反映出能源基础设施总体规模的迅速发展。第二，改革开放以来，能源生产总量的发展可以分为两个阶段：第一阶段是从 1978 年到 1999 年，能源生产总量增长较缓并有所波动，从 1978 年的 62 770 万吨标准煤上升至 1999 年的 110 000 万吨标准煤，年均增长率约为 1. 81%；第二阶段是从 1999 年到 2017 年，能源生产总量加速增长，年均增长率约为 5. 74%。

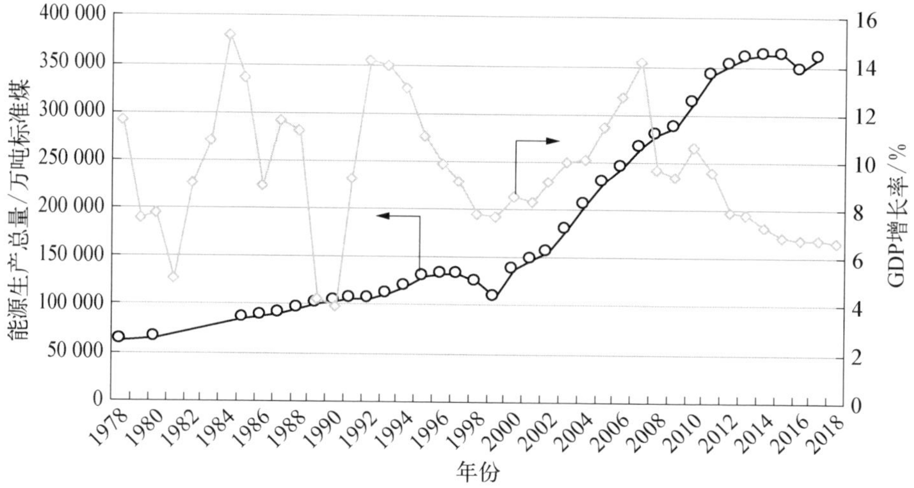

图 5. 20　改革开放以来的能源生产总量与经济增长率

数据来源：国家统计局国家数据网站。

纵观 1978—2018 年，中国经济高速增长，交通、通信、能源等主要基础设施都实现了飞跃式发展，尽管在 2008 年全球金融危机之后，中国经济增长速度有所放缓，但基础设施的蓬勃发展趋势不可阻挡。无疑，中国已经成为基础设施大国，并不断向基础设施强国快步迈进。

5. 2. 2　改革开放初期基础设施的发展（1978—1984 年）

1978 年 12 月，党的十一届三中全会召开，实现了中华人民共和国成立以来党的历史上具有深远意义的伟大转折，开启了改革开放和社会主义现代化的伟大征程。[①] 从此，党和国家的工作重点转移到社会主义现代化建设上来，对内改革和对外开放成为中国发展的主旋律。

改革开放伊始的经济体制改革并没有延续“行政分权”（“体制下放”）的老路，而是将扩大企业自主权作为改革的新方向。1979 年，国务院发布《关于扩大国营工业企业经营管理自主权的若干规定》，对各地企业“放权让利”。尽管本次改革极大地调动了企业部门的积极性，生产和投资热情空前高涨，但由于没有良好的机制来实时反映物资供需的真实情况，企业实际上再次陷入了“投资饥渴症”，货币工资、财政赤字随之上升，国民经济秩序趋于混乱。

与此同时，体制外经济力量却在狭缝中成长起来，给中国经济发展带来了新的动力。自 1980 年以来，家庭联产承包责任制在农村广泛开展，极大地提高了农业生产效率，并为日后沿海地区工业的发展提供了大量劳动力。与此同时，以集体所有制为主的乡镇企业如雨后春笋般成长起来。自 1983 年以来，私营企业也得以迅速发展。在对外开放领域，1980 年，国家设立了深圳、珠海、汕头、厦门四个经济特区，并于 1984 年进一步开放了 14 个沿海港口城市，加工贸易、外商投资蓬勃发展。1985 年，集体企业、私营企业和外资企业等非国有经济成分在工业总产值中所占比重已经超过了 35%，到 1990 年，进一步超过了 45%。[②] 可见，非国有经济成分日益成为国民经济的重要组成部分。

1984 年 10 月，党的十二届三中全会召开，会议通过了《中共中央关于经济体制改革的决定》，将经济体制改革的重点从农村转移到城市，并决定发展社会主义商品经济，强调建立合理的价格体系是经济体制改革的关键。无疑，中国迈出了走向市场经济体制的坚定步伐。

纵观 20 世纪 80 年代初期的改革措施可以发现，国家并没有直接采取破除计划经济体制并对国有企业实施所有制改造的“休克疗法”。相反，国家在保持计划经济总体框架和国有部门既得利益的情况下，从体制外培育了新的经济力量。这种体制外经济力量的不断壮大为日后的国有部门改

① 习近平. 在庆祝改革开放 40 周年大会上的讲话［M］. 北京：人民出版社，2018.

② 吴敬琏. 当代中国经济改革［M］. 上海：上海远东出版社，2004.

革创造了有利条件。上述体制外先行的改革被一些学者称为增量改革，与存量改革——体制内所有制改革相对应。①

第六个五年计划（1981—1985 年，简称“六五”计划）期间，国民经济发展继续贯彻执行“调整、改革、整顿、提高”的方针，积极调整国民经济比例，实现经济快速增长。五年间，国民生产总值年均增长了 10.72%，农业总产值年均增长了 10.8%，工业总产值年均增长了 10.6%。① 在基础设施建设方面，“六五”计划在很大程度上吸取了第五个五年计划（1976—1980 年，简称“五五”计划）期间基本建设规模过大、战线过长、投资效果不好的教训，较大幅度地降低了大中型建设项目的规模，同时将投资重点放在了能源和交通建设领域。“六五”计划继续开发黄河上游、长江中上游和红水河流域的水力资源，建设了一批大型水电站，同时在煤炭资源丰富的地区及用电量大的地区建设了一批坑口电站和火电厂。在“六五”计划的五年内，全国新建铁路铺轨 2 000 公里，建成复线铁路 1 700 公里，建成电气化铁路 2 500 公里。1984 年，青藏铁路一期工程建成通车；同年，“东方红二号”试验通信卫星发射成功，为中国卫星通信事业的发展奠定了基础。这些都是“六五”计划期间中国基础设施建设的标志性成就。

5.2.3 市场经济体制探索时期基础设施的发展（1985—1993 年）

20 世纪 80 年代中期以来，随着增量改革的展开和非国有经济力量的壮大，国民经济形成了国有部门和非国有部门共存发展的局面，从而也形成了“体制内”和“体制外”两套价格体系，即同一种商品（生产资料）存在两种不同的价格。具体而言，体制内的国有部门能够以较低的“调拨价”获得“计划内”的生产资料，超出计划部分则按照市场价格进行采购，而体制外的非国有部门则必须根据市场价格购买所需的生产资料。1985 年，国家发布《关于放开工业生产资料超产自销产品价格的通知》，允许企业按照市场价格出售和购买“计划外”的生产资料，这标志着价格

① 参考中华人民共和国国史网大事年表之“六五”计划。

双轨制的正式确立。

价格双轨制的形成是中国渐进式经济体制改革的必然结果，其积极意义在于为非国有部门的发展提供了生存的空间。尽管体制外部门相比体制内部门负担了更高的生产成本，并在竞争中处于劣势，但价格双轨制毕竟在计划经济的“铜墙铁壁”中为市场力量的发育打开了一个缺口，为一些具有企业家精神的“能工巧匠”提供了展示才华的狭窄舞台。同时，价格双轨制没有明显触动体制内部门的既得利益，从而为未来的改革减少了阻力。

但必须指出的是，价格双轨制必然是经济转型过渡时期的一种临时性制度安排，绝非长久之计。长期的歧视性价格体系不但损害了资源配置效率，而且必将阻碍民营经济的进一步发展壮大。三位美国经济学家于1992年发表著名论文《市场经济转型：局部性改革的陷阱》，他们利用一个简单的模型刻画了局部性改革（即价格双轨制）的福利后果，揭示了这一制度安排会导致生产资料过度涌向采购价格较高（略高于计划定价）、边际估价较低的体制外部门，而体制内部门则陷入生产资料短缺的窘境，从而导致资源配置效率损失和产出下降。[①] 他们进一步指出，相比于苏联的全面双轨制，中国只允许企业按照市场价格出售“计划外”的生产资料，从而在一定程度上保障了体制内部门的生产资料供应，因此中国的价格双轨制所导致的福利损失较小。

在现实中，价格双轨制造成了更为恶劣的投机行为。一些人通过向政府官员“寻租”以获得“计划内”的生产资料，再以市场价格出售以套取暴利，这一被称为“官倒”的腐败行为激起了社会各界的强烈不满。

在这一背景下，国家希望在较短的时间内实现“价格并轨”，然而欲速则不达。1988年的“价格闯关”改革使公众形成了快速通货膨胀的心理预期，甚至导致了全国性的银行挤兑和商品抢购风潮。这一巨大经济波动明显危及国民经济秩序，“价格闯关”改革被紧急叫停……[②]之后，国

---

① Murphy K M, Shleifer A, Vishny R W. The transition to a market economy: Pitfalls of partial reform [J]. Quarterly Journal of Economics, 1992, 107 (3): 889 - 906.

② 萧冬连. 探路之役：1978—1992年的中国经济改革 [M]. 北京：社会科学文献出版社，2019.

家开始治理经济环境、整顿经济秩序，并将经济体制改革重点转移到国有企业承包制的改革。

20 世纪 90 年代初，不同社会群体对市场化改革的方向和成效产生了不同看法和激烈争论，一时间改革前景扑朔迷离。1992 年 1—2 月，改革开放总设计师邓小平同志南下武昌、深圳、珠海、上海等地，发表了一系列重要的“南方谈话”，破解了当时的市场化改革僵局。他强调，“计划多一点还是市场多一点，不是社会主义与资本主义的本质区别。计划经济不等于社会主义，资本主义也有计划；市场经济不等于资本主义，社会主义也有市场。计划和市场都是经济手段。”从此，中国更加坚定地走上了市场化导向的改革道路。

1992 年 10 月，党的十四大胜利召开，确定了中国经济体制的改革目标是建立社会主义市场经济体制。1993 年 11 月，党的十四届三中全会通过了《中共中央关于建立社会主义市场经济体制若干问题的决定》（简称《决定》）。《决定》指出，建立社会主义市场经济体制，就是要使市场在国家宏观调控下对资源配置起基础性作用。为实现这个目标，必须坚持以公有制为主体、多种经济成分共同发展的方针。《决定》进一步强调，构建社会主义市场经济体制的基本框架需要从五个环节着手：（1）建立适应市场经济要求，产权清晰、权责明确、政企分开、管理科学的现代企业制度；（2）建立全国统一开放的市场体系；（3）转变政府管理经济的职能，建立以间接手段为主的完善的宏观调控体系；（4）建立以按劳分配为主体，效率优先、兼顾公平的收入分配制度；（5）建立多层次的社会保障制度。《决定》为 20 世纪 90 年代中后期的经济体制改革指明了方向。时至今日，上述理念依然具有积极意义。自 1994 年以来，国家对财税、金融、外汇外贸、投资、价格和流通体制等方面进行了重大改革，并取得明显成效。1997 年 9 月，党的十五大将公有制为主体、多种所有制经济共同发展确立为中国社会主义初级阶段的一项基本经济制度，实现了社会主义理论与实践的一次伟大飞跃。

20 世纪 80 年代中期以来，尽管国民经济在个别年份遭遇明显波折，但总体而言，中国的经济增长开始加速。第七个五年计划（1986—1990

年，简称“七五”计划）期间，国民经济年均增长了 7.9%。[①] 第八个五年计划（1991—1995 年，简称“八五”计划）期间，国民经济年均增长了 11.8%。[②] 交通和通信等基础设施建设得到了进一步强化，能源、水利等基础设施也取得了快速发展。“七五”计划提出，五年内，全国共建成骨干新线铁路 3 600 公里、复线铁路 3 300 公里、电气化铁路 4 000 公里；建成高速、一级公路 1 600 多公里，二级公路 10 000 公里；整治内河航道 5 000 公里；建成投产深水泊位 120 个。“八五”计划提出，有计划地新建、扩建和改建一批大中型电站（包括水电站、火电站和核电站）、煤矿、油田、铁路和公路干线、港口、机场、通信干线、水利等骨干工程。[③] 1988 年，中国第一条高速公路——沪嘉高速公路建成通车；同年，葛洲坝水利枢纽工程宣告竣工。这些成就表明，中国的基础设施建设再上新台阶。

纵观 1978—1993 年这 15 年的历程，从扩大企业自主权改革方向到“价格闯关”改革，再到建立社会主义市场经济体制的改革目标，中国的经济体制改革经历了诸多风浪和险阻。关于计划与市场的争论声此起彼伏，但在重大抉择的最后交锋时刻，党和国家作出了英明正确的选择，中国经济这艘巨轮终于不可逆转地驶上了市场化改革的航线。

5.2.4 全面市场化改革时期基础设施的发展（1994—2012 年）

党的十四届三中全会之后，中国的全面市场化改革是从财税体制改革开始的。1980 年，国家实行了“划分收支、分级包干”的预算管理体制，建立了财政包干制的基础。从 1982 年开始，逐步改为“总额分成、比例包干”的办法。1985 年，国家开始实行“划分税种、核定收支、分级包干”的预算管理体制，以适应 1983—1984 年两步“利改税”的需要。1988 年，为了配合国有企业普遍推行的承包经营责任制，国家实行了多达 6 种形式的财政包干制。

---

① 参考中华人民共和国国史网大事年表之“七五”计划。

② 参考中华人民共和国国史网大事年表之“八五”计划。

③ 全国人大财政经济委员会办公室，国家发展和改革委员会发展规划司. 建国以来国民经济和社会发展五年计划重要文件汇编［M］. 北京：中国民主法制出版社，2008.

随着实践的发展，财政包干制逐步暴露出其缺陷和弱点。尽管财政包干制改变了财政统收统支的集中管理模式，调动了地方发展经济的积极性，但这一制度需要中央和地方频繁“谈判”，缺乏必要的公开性。同时，中央缺乏有效的监督手段，导致地方容易隐瞒其财税收入，将预算内收入大量转移至预算外、体制外。20 世纪 90 年代初期，这一体制导致的“两个比重下降”问题引起了决策层高度关注，即中央财政收入占 GDP 的比重和中央财政收入占全国财政总收入的比重持续下降，同时地方预算外收入迅猛增长。这极大削弱了中央的权威及其对宏观经济的调控能力。①

因此，国家于 1994 年实行了分税制改革，致力于建立一套适应市场经济体制的财政管理体制。分税制改革在维持中央和地方支出责任基本不变的情况下，将主要税种（增值税）较大比例地向中央集中。同时，通过税收返还制度保障旧体制下地方的既得利益。分税制改革的实施在很大程度上理顺了中央和地方的财政关系，中央财政收入所占比重明显提高，同时也消除了地方财政收入“隐藏”的动机。1995 年开始实施的过渡期转移支付办法也为各地区财政横向均衡制度打下了基础。更重要的是，由于增值税与经济增长直接挂钩，将增值税作为主要税种有利于激励地方政府发展当地经济。20 世纪 90 年代中期以来，各地方政府纷纷利用减免所得税、低价出让土地、改善基础设施等手段招商引资，以促进当地经济增长，形成“为增长而竞争”的行为格局。② 可以说，分税制改革显著改变了地方政府的行为激励，为中国经济的高速增长注入了新的动力。

2001 年 12 月 11 日，中国正式加入世界贸易组织（World Trade Organization，WTO），这标志着中国的对外开放进入了一个新的阶段。在加入 WTO 前后的一段时期，国家全面修订了与对外贸易相关的法律法规，使之与 WTO 规则相适应。例如，2004 年，国家修订并发布了《中华人民共和国对外贸易法》，放开了对外贸易经营权。法制建设的完善有力推动

① 张军. 朱镕基与分税制［N］. 新民周刊，2011-10-19.

② 张军，周黎安. 为增长而竞争：中国增长的政治经济学［M］. 上海：格致出版社，2008.

了市场经济体制的改革进程。[①] 加入 WTO 以来，中国的关税和非关税壁垒大幅下降或取消，外资市场准入不断扩大，对外贸易飞速发展，外商直接投资加速涌入，沿海地区经济迅速发展起来，逐渐与内地拉开差距。

在这一背景下，为了平衡区域间发展差距、早日实现共同富裕的目标，国家出台了一系列重要的区域发展战略。2000 年，国家实施西部大开发战略；2003 年，国家实施东北地区等老工业基地振兴战略；2004 年，国家作出促进中部地区崛起的重大决策。这一系列区域发展战略有力推动了东北地区和中西部的基础设施建设及经济发展，在一定程度上缩小了地区间的发展差距。

20 世纪 90 年代中期以来，中国经济实现飞速增长。第九个五年计划（1996—2000 年，简称“九五”计划）期间，国民经济年均增长率达到了 8.6%。第十个五年计划（2001—2005 年，简称“十五”计划）期间，国民经济年均增长率达到了 9.8%。即使在 1998 年和 1999 年，即亚洲金融危机的中后期，国民经济年均增长率也接近 8%，相比于东亚各国的情况，中国经济可谓“一枝独秀”。与此同时，中国的基础设施发展也取得了重大成就。在交通基础设施领域，“九五”计划提出，2000 年，铁路营业里程达到 6.8 万公里，复线率达到 34%，电气化率达到 27%；公路通车里程达到 123 万公里；沿海港口吞吐量达到 10 亿吨；民航运输总周转量达到 140 亿吨公里。“十五”计划提出，2005 年，公路通车里程达到 160 万公里，其中高速公路通车里程达到 2.5 万公里；铁路营业里程达到 7.5 万公里；沿海港口深水泊位达到 800 个。1996 年，京九铁路全线开通运营。1999 年，上海浦东国际机场正式通航。2001 年，西电东送工程开工建设；同年，黄河小浪底水利枢纽主体工程全部完工。2004 年，西气东输一线工程建成投产。2005 年，上海国际航运中心洋山深水港一期工程竣工开港。

随着中国经济的高速增长，一些环境问题和社会矛盾也逐渐暴露出来。贫富差距、环境污染、资源耗竭、地区发展不平衡等问题日益成为阻

---

① 江小涓. 新中国对外开放 70 年：赋能增长与改革［J］. 管理世界，2019（12）：1－16，103.

碍经济可持续发展的负面因素。进入 21 世纪，我国工业二氧化硫排放总量持续上升，并在 2006 年达到 2 234.8 万吨的历史高位。[①] 从 2003 年到 2009 年，居民人均可支配收入基尼系数[②]持续上升，且多数年份超过 0.48，长期处于 0.40 的国际“警戒线”之上。[①]这些问题给中国经济的粗放型增长模式敲响了警钟，并且直接影响到之后的改革路径。

2003 年，胡锦涛总书记提出科学发展观的核心思想，即“坚持以人为本，树立全面、协调、可持续的发展观，促进经济社会和人的全面发展”。2006 年，国家制定了第十一个五年规划（2006—2010 年，简称“十一五”规划），要求全面贯彻落实科学发展观，加快转变经济增长方式，促进经济发展与人口、资源、环境相协调，并要求实行严格的环保绩效考核、环境执法责任制和责任追究制。这一官员考核评价机制的变革显著影响了地方官员的行为激励，对于降低污染排放、改善环境质量具有极为重要的现实意义。2007 年，党的十七大召开，胡锦涛总书记在大会报告中指出，科学发展观第一要义是发展，核心是以人为本，基本要求是全面协调可持续，根本方法是统筹兼顾。科学发展观为中国经济的进一步改革和发展指明了方向。

2008 年秋，源于美国的全球金融危机突然袭来，并迅速蔓延全球，世界经济深度衰退。中国经济受到严重冲击，出口形势急转直下，不少企业停产倒闭，失业压力陡然上升。在这关键时刻，国家及时出台一系列扩大内需、稳定经济的财政货币政策，投资总规模达到 4 万亿元，即“四万亿计划”。该“四万亿计划”约有 15 000 亿投资于基础设施建设，包括铁路、公路、机场、水利等。[③] 2009 年，国家出台重点产业调整和振兴规划，致力于通过发展钢铁、汽车、装备、电子信息等制造业来缓解金融危机对中国经济的负面冲击。

“十一五”规划期间，我国经济增长方式的转型并没有阻挡经济快速

① 详见国家统计局网站。

② 基尼系数是指国际上通用的、用以衡量一个国家或地区居民收入差距的常用指标，它最大为 1，最小为 0，越接近 0 表示收入分配越趋向平等。

③ 张平详解四万亿投资去向：实施中可能还需调整［EB/OL］.（2009 - 03 - 06）［2020 - 1 - 15］. https://www.chinanews.com/cj/gncj/news/2009/03 - 06/1590872.shtml.

增长的步伐，国民经济年均增长率高达 11.3%，即使在 2008—2009 年的全球金融危机时期，国民经济年均增长率也高于 9%。这五年是中华人民共和国成立 70 年来经济增长速度最快的五年。与此同时，基础设施迎来跨越式发展。“十一五”规划提出，要优先发展交通运输业，重点建设客运专线、国家高速公路网、港口中转运输系统等交通基础设施，并积极推进大型水电站、电网、油气干线管网等能源基础设施建设。2006 年，三峡大坝主体工程全面竣工，并于 2012 年正式建成投产。2006 年，青藏铁路全线通车。2008 年，京津城际铁路通车运营。2011 年，京沪高速铁路全线通车，这标志着中国开始进入高速铁路时代。

5.2.5　经济发展新常态时期基础设施的发展（2013—2019 年）

2008 年全球金融危机之后，世界经济复苏乏力。一些发达国家的经济陷入深度衰退，企图通过贸易保护吸引制造业回流以提振国内经济。不少发展中国家亦未能幸免，深陷债务危机难以自拔。中国也面临一系列经济发展问题，外需疲软导致中国出口增长趋缓，国内劳动力成本、用地成本、环保标准日益提高，而新的经济增长点乏善可陈。在这一内外交困的经济形势下，中国经济增长率进入了下行通道。

2013 年，党中央作出准确判断——中国经济发展正处于增长速度换挡期、结构调整阵痛期、前期刺激政策消化期的“三期叠加”阶段。2013 年 11 月，党的十八届三中全会召开并通过了《中共中央关于全面深化改革若干重大问题的决定》，该决定强调，经济体制改革是全面深化改革的重点，要使市场在资源配置中起决定性作用并更好地发挥政府作用。可以说，这一文件凝聚了全党全社会关于全面深化改革的思想共识和行动智慧。

2017 年 10 月，党的十九大胜利召开。习近平总书记在大会报告中首次提出，中国特色社会主义进入了新时代，中国社会主要矛盾已经转化为人民日益增长的美好生活需要和不平衡不充分的发展之间的矛盾；明确了全面深化改革的总目标是完善和发展中国特色社会主义制度、推进国家治理体系和治理能力现代化；合理布局了全面深化改革的战略重点、优先顺序和主攻方向。可以说，十九大报告对中国发展阶段进行了全新的历史定位，为今后中国各领域的改革指明了方向。

在这一背景下，中国开放发展迈出重要步伐。2013 年，国家提出“一带一路”倡议，不但促进了中国与“一带一路”沿线国家之间的经贸发展，而且为国内“一带一路”沿线城市带来了新的发展机遇，同时也为中国基础设施建设“走出去”提供了广阔空间。自 2014 年以来，国家陆续出台了一系列重大国家战略和区域发展政策，包括京津冀协同发展（2014 年）、长江经济带发展（2016 年）、粤港澳大湾区建设（2017 年）、长江三角洲区域一体化发展（2018 年）。这一系列的改革方案致力于培育新经济增长点并推动地区间协调发展。

从 2013 年到 2019 年，国民经济年均增长率达到 7.0%，为到 2020 年实现国内生产总值和城乡居民人均收入比 2010 年翻一番奠定了坚实基础。在这一时期，中国的基础设施建设也进入了新的时代。2013 年，南水北调东线一期工程正式运行；同年，工业和信息化部（简称工信部）发放 4G 牌照。2014 年，南水北调中线一期工程正式运行。2016 年，世界最大单口径射电望远镜——500 米口径球面射电望远镜（Five-hundred-meter Aperture Spherical Telescope，FAST）正式启用，多个国家级大数据中心启动。2018 年，世界最长跨海大桥——港珠澳大桥通车运营；同年，西气东输三线工程（东段、西段）竣工投产。截至 2018 年年底，中国高速公路总里程达 14 万公里，高速铁路总里程达 2.9 万公里，两者皆位居世界第一。2019 年，北京大兴国际机场正式通航；同年，工信部发放 5G 商用牌照。

2018 年 12 月，中央经济工作会议在北京举行，会议指出，要“加快 5G 商用步伐，加强人工智能、工业互联网、物联网等新型基础设施建设”。2019 年国务院《政府工作报告》也强调，要“加强新一代信息基础设施建设”。2020 年年初，新冠肺炎疫情肆虐，面对疫情冲击，中国政府明确提出将新型基础设施建设作为稳定经济发展的政策手段，为新型基础设施的发展注入了强心剂。[①] 可见在未来，中国的基础设施发展将进一步升级转型，传统的依赖钢筋水泥、大量劳动力投入的基础设施发展模式将

① 新年国务院常务会议首个议题：李克强部署促进制造业稳增长［EB/OL］.（2020－01－04）［2020－01－15］. http://www.gov.cn/premier/2020－01/04/content_ 5466538.htm.

一去不复返，而那些以互联网和数字科技为支撑的新型基础设施将与实体经济深度融合，为培育和壮大新经济增长点提供动力。总之，中国的基础设施建设已经从数量快速扩张阶段转向高质量发展阶段。

5.3　中国基础设施发展的经济学分析框架

5.3.1　基于“供给-需求”框架的分析

从最一般意义的经济学原理来看，基础设施的发展是由供给和需求两方面共同决定的。基础设施的需求取决于国家发展的目标和使用者的偏好，而基础设施的供给则受制于技术、资本、劳动力等一系列生产要素的可得性，以及官员激励、国家治理能力等制度因素。

由于基础设施不同于普通私人商品，一般是投资规模巨大、建设周期较长、资金回报偏低的公共产品，往往依赖政府公共部门提供，因而难以观察其均衡价格。尽管如此，公共产品的均衡价格依然是一个客观的存在。根据萨缪尔森法则（Samuelson's Law），公共产品达到帕累托有效配置的条件是，每个消费者的边际替代率之和等于边际转换率，或每个消费者的边际利益之和等于边际成本。[①] 从图形的角度来看，公共产品的有效配置意味着纵向加总的公共产品需求曲线（边际收益曲线）与公共产品边际成本曲线相交，在此交点处，公共产品达到了最优规模，同时也决定了公共产品的均衡价格。

更重要的是，在中国特定的政治经济体制和不同发展阶段下，基础设施的供给和需求呈现出不同的特征。图 5.21 展示了影响中国基础设施发展的需求侧和供给侧的基本因素。

在社会主义建设初期（1949—1978 年），为了尽快实现强国富民的目标，中国第一代领导人实施了以重工业优先发展为核心的赶超战略。这一

① Rosen H S, Gayer T. Public finance [M]. 10th ed. New York: McGraw-Hill Education, 2014.

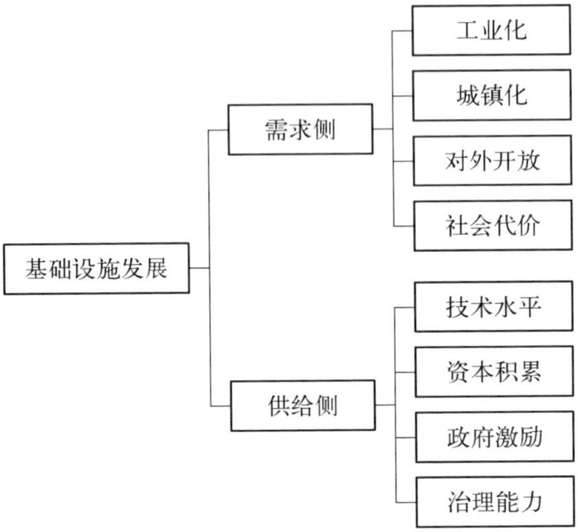

图 5.21 基础设施“供给-需求”分析框架

战略选择让中国走上了一条在封闭经济条件下、以计划为主要资源配置手段的工业化道路。

因此，从需求的角度来看，上述赶超战略导向的工业化道路在很大程度上决定了对基础设施规模和类型的需求。图 5.22 展示了社会主义建设

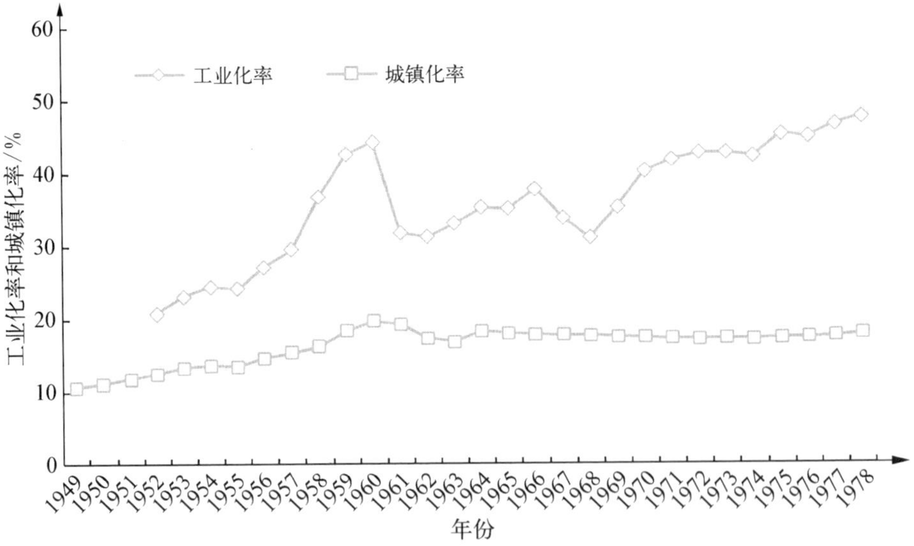

图 5.22 社会主义建设初期的工业化率和城镇化率变动趋势

数据来源：国家统计局国家数据网站。

初期的工业化率和城镇化率变动趋势，其中，我们分别采用第二产业增加值占 GDP 的比例和城镇人口占总人口的比例来衡量工业化率和城镇化率。从图中可以看出，在社会主义建设初期的约 30 年时间里，中国的工业化的进展明显快于城镇化的进展，而且 20 世纪 60 年代以来，城镇化率始终处于停滞不前的状态，工业化率则呈现总体上升趋势，平均每年提升 1%左右。因此我们认为，在这段时期，基础设施的发展主要是由工业化的快速发展带来的，城镇化对基础设施的需求没有显著提升。

从供给的角度来看，当时中国的技术水平、资金积累，以及经济计划权在中央与地方之间的交替变动都显著影响了基础设施的供给水平。总之，上述需求和供给两个方面共同决定了社会主义建设初期基础设施的发展状况。

20 世纪 70 年代后期，由于“文化大革命”的影响，国民经济受到严重损失，人民生活水平下降，与此同时，世界科技、经济正蓬勃发展。[①] 在这一关乎党和国家前途命运的重大历史关头，党的十一届三中全会于 1978 年 12 月胜利召开。以邓小平同志为核心的第二代领导人，团结带领全党全国各族人民，作出了把党和国家工作中心转移到经济建设上来、实行改革开放的历史性决策，并将摆脱贫穷、解决温饱、实现小康作为国民经济和社会发展的目标。

改革开放以来，在新的目标指引下，国家从 20 世纪 80 年代开始艰辛探索，并最终在 20 世纪 90 年代初确立了社会主义市场经济体制的改革方向。在这个过程中，中国的工业化、城镇化显著提高，对外经济贸易蓬勃发展，进而提高了国家对基础设施的需求。

图 5.23 展示了改革开放以来的工业化率和城镇化率变动趋势。从图中可以发现，工业化率一直维持在 45%左右，并且在 2008 年之后，工业化率呈现持续下降趋势，与此同时，中国的城镇化进程开始加速，城镇化率迅速攀升，每年提升约 1%。因此在这段时期，工业化和城镇化共同提升了国家对基础设施的需求，而且后者还成为主要动力，这可以从高速公路、高速铁路、民用航空、输油（气）管道等基础设施的发展中反映出来。

---

① 中国共产党中央委员会.《关于若干历史问题的决议》和《关于建国以来党的若干历史问题的决议》[M]. 北京：中共党史出版社，2010.

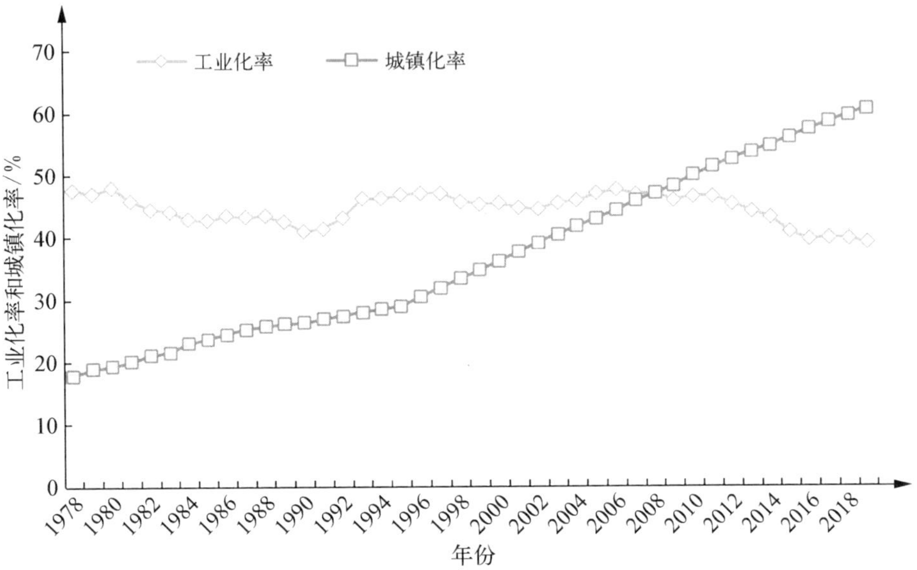

图 5.23　改革开放以来的工业化率和城镇化率变动趋势

数据来源：国家统计局国家数据网站。

图 5.24 展示了改革开放以来的外商直接投资金额和对外贸易依存度，其中，我们采用进出口总额占 GDP 的比例来衡量对外贸易依存度。从图中可以发现，从 1978 年到 2006 年，中国的对外贸易依存度迅速攀升，之后迅速回落，但到 2019 年依然维持在 30%以上。与此同时，外商直接投资持续上升，从 1983 年的 9.6 亿美元（当期价格）持续上升至 2019 年的 1 381 亿美元（当期价格）。中国的开放发展也从需求侧促进了沿海沿江港口、内河航道等基础设施的发展。

进入 21 世纪以来，经济高速增长导致的社会代价凸显，地区差距、环境污染、生态恶化等问题日益严峻。这些新问题从需求的角度给基础设施的发展提出了新的要求，科学发展、均衡配置、绿色环保、高效节能成为基础设施发展的重要目标。

2008 年全球金融危机对中国经济造成明显冲击，这进一步增加了对基础设施的需求。为弥补外需缺口，国家实施“四万亿计划”以稳定经济增长，其中约 15 000 亿投资于基础设施建设，为实现经济回升向好奠定基础。

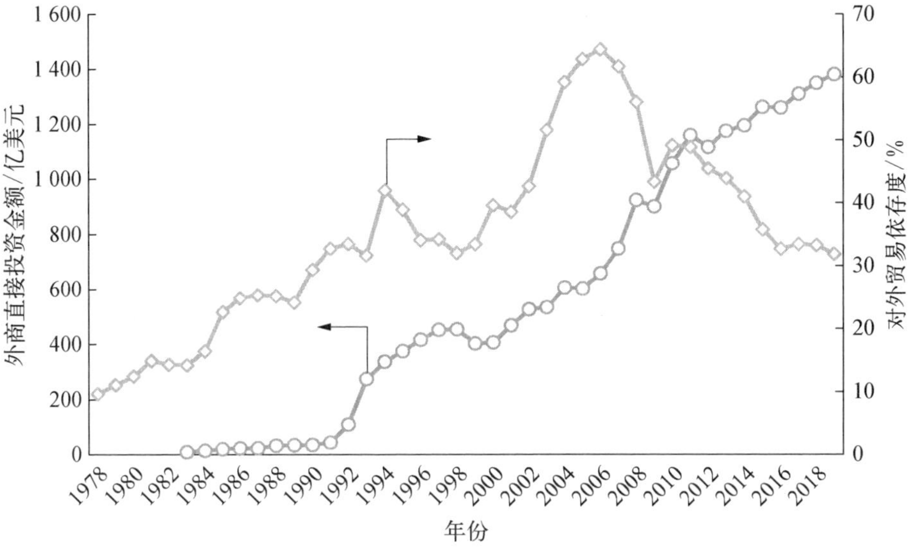

图 5.24　改革开放以来的外商直接投资金额和对外贸易依存度

数据来源：国家统计局国家数据网站。

党的十八大以来，中国逐渐从高速增长阶段转向高质量发展阶段。在高质量发展的目标下和新发展理念的指导下，国家将基础设施高质量发展作为深化供给侧结构性改革的重要战略方向，强调加快提高基础设施现代化水平，着力形成基础设施平衡发展格局，全面提升基础设施互联互通水平。这些都是新时代经济发展和改革对基础设施发展提出的新需求。

从基础设施供给角度来看，改革开放以来，随着技术进步和资本积累，中国基础设施供给能力显著提升。一系列具有较高技术含量的基础设施工程得以问世，高速铁路、跨海大桥，以及高海拔地区的桥隧工程无不体现出中国基础设施建设的世界级技术水平。

更重要的是，以“政治集权、经济分权”为特征的政治经济体制也从供给侧影响地方基础设施的发展。在以经济增长为核心的政绩考核体制下，地方政府官员有动力通过投资交通、通信、能源等基础设施以吸引外来资本进入，从而推动当地经济增长。可以说，基础设施竞争已经成为地方竞争的典型手段。值得注意的是，近年来，随着铁路、公路、机场等基础设施的日益完善，传统基础设施的吸引力趋于下降。在这一背景下，各地方政府开始探索和培育新型基础设施相关产业，试图将以互联网为基础的数字科技融入市政设施和实体经济，以提升城市的综合竞争力。

与此同时，中国的国家治理体系不断完善，治理能力不断提高，基础设施供给模式开始从完全由政府提供模式逐渐转向政府与社会资本合作模式，政府部门的角色开始从“建设者”和“运营者”逐渐转变为“合作者”和“监管者”。这一供给模式的改进体现了国家治理能力的提升，不但有利于缓解政府发展基础设施的财政压力，而且有利于发挥政府和社会资本各自的比较优势，从而推动基础设施的高质量发展。

5.3.2 中国基础设施发展面临的挑战

毋庸讳言，中国未来的基础设施发展将面临诸多挑战。

第一，基础设施的债务风险。2008 年全球金融危机以来，我国各地方政府争相投资高速铁路、高速公路、机场等基础设施项目，尽管在短期内拉动了经济增长，但随着时间的推移，过度投资的弊病开始显现，基础设施的增长效应逐渐消失。特别是在当前经济下行压力增加的背景下，一些地方政府财政拮据，对基础设施的运营和维护显得力不从心，甚至由于过去基础设施的无序扩张而负债累累。因此，积极化解系统性地方金融风险是未来基础设施发展的重要前提。

第二，基础设施的安全风险。基础设施质量标准不高、运行管理粗放依然是亟待解决的难题，一系列路桥坍塌事故、城市内涝事件都反映出基础设施建设的质量短板。因此，提高城市管网、排水防涝、消防、交通、污水和垃圾处理等基础设施的建设质量、运营标准和管理水平，消除安全隐患，增强城市防灾减灾能力，保障城市运行安全，是我国未来基础设施高质量发展的必然要求。

第三，基础设施的制度风险。在我国政府和社会资本合作（PPP）提供基础设施的过程中，民营企业面临一系列制度风险。首先，一些地方政府设置壁垒以排斥民营资本的进入，使得真正获得 PPP 项目的都是具有政府背景的国有企业。其次，一些地方政府没有给出可信承诺，导致民营企业担心地方政府官员换届后会面临重新谈判的可能，甚至参股 PPP 项目后无法退出。最后，民营企业担心 PPP 进入经营阶段之后，地方政府可能会收回这一半成熟的项目并委托给其他企业经营，导致民营企业前期投资“为他人作嫁衣”。这一系列“公私合作”乱象都是阻碍基础设施供给模式创新发展的负面因素。

第6章　基础设施与市场融合：来自高速铁路连通的证据[①]

天下熙熙，皆为利来；天下攘攘，皆为利往。

——司马迁《史记·货殖列传》

本章从高速铁路连通城市的视角探索了基础设施发展对中国劳动力市场融合的影响。本章基于理论模型设定了计量方程，并采用2002—2015年中国“城市对”的平衡面板数据和倍差法（DID）对模型参数进行了估计。研究发现，高速铁路连通能够显著缩小城市间的工资差距，而且这一高速铁路连通效应在相距100~900 km的“城市对”中更为明显，这意味着高速铁路网络的扩张促进了城市间劳动力市场的融合。进一步研究发现，上述效应很可能是通过促进第二产业和第三产业劳动力的流动实现的。

6.1　研究背景

6.1.1　市场分割损害大国规模经济优势

改革开放以来，中国的经济增长迅猛。从1978年到2019年，中国GDP年均增长率达到9.4%。2019年，中国GDP总量达到99万亿元，位

① 本章的初稿于2018年2月在日本东京经济大学主办的“华东理工大学和东京经济大学共同研究国际研讨会：智慧城市的可能性”上报告过，作者在此感谢福士正博教授、罗欢镇教授、青木亮教授、吴柏钧教授、吴玉鸣教授提出的宝贵意见和建议。

居世界第二，人均 GDP 达到 70 892 元。与此同时，中国特色社会主义市场经济体制逐步完善，基本形成了全国范围的商品市场、资本市场和劳动力市场，为发挥大国的规模经济优势奠定了重要基础。

但必须指出的是，中国地区间市场分割的情况依然存在，这阻碍了中国规模经济优势的进一步发挥。Young（2000）的研究发现，随着中国市场化改革的深入，地区间陷入重复产业的激烈竞争，因此地方政府往往通过设置地区间贸易壁垒来保护本地企业以维持其盈利能力。[①] Poncet（2003）通过分析 1987—1997 年的省级数据发现，尽管中国已经更多地依赖国内市场而不是国际市场，但地区间贸易壁垒已经成为分割中国国内市场的一个日益重要的因素。[②] Hsieh 等（2009）进一步指出，中国的市场分割会导致资源错配，从而降低全要素生产率。[③]

一些统计分析表明，相比于商品市场和资本市场，劳动力市场的分割程度更高。[④] 蔡昉等（2000）指出，劳动力市场的分割主要是由传统经济体制遗留的制度障碍和城市利益集团的压力导致的。[⑤] 陈钊等（2008）认为，那些导致劳动力市场分割的经济政策虽然维护了当地居民的利益，但扩大了城乡间工资差距，从而限制了中国的城市化进程。[⑥] 类似地，Poncet（2005）也认为，那些追求社会经济稳定和财政收入最大化的政策是导致地区间市场分割的根本因素。[⑦]

---

① Young A. The razor's edge: Distortions and incremental reform in the People's Republic of China [J]. Quarterly Journal of Economics, 2000, 115 (4): 1091 - 1135.

② Poncet S. Measuring Chinese domestic and international integration [J]. China Economic Review, 2003, 14 (1): 1 - 21.

③ Hsieh C T, Klenow P J. Misallocation and manufacturing TFP in China and India [J]. Quarterly Journal of Economics, 2009, 124 (4): 1403 - 1448.

④ 赵奇伟，熊性美. 中国三大市场分割程度的比较分析：时间走势与区域差异 [J]. 世界经济，2009 (6): 41 - 53.

⑤ 蔡昉，杨涛. 城乡收入差距的政治经济学 [J]. 中国社会科学，2000 (4): 11 - 22, 204.

⑥ 陈钊，陆铭. 从分割到融合：城乡经济增长与社会和谐的政治经济学 [J]. 经济研究，2008 (1): 21 - 32.

⑦ Poncet S. A fragmented China: Measure and determinants of Chinese domestic market disintegration [J]. Review of International Economics, 2005, 13 (3): 409 - 430.

6.1.2 铁路促进市场融合的历史贡献

工业革命以来，铁路网络的扩展大大降低了运输成本并提高了运输效率，成为拓展市场边界、促进市场融合的重要推动力，也是先发资本主义国家市场实现经济起飞的关键因素之一。

无论是 Slaughter（2001）基于 1820—1860 年美国铁路建设的分析①，还是 O'Rourke 等（1999）基于 1854—1904 年德国铁路建设的研究②，他们都发现，铁路建设降低了地区间商品（谷物、盐等）价格的差距，促进了商品市场的融合。在针对印度的研究中，Andrabi 等（2010）发现，1861—1920 年，印度的谷物市场出现了显著的价格趋同现象。③ 他们通过分析印度铁路建设和各地区谷物价格后认为，铁路建设能够解释约 20%的价格趋同现象，这意味着印度的铁路建设促进了地区间农产品市场的融合。

20 世纪后半期，运输技术再次出现了重要的突破，高速铁路应运而生。1964 年，世界上第一条高速铁路——日本东海道新干线诞生。它是连通日本全国的高速铁路系统，也是当今世界最早投入商业运营的高速铁路系统。东海道新干线对日本经济影响巨大，大大改善了人员和物资的运输环境，形成了连接京滨、中京、阪神工商业地带及中间城市的“4 h 交通圈”，推动了日本太平洋沿岸城市群的形成和市场的融合。

20 世纪 90 年代以来，法国、德国、英国、意大利、西班牙等欧洲国家也掀起了大规模修建高速铁路的热潮，欧洲高速铁路网络逐步形成。这一高速铁路网络的出现促进了欧洲国家之间的要素流动和人文交流，为欧洲经济一体化和欧元区的形成奠定了重要的物质基础。

---

① Slaughter M J. Does trade liberalization converge factor prices? Evidence from the antebellum transportation revolution [J]. Journal of International Trade and Economic Development, 2001, 10 (3): 339-362.

② O'Rourke K, Williamson J G. Globalization and history: The evolution of a nineteenth-century Atlantic economy [M]. Cambridge: The MIT Press, 1999.

③ Andrabi T, Kuehlwein M. Railway and price convergence in British India [J]. Journal of Economic History, 2010, 70 (2): 351-377.

6.1.3 中国的高速铁路时代

中国高速铁路的发展后来居上。中国高速铁路的定义为“新建设计开行 250 公里/时（含预留）及以上动车组列车，初期运营速度不小于 200 公里/时的客运专线铁路”。[①] 2004 年，《中长期铁路网规划》出台，规划建设“四纵四横”铁路快速客运通道和 1.2 万公里以上的客运专线，客车速度目标值达到 200 公里/时及以上。这为中国高速铁路的发展指明了方向。

其中，“四纵”客运专线是指：(1) 北京—上海客运专线，贯通京津至长江三角洲东部沿海经济发达地区；(2) 北京—武汉—广州—深圳客运专线，连接华北和华南地区；(3) 北京—沈阳—哈尔滨（大连）客运专线，连接东北和关内地区；(4) 杭州—宁波—福州—深圳客运专线，连接长江三角洲、珠江三角洲和东南沿海地区。而“四横”客运专线是指：(1) 徐州—郑州—兰州客运专线，连接西北和华东地区；(2) 杭州—南昌—长沙客运专线，连接华中和华东地区；(3) 青岛—石家庄—太原客运专线，连接华北和华东地区；(4) 南京—武汉—重庆—成都客运专线，连接西南和华东地区。

2008 年 8 月 1 日，中国第一条具有自主知识产权、国际一流水平的高速铁路——京津城际铁路正式通车运营，这标志着中国迎来高速铁路时代。2009 年 12 月 26 日，京广高速铁路武广段正式通车运营，作为中国第一条平均时速达到 350 公里 的高速铁路，它的最高时速达到了 394 公里，这意味着从武汉到广州原本需要花费 11 小时的旅行时间被缩短到了 3 小时左右，这使它成为世界上运营速度最快且密度最大的高速铁路。随后，郑西高速铁路、沪宁高速铁路、沪杭高速铁路、京沪高速铁路等也先后建成通车。

“四纵四横”的高速铁路网络连接了北京、天津、上海、武汉、深圳、长沙等一线城市和省会城市，同时也连接了这一网络上的其他城市，极大缩短了城市间的时空距离，促进了地区间经济和文化的交流。2019 年年底，中国的高速铁路线路已经覆盖全国 30 个省（自治区、直辖市），营业

---

① 详见国家铁路局网站。

总里程达到3.5万公里，位居世界第一。

近年来，关于高速铁路的经济效应日益成为学者关注的焦点。一些学者认为，高速铁路降低了运输成本，改善了资源配置，从而促进了经济增长。但也有学者认为，高速铁路的开通会产生“虹吸效应”，即运输成本的降低会导致生产要素流失，促使人才等稀缺资源进一步被大城市吸收，从而对沿线中小城市造成经济冲击。毫无疑问，中国的高速铁路建设为基础设施经济效应的研究提供了重要机遇和宝贵素材。

6.1.4 研究问题的提出

如上文所述，地区间的市场分割成为阻碍中国进一步实现规模经济的一大因素，而历史的经验表明，铁路建设和铁路网络的扩展是促进各国市场融合的积极因素。那么，中国的高速铁路建设（或者高速铁路网络的扩展）是否促进了市场融合？如果考虑到中国的劳动力市场相比商品市场、资本市场具有更低的融合程度，以及高速铁路以客运为主要功能的特点，那么一个亟待回答的重要问题是，中国高速铁路网络的扩展是否促进了劳动力市场的融合？如果我们用城市间的工资差距来反映城市间劳动力市场的融合程度（即工资差距大表示融合程度低），那么上述问题进一步转化为，两个被高速铁路连通的城市相比两个没有被高速铁路连通的城市，其工资差距是否更小？如果这一问题的回答是肯定的，那么就意味着高速铁路连通促进了城市间劳动力市场的融合。

图6.1展示了从2002年到2015年，中国各地级市的城市间工资的变异系数（即标准差/平均数）和拥有高速铁路站的城市数量。从图中可以发现，随着越来越多的城市拥有高速铁路站，城市间工资的变异系数持续下降。

图6.2进一步展示了从2002年到2015年，中国所有地级市“城市对”① 工资差距②均值和开通高速铁路的“城市对”比例。从图中同样可以发现，随着开通高速铁路的“城市对”比例的增加，“城市对”工资差距均值持续下降。

---

① 关于“城市对”的构造方式详见本章6.3节。
② 关于工资差距的衡量方式详见本章6.3节。

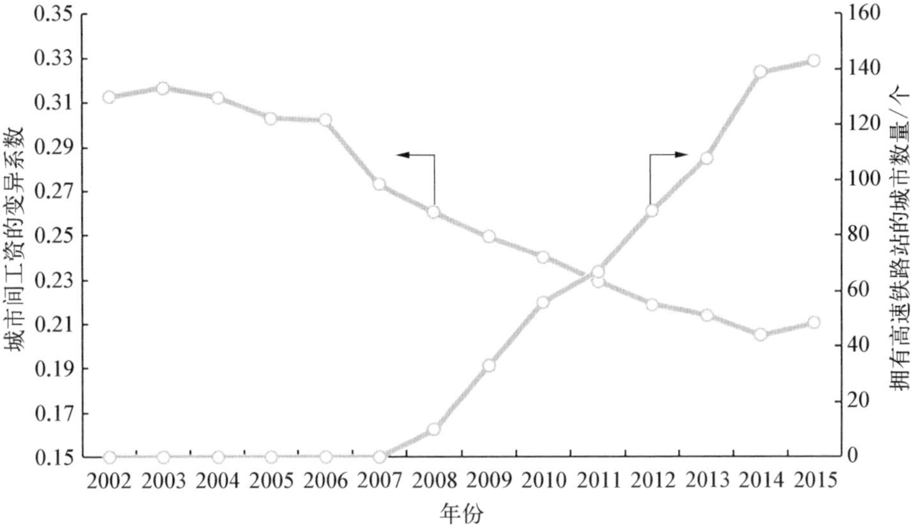

图 6.1　城市间工资的变异系数和拥有高速铁路站的城市数量

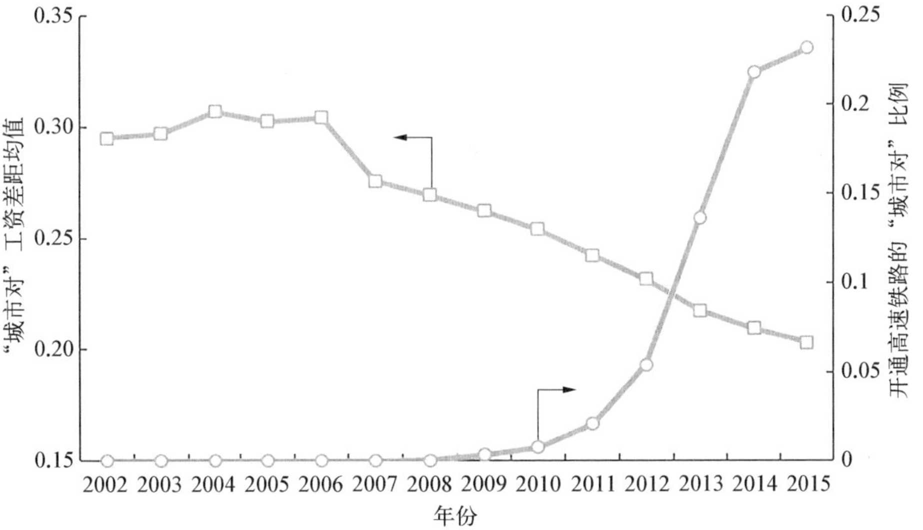

图 6.2　"城市对" 工资差距均值和开通高速铁路的 "城市对" 比例

同时，将 2002—2005 年被高速铁路连通的 "城市对" 作为处理组，其他 "城市对" 作为控制组。从图 6.3 中可以发现，在 2002—2015 年的整个样本期间，处理组的 "城市对" 工资差距均值始终大于控制组的 "城市对" 工资差距均值。在 2008 年高速铁路建设全面铺开之前，处理组和控制组的“城市对”工资差距均值基本保持平行变动趋势，而在2008年高速铁路建设全面铺开之后，特别是2008—2012年，处理组的“城市对”工资差距均值的下降趋势更为明显。这在一定程度上意味着，如果排除了处理组和控制组的共同变动趋势，那么在高速铁路网络大规模扩展之后，处理组相比控制组具有更小的“城市对”工资差距均值。

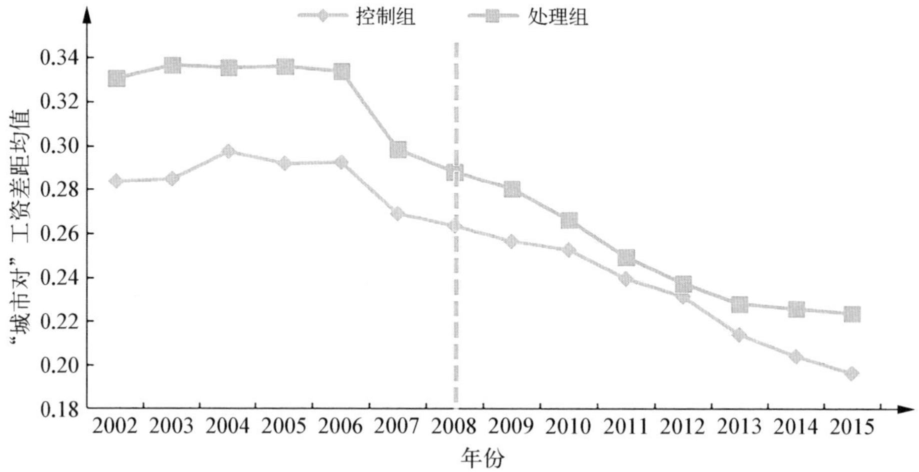

图6.3 控制组与处理组的“城市对”工资差距均值的变动趋势

上述现象从直观上表明，随着高速铁路网络的扩展，城市间劳动力市场存在融合的趋势。但这两个事件究竟能否构成因果关系，即城市间劳动力市场的融合是否真的是由高速铁路连通导致的？如果答案是肯定的，那么高速铁路连通这一因素能有多少解释力？显然，这些问题都需要通过实证研究才能回答。因此，下文致力于通过构建理论模型和倍差法计量经济模型以探索高速铁路连通的因果效应。

6.2 中国高速铁路经济效应的文献回顾

随着中国高速铁路的迅速发展，学者对中国高速铁路的经济效应展开了深入而广泛的研究。高速铁路开通在空间（各城市之间）和时间（各年份之间）上存在一定的随机性，因此，学者往往将高速铁路开通视为一种准自然实验，并采用倍差法等方法来揭示高速铁路开通的因果效应。本节对中国高速铁路经济效应的代表性研究文献进行回顾，从而为后面的实证研究奠定基础。

6.2.1　高速铁路的经济增长效应

一些学者探索了高速铁路发展对区域和城市经济增长的影响。王雨飞等（2016）基于 2004—2013 年中国 284 个地级及以上城市的面板数据，采用空间计量模型与超制图学的方法探索了高速铁路建设对经济发展的增长效应和结构效应。[①] 他们发现，在高速铁路开通后，中国区域间经济增长的溢出效应显著提高，这说明增长效应是存在的。同时，高速铁路开通改变了区域和城市的经济空间结构，经济基础相对较好的东部和中部地区城市进入中心区，而经济基础薄弱的东北和西部地区面临边缘化的危险。

张克中等（2016）采用 2001—2012 年中国 284 个地级及以上城市的面板数据，并结合高速铁路开通的时间数据进行了计量经济分析。[②] 他们发现，高速铁路开通显著降低了沿途非区域中心城市的经济增长率，距离区域中心城市越近的地级市受到高速铁路开通的负向影响越大。此外，这一高速铁路的“虹吸效应”主要发生在东部地区，且对不同产业的影响存在一定的差异性。这一研究为交通基础设施的经济分布效应提供了经验证据。

董艳梅等（2016）也关注高速铁路建设对中国经济空间布局的影响。[③] 他们基于 2008—2015 年中国 285 个地级及以上城市的面板数据，将 2011 年之前已开通高速铁路的城市（简称高速铁路城市）作为处理组，分析发现，高速铁路建设对高速铁路城市的就业、工资和经济增长的总效应皆显著为正，且高速铁路建设显著提升了东中部大型高速铁路城市的就

---

① 王雨飞，倪鹏飞. 高速铁路影响下的经济增长溢出与区域空间优化［J］. 中国工业经济，2016（2）：21－36.

② 张克中，陶东杰. 交通基础设施的经济分布效应——来自高铁开通的证据［J］. 经济学动态，2016（6）：62－73.

③ 董艳梅，朱英明. 高铁建设能否重塑中国的经济空间布局——基于就业、工资和经济增长的区域异质性视角［J］. 中国工业经济，2016（10）：92－108.

业水平。总体来看，高速铁路建设扩大了东部大型高速铁路城市与非高速铁路城市之间的工资差距，以及东部中型高速铁路城市与非高速铁路城市之间的经济增长差距，在一定程度上重塑了中国的经济空间分布。

刘志红等（2017）以郑西高速铁路为研究对象，采用1995—2015年沿线38个地级市的面板数据进行了计量经济分析①。他们发现，虽然存在1~2年的滞后期，但郑西高速铁路提高了沿线城市的人均产出。同时，郑西高速铁路能够提高沿线区域的可达性及经济联系强度，河南省各市与西安之间的经济联系强度增幅较大，而陕西省边界各市与郑州的经济联系强度相对较弱。

高速铁路城市往往在开通前就具有较好的交通基础设施，因而高速铁路开通后较好的经济增长表现不一定是高速铁路因素带来的。为了避免这一内生性问题，张俊（2017）选取了51个在2013年年底前开通高速铁路且之前未设立过火车站的县级城市作为研究样本，并采用这些县级城市2008—2013年的面板数据进行了计量经济分析。② 他发现，高速铁路开通对县级市和县的经济发展（用夜间灯光亮度来衡量）带来了不同影响，其对县级市的贡献高于县。高速铁路开通促进了“高速铁路县”投资的增加，但对“高速铁路县”产业结构则没有产生显著的影响。总之，这一研究肯定了高速铁路对经济增长的积极效应。

但也有研究对高速铁路的积极经济增长效应提出了疑问。王垚等（2014）采用2006—2010年中国287个地级及以上城市的面板数据进行了计量经济分析。③ 他们发现，高速铁路倾向于选择经济较发达地区进行建设，但并未对本地经济增长（用人均GDP增长率来衡量）产生正面影响。尽管这一研究对内生性问题未做充分考察，但在一定程度上揭示了个别地区超前投资和过度投资基础设施的扭曲行为，因而具有一定的警示意义。

---

① 刘志红，王利辉. 交通基础设施的区域经济效应与影响机制研究——来自郑西高铁沿线的证据［J］. 经济科学，2017（2）：32－46.

② 张俊. 高铁建设与县域经济发展——基于卫星灯光数据的研究［J］. 经济学（季刊），2017，16（4）：1533－1562.

③ 王垚，年猛. 高速铁路带动了区域经济发展吗？［J］. 上海经济研究，2014（2）：82－91.

6.2.2　高速铁路对要素流动和产业集聚的影响

为了深入理解中国高速铁路经济效应的内在机制，一些学者探索了高速铁路发展对劳动力、资本等要素流动的影响。

从劳动力的角度来看，王垚等（2014）采用2007—2011年中国287个地级及以上城市的面板数据研究了高速铁路对城市人口规模的影响。[①] 他们发现，高速铁路对城市人口规模的影响由2007—2009年的负效应转变为2010年的正效应。董艳梅等（2016）基于新经济地理学理论及2008—2015年中国285个地级及以上城市的面板数据，研究了高速铁路建设对城市就业的影响。[②] 他们发现，高速铁路建设显著提升了城市的就业水平，且对大城市、东部和中部地区城市就业的影响更为显著。同时，高速铁路建设显著促进了第二产业和第三产业（特别是批发零售业、住宿餐饮业、信息和软件服务业）就业的增长。陈丰龙等（2018）基于对2007—2014年中国275个城市的面板数据的分析发现，高速铁路发展总体上有利于缩小中国城乡居民收入差距，且这一积极作用更偏向于中东部地区的城市、人口规模大的城市以及与大城市时空距离近的城市。[③] 他们认为，人口流动和资本流动是高速铁路促进中国城乡居民收入差距缩小的重要机制。

从资本的角度来看，李欣泽等（2017）从微观的角度考察了高速铁路开通对企业资源再配置的影响。[④] 他们将中国2008—2012年“四纵四横”高速铁路开通站点数据与2006—2013年工业企业面板数据进行匹配，分析发现，整体而言，高速铁路开通促进了资本要素流动，优化了资本要素在企业间的配置状况，进而提高了企业生产率，并且这一积极效应在基础设施相对完善的地区、资本密集型行业和非国有企业中更为显著。龙玉等

---

① 王垚，年猛．高速铁路与城市规模扩张——基于中国的实证研究［J］．财经科学，2014（10）：113－122．

② 董艳梅，朱英明．高铁建设的就业效应研究——基于中国285个城市倾向匹配倍差法的证据［J］．经济管理，2016，38（11）：26－44．

③ 陈丰龙，徐康宁，王美昌．高铁发展与城乡居民收入差距：来自中国城市的证据［J］．经济评论，2018（2）：59－73．

④ 李欣泽，纪小乐，周灵灵．高铁能改善企业资源配置吗？——来自中国工业企业数据库和高铁地理数据的微观证据［J］．经济评论，2017（6）：3－21．

（2017）研究了高速铁路通车对风险投资区域的影响。① 他们通过分析2006—2012年中国256个地级市的2 429个投资事件发现，在高速铁路通车后，与非高速铁路城市相比，风险投资对高速铁路城市的新增投资显著增加，同时，高速铁路扩展了风险投资中心城市的投资辐射范围。这一研究表明，高速铁路开通能够促进城市吸收更多的风险投资，从而有利于地方经济转型和推动创新。

孙聪等（2014）采用2006—2010年中国85个地级及以上城市的面板数据和特征价格法进行了分析。② 他们发现，高速铁路开通能够提升城市价值（用住房价格衡量），这说明高速铁路开通所产生的外部经济影响能够资本化到城市住房价格之中，而且上述效应在二三线城市中更为明显。这一研究说明，高速铁路开通能够促进城市吸引要素的流入，从而提升住房价格。

另一些学者探索了高速铁路发展对产业集聚的影响。覃成林等（2014）采用1997年和2011年中国177个铁路沿线城市的截面数据进行了计量经济分析。③ 他们发现，高速铁路沿线城市成为经济集聚的目的地，非高速铁路沿线城市的经济集聚水平相对较低，成为经济要素和经济活动的流出地，这导致区域格局的非均衡发展。覃成林等（2016）进一步研究了高速铁路发展对城市生产性服务业集聚的影响，并基于2003—2012年中国218个地级及以上城市的面板数据进行了计量经济分析。④ 他们发现，高速铁路运营通过增强沿线城市间的经济联系而显著地促进了这些城市生产性服务业的集聚，且高速铁路运营时间越长，这一集聚作用就越大。李红昌等（2016）也探索了高速铁路对沿线城市经济集聚的影响。⑤ 他们基于

---

① 龙玉，赵海龙，张新德，等. 时空压缩下的风险投资——高铁通车与风险投资区域变化［J］. 经济研究，2017（4）：195-208.

② 孙聪，郑思齐，张英杰. 高速铁路对中国城市经济的外部影响［J］. 广东社会科学，2014（5）：22-28.

③ 覃成林，种照辉. 高速铁路发展与铁路沿线城市经济集聚［J］. 经济问题探索，2014（5）：163-169.

④ 覃成林，杨晴晴. 高速铁路发展与城市生产性服务业集聚［J］. 经济经纬，2016，33（3）：1-6.

⑤ 李红昌，Linda Tjia，胡顺香. 中国高速铁路对沿线城市经济集聚与均等化的影响［J］. 数量经济技术经济研究，2016（11）：127-143.

2008—2014 年中国 226 个地级及以上城市的面板数据的分析发现，高速铁路对第三产业区位熵、经济密度、就业密度、市场潜能都具有不同程度的影响，而且对西部地区经济集聚的作用更为明显。

6.3　经验研究策略

6.3.1　理论分析与模型设定

为了合理设定计量经济模型，我们首先建立一个刻画城市间工资差距与运输成本关系的理论模型。假设一位在 i 城市出生但在 j（$j \neq i$）城市工作的代表性个体的效用函数为

$$u_{ij} = w_j^{\alpha} X_j^{\beta} C_{ij}^{\gamma} \varepsilon_{ij} \tag{6.1}$$

式中，i 为出生地；j 为工作地；w 为工资水平；X 为影响效用的城市因素；C 为从出生地到工作地的运输成本；ε 为误差项；常数 $\alpha > 0$、$\beta > 0$、$\gamma < 0$，分别表示相关变量影响个人效用的弹性。据此，可以得到一位在 i 城市出生同时也在 i 城市工作的代表性个体的效用函数，即

$$u_{ii} = w_i^{\alpha} X_i^{\beta} \varepsilon_{ii} \tag{6.2}$$

由于在出生地工作的个人不需要承担运输成本 C，式（6.2）右侧没有包含这一变量。假设在均衡状态下，任何人都不能通过迁移来实现效用的提升，即对于一位在 i 城市出生的个人而言，无论是在 i 城市工作还是在 j（$j \neq i$）城市工作，都将获得相同的效用。于是，将式（6.1）与式（6.2）相除，得到均衡条件，即

$$\frac{u_{ij}}{u_{ii}} = \left(\frac{w_j}{w_i}\right)^{\alpha} \left(\frac{X_j}{X_i}\right)^{\beta} C_{ij}^{\gamma} \left(\frac{\varepsilon_{ij}}{\varepsilon_{ii}}\right) = 1 \tag{6.3}$$

两边取对数，整理可得

$$\ln\left(\frac{w_j}{w_i}\right) = -\frac{\beta}{\alpha}\ln\left(\frac{X_j}{X_i}\right) - \frac{\gamma}{\alpha}\ln C_{ij} - \frac{1}{\alpha}\ln\left(\frac{\varepsilon_{ij}}{\varepsilon_{ii}}\right) \tag{6.4}$$

从式（6.4）中可以发现，$-\gamma/\alpha > 0$，因此当运输成本 C 降低时，两城市的工资差距将相应缩小。上述理论推断可以为我们建立计量经济模型奠定基础。进一步假设两城市间的运输成本随着高速铁路开通而下降，即

$$\ln C_{ijt} = \delta HSR_{ijt} + \eta_{ij} + \lambda_t + \varphi_{ijt} \tag{6.5}$$

式中，HSR_{ijt}（High Speed Rail）为虚拟变量，表示城市 i 和城市 j（$j \neq i$）之间是否开通高速铁路，开通为 1，否则为 0；常数 $\delta < 0$；η_{ij} 为城市 i 和城市 j 这一"城市对"的固定效应；λ_t 为年份固定效应；φ_{ijt} 为随机扰动项。将这一运输成本函数代入均衡条件，整理可得

$$\ln\left(\frac{w_{jt}}{w_{it}}\right) = \Pi_0 + \Pi_1 \times HSR_{ijt} + \Pi_2 \times \ln\left(\frac{X_{jt}}{X_{it}}\right) + \eta_{ij} + \lambda_t + v_{ijt} \tag{6.6}$$

式中，Π_0、Π_1、Π_2均为常数。式（6.6）构成了可用于估计高速铁路连通对"城市对"工资差距的影响程度的计量经济模型。虚拟变量 HSR_{ijt} 捕捉了不同时间各"城市对"是否被高速铁路连通的情况，因此上述模型具备倍差法计量经济模型的特征。其中，系数 Π_1 捕捉了高速铁路开通对两城市的工资差距的影响，如果该系数显著为负，那么就意味着高速铁路开通缩小了两地的工资差距，进而促进了两地劳动力市场的融合。

6.3.2 变量构造与数据来源

（1）"城市对"的构造

"城市对"是本研究的主要对象。首先，以从 2002 年到 2015 年一直存续的中国 278 个地级及以上城市为基础，整理形成一个平衡面板数据。然后，对 278 个城市进行两两不重复配对，形成 38 503 个"城市对"，从而形成一个从 2002 年到 2015 年中国 38 503 个"城市对"的平衡面板数据集。这一构造方式与 Andrabi 等（2010）研究印度铁路建设促进地区间农产品价格收敛的思路①是一致的。

① Andrabi T, Kuehlwein M. Railway and price convergence in British India [J]. Journal of Economic History, 2010, 70 (2): 351 - 377.

（2）被解释变量："城市对"工资差距

"城市对"工资差距是本研究的被解释变量。根据理论模型的推导结果，我们用一个"城市对"中较高工资城市 j 的工资水平与较低工资城市 i 的工资水平的比值的对数来衡量。

（3）核心解释变量："城市对"高速铁路连通

"城市对"高速铁路连通是本研究的核心解释变量。我们根据实时更新的百度百科中的"中国高速铁路"词条，获取各城市高速铁路开通的时间及各条高速铁路路线开始运营的时间，并对虚拟变量 HSR_{ijt} 进行如下赋值：如果 t 年 i 城市和 j 城市之间开通了高速铁路，那么 $HSR_{ijt}=1$，否则 $HSR_{ijt}=0$。

（4）控制变量

为了尽量减少遗漏变量带来的估计偏误，我们引入了五个控制变量，并采用"城市对"相关变量的比值的对数来衡量，其中分子对应较高工资城市 j 的相关变量。

第一，"城市对"经济发展差距。我们采用城市人均 GDP 来衡量城市的经济发展程度，从而采用"城市对"人均 GDP 的比例（并取对数）来衡量"城市对"经济发展差距。

第二，"城市对"工业发展差距。我们采用城市第二产业增加值占 GDP 的比例来衡量城市的工业化水平，从而采用"城市对"工业化水平的比例（并取对数）来衡量"城市对"工业发展差距。

第三，"城市对"政府规模差距。我们采用城市财政支出占 GDP 的比例来衡量城市的政府规模（即政府支出规模），从而采用"城市对"政府规模的比例（并取对数）来衡量"城市对"政府规模差距。

第四，"城市对"开放程度差距。我们采用城市实际使用外商直接投资金额占 GDP 的比例来衡量城市的开放程度（即投资开放程度），从而采用"城市对"开放程度的比例（并取对数）来衡量"城市对"开放程度差距。

第五，"城市对"教育发展差距。我们采用城市普通中学（包括初中和高中）师生比来衡量城市的基础教育质量，从而采用"城市对"基础教育质量的比例（并取对数）来衡量"城市对"教育发展差距。

（5）数据来源

本研究分析所用数据主要有两个来源：第一，相应年份的《中国城市统计年鉴》，从中获得了地级及以上城市的相关数据；第二，百度百科，目前尚没有官方发布的关于高速铁路开通的精确时间，因此根据百度百科中关于“中国高速铁路”词条的相关信息，整理得到各城市开通高速铁路的时间和各“城市对”被高速铁路连通的年份。

上述变量的基本统计量如表 6.1 所示。

表 6.1 基本统计量

变量名称	观测值	平均数	标准差	最小值	最大值
“城市对”工资差距（取对数）	532 992	0.262 4	0.215 9	0.000 0	1.719 6
“城市对”经济发展差距（取对数）	530 514	0.472 7	0.722 4	−3.196 7	3.628 2
“城市对”工业发展差距（取对数）	531 887	0.073 4	0.334 8	−2.145 9	2.285 3
“城市对”政府规模差距（取对数）	532 164	−0.105 5	0.591 1	−3.491 6	3.919 3
“城市对”开放程度差距（取对数）	490 853	0.439 6	1.750 4	−7.620 1	8.880 7
“城市对”教育发展差距（取对数）	532 162	0.042 5	0.277 6	−3.087 7	2.970 0

6.4 估计结果分析

6.4.1 高速铁路连通对“城市对”工资差距的影响程度估计

表 6.2 展示了模型全样本回归的估计结果。其中，模型（1）没有引入控制变量和年份固定效应，模型（2）在模型（1）的基础上引入了年份固定效应，模型（3）则进一步引入了衡量城市间差距的控制变量。从 F 值来看，各模型整体高度显著。从表 6.2 中可以发现以下两点。

表 6.2　高速铁路连通影响“城市对”工资差距的估计结果

	模型（1）	模型（2）	模型（3）
被解释变量	“城市对”工资差距（取对数）		
“城市对”高速铁路连通	−0.074 8*** [0.001 3]	−0.009 9*** [0.001 4]	−0.006 8*** [0.001 3]
“城市对”经济发展差距（取对数）			0.065 5*** [0.001 0]
“城市对”工业发展差距（取对数）			0.018 3*** [0.001 5]
“城市对”政府规模差距（取对数）			0.035 6*** [0.000 7]
“城市对”开放程度差距（取对数）			0.004 4*** [0.000 2]
“城市对”教育发展差距（取对数）			0.001 6 [0.001 1]
年份固定效应	NO	YES	YES
“城市对”固定效应	YES	YES	YES
观测值	532 992	532 992	488 722
组内 R^2	0.017 0	0.107 2	0.163 4
F 值	3 305.146 4	1 034.318 9	958.733 0
p 值	0.000 0	0.000 0	0.000 0

注：1. ***、**、*分别对应 1%、5%、10%的显著性水平。
2. [ ] 内为稳健标准误。

第一，在各模型中，“城市对”高速铁路连通变量的系数均为负数，且在 1%的显著性水平下显著，即相比于没有被高速铁路连通的“城市对”，被高速铁路连通的“城市对”具有更小的工资差距。如果可以将这一显著的相关性理解为因果效应，那么意味着在两城市之间开通高速铁路的确缩小了城市间的工资差距，进而促进了城市间的劳动力市场融合。根据模型（1）的估计结果，如果城市间开通高速铁路，那么“城市对”工资差距会缩小 7.48%，但在引入年份固定效应之后，这个系数从 7.48%下降到 0.99%，这说明在忽视年份固定效应的情况下，我们高估了“城市对”高速铁路连通对缩小“城市对”工资差距的作用。进一步引入控制变量后，该系数从 0.99%下降到 0.68%，这说明在忽视城市间各方面差距的情况下，我们依然高估了“城市对”高速铁路连通对缩小“城市对”工资差距的作用。

第二，根据模型（3）的估计结果，除“城市对”教育发展差距之外，其他控制变量都显著为正，这意味着“城市对”经济发展、工业发展、政府规模、开放程度的差距都会影响“城市对”工资差距。其中，“城市对”经济发展差距每上升 1%，“城市对”工资差距将相应上升 6.55%；“城市对”工业发展差距每上升 1%，“城市对”工资差距将相应上升 1.83%；“城市对”政府规模差距每上升 1%，“城市对”工资差距将相应上升 3.56%；“城市对”开放程度差距每上升 1%，“城市对”工资差距将相应上升 0.44%。另外，“城市对”教育发展差距对“城市对”工资差距没有显著影响。

6.4.2 地理距离与高速铁路连通效应

上文的分析已经揭示了高速铁路连通能够缩小城市间的工资差距，但这一高速铁路连通效应是否受到城市间地理距离的影响，这个问题仍然有待回答。因此，我们将“城市对”按照距离进行分类，分为相邻“城市对”、同省“城市对”、相距 100 km 之内的“城市对”、相距 100~900 km 的“城市对”、相距超过 900 km 的“城市对”这五种类型，并进行分样本回归。表 6.3 展示了不同“城市对”距离的高速铁路连通效应。我们可以发现，各控制变量的估计结果与基准模型（3）的估计结果基本一致，这说明该模型具有一个稳定的结构。

更重要的是，高速铁路连通缩小“城市对”工资差距的效应只有在相距 100~900 km 的“城市对”中显著。具体而言，根据模型（7）的估计结果，高速铁路连通能够使“城市对”工资差距缩小 1.33%。而对于相邻“城市对”、相距小于 100 km 或大于 900 km 的“城市对”而言，“城市

表 6.3　不同“城市对”距离的高速铁路连通效应

	模型（4）	模型（5）	模型（6）	模型（7）	模型（8）	模型（9）
“城市对”距离	相邻	同省	<100 km	100~900 km	>900 km	全样本
被解释变量	“城市对”工资差距（取对数）					
“城市对”高速铁路连通	−0.008 7 [0.005 5]	0.002 3 [0.005 1]	−0.000 9 [0.010 2]	−0.013 3*** [0.001 9]	−0.002 3 [0.001 9]	−0.001 6 [0.003 8]
“城市对”高速铁路连通×“城市对”距离						−0.020 1*** [0.007 0]
“城市对”高速铁路连通×“城市对”平方距离						0.011 5*** [0.002 8]
“城市对”经济发展差距（取对数）	0.067 1*** [0.004 8]	0.045 6*** [0.004 4]	0.041 5*** [0.011 3]	0.064 3*** [0.001 7]	0.066 2*** [0.001 3]	0.065 5*** [0.001 0]
“城市对”工业发展差距（取对数）	0.024 3*** [0.008 1]	0.038 0*** [0.008 7]	0.057 8* [0.029 7]	0.034 4*** [0.002 7]	0.012 1*** [0.001 9]	0.018 2*** [0.001 5]
“城市对”政府规模差距（取对数）	0.041 5*** [0.003 5]	0.033 5*** [0.003 2]	0.039 7*** [0.008 5]	0.044 9*** [0.001 1]	0.030 8*** [0.000 9]	0.035 5*** [0.000 7]
“城市对”开放程度差距（取对数）	0.002 0** [0.001 0]	−0.000 6 [0.000 9]	0.003 9 [0.002 5]	0.003 9*** [0.000 4]	0.004 3*** [0.000 2]	0.004 4*** [0.000 2]
“城市对”教育发展差距（取对数）	−0.000 7 [0.005 2]	0.021 1*** [0.005 0]	−0.005 [0.012 5]	−0.000 4 [0.001 8]	0.002 9** [0.001 5]	0.001 6 [0.001 1]

续 表

	模型（4）	模型（5）	模型（6）	模型（7）	模型（8）	模型（9）
年份固定效应	YES	YES	YES	YES	YES	YES
“城市对”固定效应	YES	YES	YES	YES	YES	YES
观测值	18 873	21 786	3 421	187 091	298 210	488 722
组内 R^2	0. 157 2	0. 172 7	0. 167 2	0. 164 2	0. 166 4	0. 163 5
F 值	44. 094 1	53. 393 8	8. 625 4	408. 529 2	590. 112 0	872. 299 0
p 值	0. 000 0	0. 000 0	0. 000 0	0. 000 0	0. 000 0	0. 000 0

注：1. ***、**、*分别对应 1%、5%、10%的显著性水平。
2. [ ] 内为稳健标准误。
3. “城市对”的相邻情况和地理距离通过 GIS 软件和 Stata 软件的用户命令“GEODIST”计算获得。

对”高速铁路连通变量的系数依然为负数，但并不显著。这很可能是因为对于相距较近或相距较远的“城市对”，高速铁路出行并不是最佳的出行方式。对于距离较近的目的地城市，人们可能倾向于选择私家车、城际巴士或普通火车等交通工具。而对于距离较远的目的地城市，人们可能会选择乘坐飞机以节省更多的时间成本。因此，高速铁路连通效应主要在相距中等距离的“城市对”中存在。总之，根据距离分类的分样本回归的估计结果进一步加深了我们对高速铁路连通效应的理解。

在表 6.3 中，我们在全样本的基础上进一步引入了“城市对”高速铁路连通变量与“城市对”距离的交互项，包括“城市对”高速铁路连通×“城市对”距离和“城市对”高速铁路连通×“城市对”平方距离，以捕捉“城市对”距离的变动对高速铁路连通效应的非线性影响，相关估计结果如模型（9）所示。我们可以发现，含有距离一次项的交互项显著为负，而含有距离二次项的交互项显著为正，这说明随着“城市对”距离的增加，高速铁路连通对“城市对”工资差距的负效应呈现先逐渐凸显然后逐渐弱化的趋势。根据模型（9）的估计结果，我们在图 6.4 中绘制了随“城市对”距离变化的高速铁路连通效应的 U 形曲线，可以发现，这一高速铁路连通效应的非线性特征与模型（6）～（8）的估计结果是基本一致的。

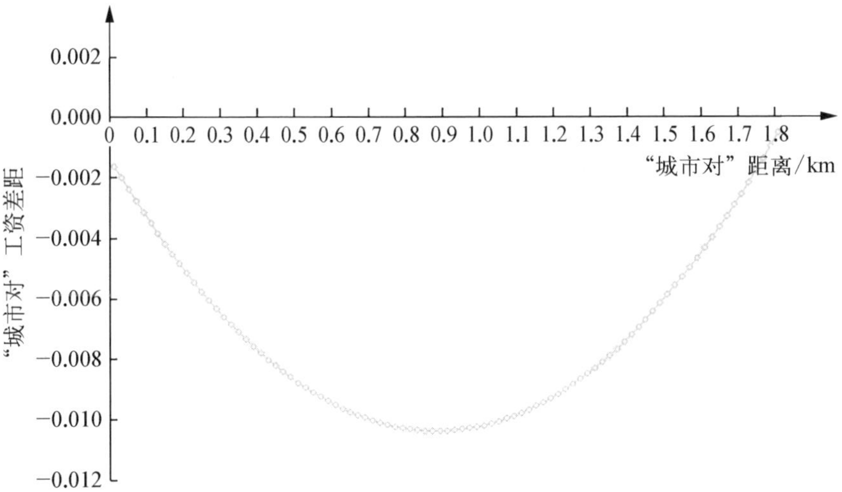

图 6.4　随“城市对”距离变化的高速铁路连通效应

6.4.3 高速铁路连通效应内在机制的初步探索

综上所述，高速铁路连通促进劳动力市场融合的效应不但总体上存在，而且在一定距离的“城市对”中更为明显。那么，是什么机制导致了这一效应的产生？本小节致力于对这一问题进行初步探索。根据 6.3.1 小节的理论模型可以推测，高速铁路连通能够降低运输成本，从而促进劳动力的流动，进而缩小“城市对”工资差距。为了验证这一判断，我们采用“城市对”农业从业人员差距、“城市对”工业从业人员差距、“城市对”服务业从业人员差距作为被解释变量，分别采用较高工资城市的农业、工业、服务业从业人员数量与较低工资城市的相应从业人员数量的比值的对数来衡量。同时，我们也将“城市对”总人口差距作为被解释变量。

表 6.4 显示了高速铁路连通影响“城市对”各行业从业人员差距的估计结果。我们可以发现，第一，高速铁路连通对缩小“城市对”农业从业人员差距没有显著影响。这意味着两城市之间运输成本的下降并不能缩小城市间农业从业人员数量的差距，这可能是因为在农产品价格受政策限制的背景下，各地区农业从业人员收入并没有足够大的差距。第二，高速铁路连通显著缩小了“城市对”工业从业人员差距和“城市对”服务业从业人员差距。具体而言，根据模型（11）和模型（12）的估计结果，高速铁路连通可以分别使这两个差距缩小 4.4%和 3.1%，可见高速铁路连通对缩小“城市对”工业从业人员差距的作用更为明显。第三，高速铁路连通显著缩小了“城市对”总人口差距。前面的结论已经表明，高速铁路连通缩小了第二产业和第三产业从业人员的差距，因此这一结论实际上已经

表 6.4 高速铁路连通影响“城市对”各行业从业人员差距的估计结果

	模型（10）	模型（11）	模型（12）	模型（13）
被解释变量	“城市对”农业从业人员差距	“城市对”工业从业人员差距	“城市对”服务业从业人员差距	“城市对”总人口差距

续　表

	模型（10）	模型（11）	模型（12）	模型（13）
“城市对”高速铁路连通	-0.009 2 [0.014 9]	-0.044 0*** [0.007 7]	-0.031 0*** [0.005 9]	-0.079 5*** [0.005 0]
“城市对”经济发展差距（取对数）	0.678 5*** [0.026 2]	0.080 0*** [0.012 7]	-0.088 2*** [0.011 0]	-0.512 5*** [0.010 2]
“城市对”工业发展差距（取对数）	-1.453 6*** [0.036 4]	0.545 2*** [0.020 8]	-0.204 4*** [0.016 9]	0.178 7*** [0.016 9]
“城市对”政府规模差距（取对数）	0.382 9*** [0.022 7]	-0.766 0*** [0.012 9]	-0.464 1*** [0.010 4]	-0.403 9*** [0.006 9]
“城市对”开放程度差距（取对数）	-0.033 4*** [0.003 9]	0.036 9*** [0.002 2]	0.015 9*** [0.001 8]	0.035 3*** [0.001 7]
“城市对”教育发展差距（取对数）	0.368 8*** [0.021 0]	0.230 3*** [0.010 8]	0.070 8*** [0.008 8]	-0.154 8*** [0.008 8]
年份固定效应	YES	YES	YES	YES
“城市对”固定效应	YES	YES	YES	YES
观测值	447 190	453 742	453 742	488 722
组内 R^2	0.065 9	0.219 2	0.077 7	0.157
F 值	148.282 4	539.013 8	364.792 3	350.405 2
p 值	0	0	0	0

注：1. ***、**、*分别对应 1%、5%、10%的显著性水平。
　　2. [ ] 内为稳健标准误。

在预料之中。综上我们认为，高速铁路连通是通过促进城市间第二产业和第三产业劳动力的流动进而缩小“城市对”工资差距的。

6.5　主要结论与政策含义

本章探索了高速铁路连通对城市间劳动力市场融合的影响。在回顾国外铁路发展历史经验和中国高速铁路经济效应的基础上，本章构建了一个关于城市间工资差距与运输成本关系的理论模型，并基于此设定了一个类似倍差法的计量经济模型，进而采用 2002—2015 年由中国 278 个地级及以上城市构成的38 503个“城市对”的平衡面板数据集对模型参数进行估计。本章的研究得到了以下三条重要结论。

第一，总体来看，高速铁路连通显著缩小了“城市对”工资差距，从而促进了城市间劳动力市场的融合。第二，高速铁路连通效应随着“城市对”距离的增加而呈现先逐渐凸显然后逐渐弱化的趋势，并且这一连通效应在相距 100~900 km 的“城市对”中最为明显。第三，高速铁路连通显著缩小了“城市对”第二产业和第三产业从业人员的差距，这意味着高速铁路连通效应是通过促进城市间第二产业和第三产业劳动力的流动进而缩小城市间工资差距来实现的。同时，“城市对”的经济发展差距、工业发展差距、政府规模差距、开放程度差距和教育发展差距也都显著影响“城市对”工资差距，从而在一定程度上影响城市间劳动力市场的融合。

本研究具有明显的理论和政策意义。从理论上看，本研究有助于我们更深入地理解交通基础设施对于市场融合的积极作用及内在机制，也是对发展中国家基础设施经济效应相关研究的有益补充。从政策上看，本研究可以为我们设计和调整市场一体化，特别是劳动力市场一体化的公共政策指明方向，具体有如下三点。

第一，应大力兴建高速铁路，让更多人享受到高速铁路的便利。国家应坚定不移地实施“交通强国战略”，通过建设覆盖全国大中城市的高速铁路网络，让更多地区、更多城市享受高速铁路带来的交通运输优势，从而促进要素的自由流动和高效集聚，加快实现市场一体化发展，为中国进一步提高规模经济效应奠定基础。

第二，应勇于破除劳动力流动壁垒，充分发挥高速铁路的市场融合作用。事实上，在大城市户籍等制度壁垒下，高速铁路连通效应是比较有限的。因此，必须要勇于改革和破除阻碍劳动力等要素流动的制度壁垒，特别是有效降低大城市和特大城市的落户门槛，从而充分发挥高速铁路促进市场融合的积极作用。

第三，应积极转变执政理念，根据地方比较优势培育新经济增长点。随着高速铁路的普及和各种制度壁垒的破除，劳动力等要素必然呈现跨地区加速流动的趋势。不可避免的是，一些地区将面临劳动力大量流出、劳动密集型产业迅速衰退的挑战，而另一些地区则面临劳动力大量涌入、城市通勤压力剧增和房产价格骤升的问题。我们认为，在劳动力流入地区，地方政府应积极推进制造业和服务业的发展以创造更多的就业岗位，同时加大保障性住房等公共服务力度。而在劳动力流出地区，地方政府应充分挖掘本地区农业、旅游业和资源型产业的发展潜力，切不可盲目模仿劳动力流入地区的发展模式。总之，唯一的出路是转变“单纯以 GDP 增长率论英雄”的传统发展思路，深入挖掘本地区的比较优势，培育适合本地区的新经济增长点。

第7章　基础设施与开放发展：外商直接投资的视角

中国开放的大门不会关闭，只会越开越大！

——习近平《开放共创繁荣　创新引领未来》

本章从外商直接投资（FDI）的视角探索了基础设施对中国开放发展的影响。本章基于中国省级和地级市的面板数据探索了社会型基础设施和经济型基础设施对于吸引FDI流入的作用。研究发现，FDI关注一个地区社会型基础设施的水平，同时经济型基础设施的改善依然是吸引FDI流入的积极因素。本章的研究不仅有助于我们更深入地理解在世界经济复苏乏力、中国经济结构转型的背景下FDI地区分布的内在规律，还有助于我们设计和调整基础设施相关的公共政策，打造良好的投资环境，以促进全面开放发展。

7.1　研究背景

7.1.1　经济转型与外资撤离

外商直接投资（FDI）是经济全球化的重要基础，对于促进发展中国家资本积累、技术进步和经济增长具有积极意义。改革开放以来，特别是2001年加入WTO以来，中国迅速融入全球产业分工体系，逐渐成为富有吸引力的外商投资目的地。自2010年以来，中国年实际利用外商直接投资金额超过千亿美元，稳居世界前列。① 一系列实证研究表明，FDI不但

① 根据联合国贸易和发展会议发布的《世界投资报告》的统计，从2012年到2016年，中国吸收的FDI流量分别位居世界第二位、第二位、第一位、第四位和第三位。

促进了中国的工业发展和经济增长，而且提高了本土企业的创新能力和生产效率。

但令人担忧的是，近年来，一些外资撤离中国的消息屡见报端。例如：2015 年，美国微软公司关停诺基亚中国东莞工厂和北京工厂，并裁员约 9 000 人；2016 年，英国玛莎百货败退中国市场；2017 年，硬盘制造商美国希捷公司关闭中国苏州工厂；2018 年 1 月，日东电工（苏州）有限公司宣布停产；2018 年 4 月，深圳三星电子通信有限公司正式关闭；2019 年，家乐福中国将 80%股份出售给苏宁易购。

图 7.1 展示了不同时期中国各地区 FDI 的相对规模。我们采用中国东北、东部、中部和西部四大地区①的实际利用 FDI 金额占该地区 GDP 的比例来衡量 FDI 的相对规模，可以发现，在经济发展领先、区位优势明显的东部地区，FDI 占比呈迅速下降趋势，而其他三大地区的 FDI 占比在前三

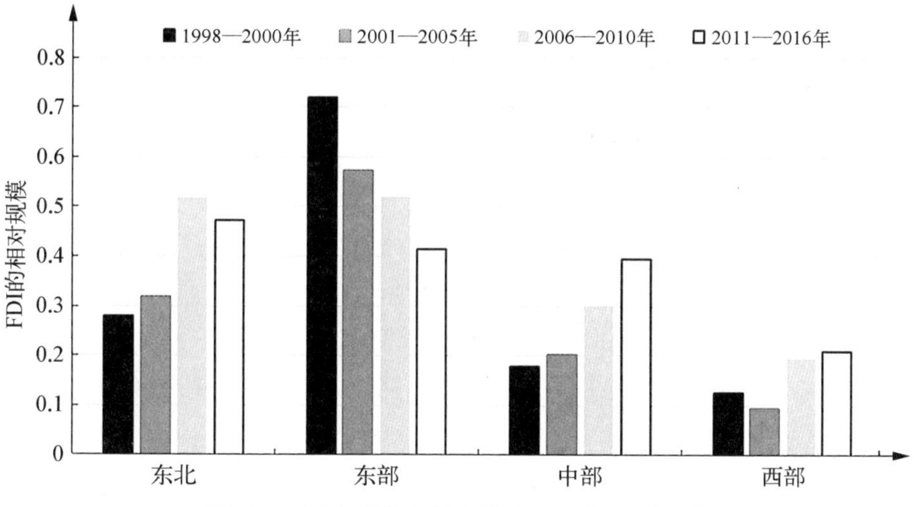

图 7.1　不同时期中国各地区 FDI 的相对规模

数据来源：根据相应年份的《中国统计年鉴》计算整理。

---

① 东北地区包括黑龙江、辽宁、吉林等省（自治区、直辖市）；东部地区包括北京、天津、河北、上海、江苏、浙江、福建、山东、广东、海南等省（自治区、直辖市）；中部地区包括山西、安徽、江西、河南、湖北、湖南等省（自治区、直辖市）；西部地区包括内蒙古、广西、重庆、四川、贵州、云南、西藏、陕西、甘肃、青海、宁夏、新疆等省（自治区、直辖市）。详见国家统计局网站。

个时期都有所上升，但 2011—2016 年，西部地区的 FDI 占比停滞不前，东北地区的 FDI 占比还出现明显的下降趋势。

导致一些外资撤离中国的原因是多方面的。第一，国内经济转型和国外需求不振，中国传统产业的投资需求有所下降且落后产能过剩严重，这遏制了 FDI 对这些行业的投资。第二，劳动力、土地等要素价格迅速上升，劳动密集型的 FDI 转而寻求生产成本更为低廉的国家和地区，诸如东南亚、中亚和非洲等。第三，国内生态保护和环境规制日益加强，这使得高耗能、高排放的 FDI 丧失竞争优势，只能逐步退出中国。第四，国内创新能力的相对薄弱，这阻碍了技术密集型的 FDI 大规模流入。总之，这些都反映出中国发展不平衡不充分的一些突出问题正在不断显现。

因此，站在世界经济复苏乏力、中国经济增速放缓的新的历史起点上，如何创新吸引外资的政策并提供良好的投资环境以促进 FDI 持续流入中国，这是当前亟待解决的重大现实问题。

7.1.2 研究问题的提出

长期以来，经济分权和垂直治理构成了中国政治经济体制的核心要素。在这一体制下，地方官员往往有动力通过改善交通、能源、通信等基础设施以促进 FDI 流入和当地经济增长，从而实现职位的晋升。各地为招商引资，甚至不惜代价开展基础设施投资的竞争，致力于打造“硬环境”以吸引生产要素流入。[①] 但一些新近的研究发现，中国的基础设施建设（特别是在西部地区）存在过度投资的可能。[②] 同时，高度依赖债务融资的基础设施建设融资模式也提高了金融风险和经济脆弱性。[③] 因而，在“边际生产率递减”的总体规律的支配下，继续投资这类传统的经济型基础设施是否还能吸引 FDI 流入？这是本研究想要回答的第一个问题。

---

① 张军，高远，傅勇，等. 中国为什么拥有了良好的基础设施？[J]. 经济研究，2007 (3)：4－19.

② Shi H, Huang S Q. How much infrastructure is too much? A new approach and evidence from China [J]. World Development, 2014, 56: 272－286.

③ Ansar A, Fluvbjerg B, Budzier A, et al. Does infrastructure investment lead to economic growth or economic fragility? Evidence from China [J]. Oxford Review of Economic Policy, 2016, 32 (3): 360－390.

与此同时，基础教育、医疗保健、文化体育在短期内不能直接促进地方经济增长，因此在现有的政治经济体制下，地方政府相对忽视了科教文卫等社会型基础设施（或者公共产品和服务）的提供，形成“重经济型基础设施建设、轻社会型基础设施投资”的扭曲的行为格局，这显然不利于提高一个地区的人力资本水平。① 但很有可能的是，在经济型基础设施相对完善的背景下，一个地区较好的社会型基础设施有利于吸引 FDI 流入。这主要是因为较好的社会型基础设施能够使当地具备较高的人力资本水平。一方面，较好的人力资本拥有较强的“吸收能力”，即学习和掌握外来先进技术的能力，这有利于吸引技术密集型、高附加值的 FDI 流入。② 另一方面，较好的人力资本不仅能够提高跨国公司的生产效率，还可以降低人员培训和流动带来的成本，从而提高跨国公司直接投资的回报率。当然，较好的社会型基础设施会提高劳动力成本，从而对普通制造业的 FDI 产生一定的抑制作用。那么社会型基础设施投资是否有利于吸引 FDI 流入？或者说，FDI 是否倾向于流入社会型基础设施较好的地区？这是本研究想要回答的第二个问题。

本研究致力于探索社会型基础设施和经济型基础设施对于吸引 FDI 流入的作用及差异。我们从教育和人力资本的角度来衡量社会型基础设施的质量，从交通基础设施的角度来衡量经济型基础设施的质量，并在这一基础上分别利用中国省级和地级市面板数据进行计量经济分析。估计结果一致表明，社会型基础设施的改善有利于 FDI 流入，同时经济型基础设施依然是吸引 FDI 流入的积极因素。

总之，本研究不但有助于我们更深入地理解在世界经济复苏乏力、中

---

① 傅勇，张晏. 中国式分权与财政支出结构偏向：为增长而竞争的代价［J］. 管理世界，2007（3）：4－12，22.

傅勇. 财政分权、政府治理与非经济性公共物品供给［J］. 经济研究，2010，45（8）：4－15，65.

赵祥. 地方政府竞争与 FDI 区位分布——基于我国省级面板数据的实证研究［J］. 经济学家，2009（8）：53－61.

② Borensztein E, De Gregorio J, Lee J-W. How does foreign direct investment affect economic growth?［J］. Journal of International Economics, 1998, 45（1）：115－135.

代谦，别朝霞. FDI、人力资本积累与经济增长［J］. 经济研究，2006（4）：15－27.

国经济结构转型的背景下 FDI 地区分布的内在规律，也有助于我们设计和调整基础设施相关的公共政策，打造良好的投资环境，以促进全面开放发展。同时，本研究也是对发展中国家基础设施经济效应研究的有益补充。

7.2 基础设施影响 FDI 流入的文献回顾

FDI 的地区分布及跨国公司选址问题一直是国际经济学界关注的焦点。基于本研究的目的，我们侧重于回顾 FDI 流入地（或东道国）的社会型基础设施和经济型基础设施影响 FDI 流入的理论机制与中国经验。

7.2.1 社会型基础设施影响 FDI 流入的理论机制与中国经验

社会型基础设施主要涉及基础教育、医疗保健、文化体育等公共产品和服务，其中教育和人力资本水平是一个国家和地区社会型基础设施质量的集中体现。因此，本研究主要从人力资本的角度来考察社会型基础设施对 FDI 流入的影响。

长期以来，学者普遍认同人力资本对于吸引 FDI 流入的积极作用。[①] 对于人力资本影响国际资本流动这一严肃的经济学思考，主要始于卢卡斯悖论——国际资本并没有完全从资本相对丰裕的富国流向资本相对稀缺的穷国。Lucas（1990）认为，富国较好的人力资本提高了富国的资本回报率，从而弱化了穷国的资本稀缺这一相对优势，即富国与穷国之间的人力资本差异能够解释 FDI 流动的方向。[②]

之后，有学者进一步从“吸收能力”的角度解释了人力资本对于吸引 FDI 流入的重要性。Keller（1996）较早提出了“吸收能力”这一概念，认为其决定了 FDI 是否产生技术溢出。[③] Glass 等（1998）认为，当东道

---

① Dunning J H. Explaining international production [M]. London: Unwin Hyman, 1988.

② Lucas R E. Why doesn't capital flow from rich to poor countries? [J]. The American Economic Review, 1990, 80 (2): 92-96.

③ Keller W. Absorptive capacity: On the creation and acquisition of technology in development [J]. Journal of Development Economics, 1996, 49 (1): 199-227.

国的技术水平较高时，FDI 产生技术溢出的可能性更大。[①] 代谦等（2006）指出，“吸收能力”主要取决于东道国的人力资本水平。[②] Borensztein 等（1998）的经验研究也表明，只有当发展中国家的人力资本水平达到某一阈值时，其吸引的 FDI 才能够促进本国经济增长。[③] 总之，FDI 流入地的人力资本水平对 FDI 的类型和技术层次存在显著影响，即较好的人力资本是技术和知识密集型的 FDI 流入本地的前提条件。

基于上述理论推断，有学者针对人力资本影响 FDI 流入这一问题展开了经验研究。Noorbakhsh 等（2001）针对发展中国家的研究表明，人力资本对 FDI 流入有显著的正向影响，且其重要性随时间的延长而不断上升。[④] Reiter 等（2010）针对 49 个国家和地区的研究也发现，FDI 与东道国人力资本（用人类发展指数来衡量）关联紧密。[⑤] 进入 21 世纪以来，针对中国人力资本和 FDI 流入的研究方兴未艾，尽管衡量人力资本的变量各有不同，但基本证实人力资本对于吸引 FDI 流入的积极作用。

Sun 等（2002）通过分析 1986—1998 年中国省级面板数据发现，科学技术相关从业人员比例的上升促进了 FDI 流入。[⑥] 沈坤荣等（2002）基于 1996—2000 年中国省级面板数据的研究也表明，大专以上学历从业人员比例的上升有助于提高 FDI 总量及 FDI 项目的平均规模。[⑦] 沈亚芳（2007）基于 1992—2004 年中国省级面板数据进行了分析，发现 FDI 偏好

---

① Glass A J, Saggi K. International technology transfer and the technology gap [J]. Journal of Development Economics, 1998, 55 (2): 369 - 398.

② 代谦，别朝霞. FDI、人力资本积累与经济增长 [J]. 经济研究，2006 (4): 15 - 27.

③ Borensztein E, De Gregorio J, Lee J-W. How does foreign direct investment affect economic growth? [J]. Journal of International Economics, 1998, 45 (1): 115 - 135.

④ Noorbakhsh F, Paloni A, Youssef A. Human capital and FDI inflows to developing countries: New empirical evidence [J]. World Development, 2001, 29 (9): 1593 - 1610.

⑤ Reiter S L, Steensma H K. Human development and foreign direct investment in developing countries: The influence of FDI policy and corruption [J]. World Development, 2010, 38 (12): 1678 - 1691.

⑥ Sun Q, Tong W, Yu Q. Determinants of foreign direct investment across China [J]. Journal of International Money and Finance, 2002, 21 (1): 79 - 113.

⑦ 沈坤荣，田源. 人力资本与外商直接投资的区位选择 [J]. 管理世界，2002 (11): 26 - 31.

于人均受教育年限较高的地区。[①] 孙永平等（2008）通过分析 1996—2006 年中国省级面板数据发现，每千人中初中生、高中生、大专及以上学生数量与 FDI 流入呈正相关，从而验证了中国区域间的卢卡斯悖论。[②] 冼国明等（2009）利用 1992—2002 年中国省级面板数据和空间计量经济模型，发现六岁及以上人口平均受教育年数显著提高了 FDI 流入量。[③] Salike（2016）从禀赋、利用、人口结构、生产效率、政府支持和健康这六个方面对各地区的人力资本水平进行了系统衡量，并利用 2002—2013 年中国省级面板数据进行了分析，发现无论是当前的人力资本禀赋、未来的人力资本供给，还是人口的健康状况，都是提高地区 FDI 流入量的重要因素。[④]

有别于上述基于中国省级面板数据的研究，一些学者利用其他类型的数据进行了分析，但也得到了基本一致的结论。代谦等（2006）利用 1979—2003 年中国的时间序列数据，发现每年新增劳动力中高中毕业生和大学毕业生数量是吸引 FDI 流入的关键因素。[⑤] 金相郁等（2006）通过分析 2002 年中国 210 个地级及以上城市的截面数据发现，高等学校在校学生占比的增加促进了 FDI 流入。[⑥] Kang 等（2007）考察了 1988—2002 年韩国企业在中国选址的决定因素，发现地区高中毕业生占人口比重的增加可以提高韩国企业在当地投资的概率。[⑦]

尽管上述一系列研究肯定了人力资本对 FDI 流入的正效应，但依然存在不同的观点。Cheng 等（2000）基于 1985—1995 年中国省级面板数据

① 沈亚芳. 人力资本对外商直接投资区位选择的影响——跨期考察与分区域分析［J］. 国际贸易问题，2007（7）：113－118.

② 孙永平，余珮. 人力资本、FDI 区域分布与经济发展——基于中国面板数据的“卢卡斯之谜”的实证检验［J］. 经济评论，2008（5）：26－31.

③ 冼国明，杨长志. 中国外商直接投资的区位决定——基于地区数据的空间计量分析［J］. 世界经济研究，2009（1）：60－64，74.

④ Salike N. Role of human capital on regional distribution of FDI in China：New evidences［J］. China Economic Review，2016，37：66－84.

⑤ 代谦，别朝霞. 外国直接投资、人力资本与经济增长：来自中国的数据［J］. 经济评论，2006（4）：59－65.

⑥ 金相郁，朴英姬. 中国外商直接投资的区位决定因素分析：城市数据［J］. 南开经济研究，2006（2）：35－45.

⑦ Kang S J，Lee H S. The determinants of location choice of South Korean FDI in China［J］. Japan and the World Economy，2007，19（4）：441－460.

的研究发现，小学、初中、高中学历人口比例对于地区人均 FDI 存量没有显著影响。[①] Gao（2005）区分了人力资本对于不同来源国 FDI 的差异性影响，发现地区人力资本的改善尽管有助于吸引来自发达国家的 FDI，但对发展中国家的 FDI 具有相反的作用。[②] 蒋伟（2012）利用 1998—2007 年中国省级面板数据和空间计量方法进行了分析，发现一个地区的 FDI 流入虽然受到周边地区 FDI 流入的显著影响，但与当地的人力资本水平并没有显著关联。[③] 王晶晶等（2013）基于 2004—2010 年中国省级面板数据探索了人力资本影响东部和西部地区服务业 FDI 流入的不同表现，发现一省的人均受教育年数促进了东部地区服务业 FDI 流入，但对西部地区产生了相反的影响。[④]

7.2.2　经济型基础设施影响 FDI 流入的理论机制与中国经验

经济型基础设施主要涉及交通、能源、通信、水利等公共产品和服务，其中铁路、公路、桥梁、港口等交通基础设施是一个国家和地区经济型基础设施的重要代表，也是促进一个国家和地区经济增长的“先行资本”。因此，本研究主要从交通基础设施的角度来回顾经济型基础设施对 FDI 流入的影响。

跨国公司在东道国获得生产所需的原材料和中间产品，并将最终产品运输到目的地的全过程都需要支付运输成本，因而跨国公司倾向于选择交通等基础设施完善的地区进行直接投资，以降低综合生产成本。因此，一个地区对交通基础设施的改善有助于吸引 FDI 流入。[⑤]

基于中国省级面板数据的经验研究普遍发现，公路和铁路的空间密

① Cheng L K, Kwan Y K. What are the determinants of the location of foreign direct investment? The Chinese experience [J]. Journal of International Economics, 2000, 51 (2): 379 - 400.

② Gao T. Labor quality and the location of foreign direct investment: Evidence from China [J]. China Economic Review, 2005, 16 (3): 274 - 292.

③ 蒋伟. 中国外商直接投资区位决定：基于“第三方效应”的空间计量分析 [J]. 世界经济研究，2012 (1): 75 - 80, 89.

④ 王晶晶，陈启斐. 扩大内需、人力资本积累与 FDI 结构性转变 [J]. 财经研究，2013, 39 (9): 120 - 133.

⑤ Dunning J H. Explaining international production [M]. London: Unwin Hyman, 1988.

度（每平方公里的道路长度）对于 FDI 流入具有积极作用。[①] 刘荣添等（2005）、冯伟等（2015）采用固定资产投资金额占地区 GDP 的比例作为地区基础设施水平的代理变量，发现基础设施对 FDI 流入存在显著的正效应。[②] 赵祥（2009）的经验研究显示，各地区财政基本建设支出占比的增加显著提高了本地区 FDI 流入量占全国 FDI 流入总量的比例。[③] Salike（2016）将固定电话使用人数、网络使用人数及铺设道路长度合成一个综合指标，以衡量地区基础设施水平，同样发现其对 FDI 流入存在显著的正面影响。[④]

但需要指出的是，中国的基础设施建设存在一定的资源错配和潜在风险。Shi 等（2014）基于 1995—2011 年中国省级面板数据发现，在 1997 年之前，大多数省份都存在基础设施投资不足的情况，而在 2008 年之后，西部大部分地区都存在基础设施过度投资的问题，而东部和中部地区的基础设施投资依然不足，这说明中国的基础设施建设存在资源错配。[⑤] Ansar 等（2016）通过分析 1984—2008 年中国 19 个省（自治区、直辖市）的数据认为，基础设施只能够在建成初期创造经济繁荣，之后会拖累经济增

---

① Cheng L K, Kwan Y K. What are the determinants of the location of foreign direct investment? The Chinese experience [J]. Journal of International Economics, 2000, 51 (2): 379-400.

Sun Q, Tong W, Yu Q. Determinants of foreign direct investment across China [J]. Journal of International Money and Finance, 2002, 21 (1): 79-113.

Kang S J, Lee H S. The determinants of location choice of South Korean FDI in China [J]. Japan and the World Economy, 2007, 19 (4): 441-460.

孙永平，余珮. 人力资本、FDI 区域分布与经济发展——基于中国面板数据的“卢卡斯之谜”的实证检验 [J]. 经济评论，2008 (5): 26-31.

冼国明，杨长志. 中国外商直接投资的区位决定——基于地区数据的空间计量分析 [J]. 世界经济研究，2009 (1): 60-64，74.

蒋伟. 中国外商直接投资区位决定：基于“第三方效应”的空间计量分析 [J]. 世界经济研究，2012 (1): 75-80，89.

② 刘荣添，林峰. 我国东、中、西部外商直接投资（FDI）区位差异因素的 Panel Data 分析 [J]. 数量经济技术经济研究，2005 (7): 25-34.

冯伟，浦正宁，徐康宁. 中国吸引外资的劳动力优势是否可以持续 [J]. 国际贸易问题，2015 (11): 132-143.

③ 赵祥. 地方政府竞争与 FDI 区位分布——基于我国省级面板数据的实证研究 [J]. 经济学家，2009 (8): 53-61.

④ Salike N. Role of human capital on regional distribution of FDI in China: New evidences [J]. China Economic Review, 2016, 37: 66-84.

⑤ Shi H, Huang S Q. How much infrastructure is too much? A new approach and evidence from China [J]. World Development, 2014, 56: 272-286.

长，而且在依赖债务融资的条件下，基础设施投资会导致通货膨胀和金融风险。① 总之，在当前中国经济增速放缓、经济结构转型的背景下，经济型基础设施是否依然对 FDI 流入产生正效应？这还需要通过实证研究才能够回答。

与现有研究相比，本研究的创新之处主要体现在以下四个方面。第一，本研究将社会型基础设施和经济型基础设施同时纳入了理论模型，并基于此进行了实证研究，探索并比较了两类基础设施对 FDI 流入的差异性影响。第二，本研究从教育和人力资本的三个维度（平均受教育年数、在校大学生占比、各级学校师生比）衡量了中国各地区社会型基础设施的质量。第三，现有研究往往采用中国省级面板数据进行分析，从而忽略了省内各城市之间的差异性，本研究不但采用了省级面板数据，而且采用了地级市面板数据进行补充分析，在一定程度上避免了上述“加总偏误”。第四，本研究采用了 1998—2016 年中国省级面板数据和 1999—2015 年中国地级市面板数据这两套时间跨度较长的数据进行分析，这有利于探索在中国经济增速放缓和经济结构转型时期，基础设施对吸引 FDI 流入和促进开放发展的作用。

7.3　经验研究策略

7.3.1　理论分析与模型设定

我们首先构建一个理论模型来分析社会型基础设施和经济型基础设施对资本回报率的影响，进而分析对 FDI 流入的影响。假设地区生产函数具有 Cobb-Douglas 生产函数的形态，即

$$Y = A K^{\alpha} (EL)^{\beta} S^{1-\alpha-\beta} \tag{7.1}$$

式中，Y 为产出水平；A 为社会的技术水平；K 为物质资本存量；L 为劳动力数量；E 表示社会型基础设施，反映了某地区教育和人力资本水平，

---

① Ansar A, Fluvbjerg B, Budzier A, et al. Does infrastructure investment lead to economic growth or economic fragility? Evidence from China [J]. Oxford Review of Economic Policy, 2016, 32 (3), 360 - 390.

其通过作用于劳动力来促进产出增加，换言之，EL 衡量了有效劳动力数量；S 为经济型基础设施存量，其能够直接影响产出水平；α、β 和 $1-\alpha-\beta$ 分别表示资本、有效劳动力和基础设施的产出弹性，其取值为 0~1。对 K 求偏导数，得到资本的边际回报率

$$r = \alpha A\, K^{\alpha-1}\,(EL)^{\beta}\, S^{1-\alpha-\beta} \tag{7.2}$$

根据式（7.2）可知，

$$\begin{cases} \partial r/\partial E > 0 \\ \partial r/\partial S > 0 \end{cases} \tag{7.3}$$

这意味着社会型基础设施和经济型基础设施的改善都能够提高资本的边际回报率，从而吸引 FDI 流入。进一步将 r 改写为人均形态，即

$$r = \alpha A\, E^{\beta}\, s^{1-\alpha-\beta}/\, k^{1-\alpha} \tag{7.4}$$

式中，s 为人均经济型基础设施存量；k 为人均物质资本存量。从式（7.4）中可以发现，尽管低收入地区（或穷国）较小的 k 能够提高资本的边际回报率，但高收入地区（或富国）较好的 E 和较大的 s 在一定程度上抑制了资本丰裕导致的相对劣势，这便是 Lucas（1990）解释卢卡斯悖论的关键所在①。

根据上述理论分析，并结合中国实际数据，我们设定如下计量方程：

$$\ln FDI_{it} = \gamma_0 + \gamma_1 E_{it} + \gamma_2 S_{it} + \gamma_3 M_{it} + \eta_i + \varepsilon_{it} \tag{7.5}$$

式中，FDI_{it} 为实际利用外商直接投资金额，其中 i 表示省份或地级市，t 表示年份；E 表示社会型基础设施水平；S 表示经济型基础设施水平；M 为控制变量（具体构造见 7.3.2 小节）；γ_0、γ_1、γ_2、γ_3 均为常数；η_i 为省份或地级市固定效应（包括语言文化、地理位置等不随时间变化而变化的因素）；ε_{it} 为随机误差项。根据对数线性模型，在其他条件不变的情况下，E 每上升 0.01 个单位，FDI_{it}将增加 $\gamma_1\%$，而 S 每上升 0.01 单位，FDI_{it}将增加 $\gamma_2\%$。

① Lucas R E. Why doesn't capital flow from rich to poor countries? [J]. The American Economic Review, 1990, 80 (2): 92-96.

7.3.2　变量构造与数据来源

（1）被解释变量：外商直接投资

外商直接投资是本研究的被解释变量。我们首先利用各年份人民币兑美元汇率将各地区实际利用 FDI 金额（单位：万美元）转换为人民币计价，进而采用以 2000 年为基期的各省份和地级市消费者物价指数对上述数据进行平减（并取对数）。

（2）核心解释变量之一：社会型基础设施水平

社会型基础设施水平是本研究的一个核心解释变量。根据现有研究可以发现，目前并没有一个公认的衡量地区社会型基础设施水平的方法或指标，我们从教育和人力资本的角度对各省份和地级市的社会型基础设施水平进行测度，主要涉及以下三个变量。

第一，平均受教育年数。各省份的相应指标为各类受教育程度人口数量的加权平均数，具体构造如下：平均受教育年数＝（6×六岁及以上小学人口数+9×六岁及以上初中人口数+12×六岁及以上高中人口数+16×六岁及以上大专及以上人口数）÷六岁及以上总人口数。地级市的相应指标直接来自《2000 年人口普查分县资料》和《中国 2010 年人口普查分县资料》。平均受教育年数较好地衡量了省份或城市当前的平均人力资本水平。

第二，在校大学生占比（以一百人为基准）。我们用各省份（地级市）普通高等学校在校学生数与该省份（地级市）年末总人口数的比例来衡量。大学生是高质量人力资本的重要代表，因而该变量在一定程度上衡量了省份或城市高质量的人力资本水平。

第三，各级学校师生比（以一万学生为基准）。我们分别对各省份的小学师生比、初中师生比、普通高中师生比和普通高校师生比，以及各地级市的小学师生比、普通中学师生比和普通高校师生比进行因子分析①，从而获得省级数据和地级市数据的第一个主成分，即省级和地级市的师生比指数。教师是最主要的教育资源，且当前的教育资源是创造未来

① 限于篇幅，因子分析的具体过程留存备案。

人力资本的投入要素，[①] 因而我们将该变量视为未来的人力资本水平的代理变量。

（3）核心解释变量之二：经济型基础设施水平

经济型基础设施水平是本研究的另一个核心解释变量，我们从交通基础设施的角度进行测度。公路和铁路都是交通基础设施的重要组成部分，且两者存在高度正相关性，因而我们对各省份人均公路里程（并取对数）和人均铁路里程（并取对数）进行因子分析，并提取第一个主成分作为地区交通基础设施的代理变量，即各省份的交通基础设施指数。

鉴于地级市并没有系统的公路和铁路里程数据，我们将各省份的公路和铁路里程按照省内各地级市的经济规模（GDP）进行分配，从而得到各地级市的公路和铁路里程的估计值，并根据这两个估计值进行因子分析和第一个主成分提取，得到各地级市的交通基础设施指数。

（4）控制变量

为了尽量减少遗漏变量带来的估计偏误，我们引入了以下两个控制变量。

第一，第二产业集聚程度。我们采用各省份（地级市）第二产业占该省份（地级市）GDP 的比例与全国第二产业占全国 GDP 的比例的比值来衡量，即地区工业化率/全国工业化率。第二产业集聚产生的基础设施共享效应及劳动力匹配效率的提升都是吸引跨国公司进行直接投资的重要因素。

第二，总人口。我们采用各省份（地级市）年末总人口（并取对数）来衡量。人口规模较好地衡量了一个地区的市场规模，当 FDI 是以占领本地市场为目标来进行服务业的投资时，人口规模是其关注的主要因素。同时，将总人口的对数纳入模型相当于对各变量都进行了人均化处理，从而使得计量经济模型的设定与理论模型的推断相一致。

（5）数据来源

省级 FDI 数据来自中国企业家投融资俱乐部（China Entrepreneur Investment Club，CEIC）数据库，其他省级数据来自相应年份的《中国统

① 吴伟伟，章禄禄. 财政性教育投入影响 FDI 的区位选择吗？基于人力资本流动视角的实证研究［J］. 教育与经济，2017（1）：48－58.

表 7.1　基本统计量

省级变量								
类　型		变 量 名 称	单　位	观测值	平均数	标准差	最小值	最大值
被解释变量		外商直接投资（取对数）	万元	577	13.785	1.839	8.243	16.932
核心解释变量	社会型基础设施	在校大学生占比	—	589	1.317	0.763	0.116	3.565
		小学师生比	—	403	601.708	116.892	377.074	1 018.330
		初中师生比	—	403	715.082	155.336	407.000	1 246.883
		普通高中师生比	—	403	655.373	134.616	431.406	1 290.323
		普通高校师生比	—	403	587.503	48.353	516.529	926.784
		师生比指数	—	403	0.000	1.000	−2.034	3.482
		平均受教育年数	年	496	8.387	1.223	3.738	12.304
	经济型基础设施	人均公路里程（取对数）	公里/万人	589	3.163	0.740	1.301	5.518
		人均铁路里程（取对数）	公里/万人	589	0.565	0.329	0.000	1.772
		交通基础设施指数	—	589	0.000	1.000	−2.142	3.065
控制变量		第二产业集聚程度	—	589	0.993	0.183	0.434	1.273
		总人口（取对数）	万人	589	8.063	0.869	5.529	9.306

续 表

地级市变量								
类型		变量名称	单位	观测值	平均数	标准差	最小值	最大值
被解释变量		外商直接投资（取对数）	万元	4 814	10. 943	2. 190	0. 000	16. 064
核心解释变量	社会型基础设施	在校大学生占比	—	4 657	1. 297	1. 936	0. 000	12. 937
		小学师生比	—	4 771	565. 574	142. 169	187. 680	1 975. 625
		普通中学师生比	—	4 771	662. 200	174. 999	8. 035	2 274. 085
		普通高校师生比	—	4 538	672. 007	366. 135	121. 383	7 090. 069
		师生比指数	—	4 538	0. 000	1. 000	−2. 128	10. 422
		平均受教育年数	年	580	8. 300	1. 027	5. 080	11. 710
	经济型基础设施	人均公路里程（取对数）	公里/万人	4 991	3. 002	0. 893	0. 278	7. 532
		人均铁路里程（取对数）	公里/万人	4 991	−0. 557	0. 957	−3. 977	3. 660
		交通基础设施指数	—	4 991	0. 000	1. 000	−3. 089	4. 941
控制变量		第二产业集聚程度	—	4 993	1. 050	0. 250	0. 191	1. 980
		总人口（取对数）	万人	5 001	5. 834	0. 702	2. 660	8. 124

注：各变量的时间跨度不完全一致。在省级变量中，师生比相关变量对应从 2004 年到 2016 年的数据，平均受教育年数对应从 2001 年到 2016 年的数据，其他变量均对应 1998—2016 年的数据。在地级市变量中，对于平均受教育年数，只有 2000 年和 2010 年的普查数据，其他变量均对应 1999—2015 年的数据。

计年鉴》。地级市平均受教育年数数据来自《2000 年人口普查分县资料》和《中国 2010 年人口普查分县资料》，其他地级市数据来自相应年份的《中国城市统计年鉴》。

被解释变量、核心解释变量、控制变量的基本统计量如表 7.1 所示。

7.4　估计结果分析

7.4.1　基础设施对 FDI 流入的影响：省级层面的证据

表 7.2 显示了省级层面社会型基础设施和经济型基础设施影响 FDI 流入的估计结果。为了避免社会型基础设施各变量相关性导致的多重共线性，我们逐一引入相关变量。其中，模型（1）、模型（3）、模型（5）、模型（7）对应固定效应的估计结果，而模型（2）、模型（4）、模型（6）、模型（8）对应随机效应的估计结果。针对省份固定效应 η_i 的 F 检验显示，固定效应的估计结果明显优于混合 OLS 的估计结果。豪斯曼（Hausman）检验进一步表明，固定效应的估计结果明显优于随机效应的估计结果。因此，我们主要根据固定效应的估计结果进行分析。具体的结果分析如下。

第一，在各模型中，交通基础设施指数的系数都显著为正，这意味着经济型基础设施的改善依然是吸引 FDI 流入的重要方式。根据模型（1）的估计结果，在其他变量不变的情况下，交通基础设施指数每上升 0.01，一省的 FDI 流入量将相应上升 1.265 1%。但在加入人力资本相关变量之后，交通基础设施指数的系数明显下降，从模型（1）的 1.265 1 下降至 1 以下，这说明在忽视社会型基础设施的情况下，我们可能高估了经济型基础设施对于吸引 FDI 流入的重要性。

第二，根据模型（3）、模型（5）、模型（7）的估计结果，社会型基础设施各变量都显著为正，这说明改善教育和人力资本是促进 FDI 流入的有效手段，但不同社会型基础设施变量的作用有所不同。在其他变量保持不变的情况下，在校大学生占比每上升 0.01，一省的 FDI 流入量将相应上升

表 7.2 基础设施与 FDI 流入——基于省级数据的估计结果

	模型（1）	模型（2）	模型（3）	模型（4）	模型（5）	模型（6）	模型（7）	模型（8）
被解释变量	外商直接投资（取对数）							
在校大学生占比			0.435 7*** [0.087 0]	0.744 8*** [0.075 5]				
师生比指数					0.457 9*** [0.073 0]	0.618 1*** [0.059 9]		
平均受教育年数							0.394 9*** [0.091 3]	0.650 1*** [0.067 0]
交通基础设施指数	1.265 1*** [0.075 8]	1.155 6*** [0.069 6]	0.878 4*** [0.107 1]	0.449 4*** [0.094 1]	0.437 7*** [0.141 9]	-0.049 7 [0.117 1]	0.882 3*** [0.118 8]	0.476 8*** [0.097 6]
第二产业集聚程度	1.428 1*** [0.327 1]	1.638 7*** [0.324 5]	1.142 7*** [0.325 1]	1.321 5*** [0.306 9]	1.474 4*** [0.409 3]	1.982 6*** [0.385 5]	1.439 7*** [0.370 4]	1.691 1*** [0.349 2]
总人口（取对数）	2.528 5*** [0.373 7]	2.094 7*** [0.194 8]	1.667 0*** [0.404 1]	1.420 3*** [0.180 7]	0.671 9 [0.658 3]	1.189 3*** [0.194 5]	1.595 3*** [0.580 6]	1.215 9*** [0.205 4]
观测值	577	577	577	577	399	399	489	489
组内 R^2	0.633 4	0.632 0	0.649 6	0.638 6	0.465 5	0.446 2	0.587 7	0.576 4
F 值/χ^2	312.665 6	767.724 2	251.174 5	942.282 3	79.250 8	345.352 4	161.803 1	632.424 8
p 值	0.000 0	0.000 0	0.000 0	0.000 0	0.000 0	0.000 0	0.000 0	0.000 0
F 检验：$\eta_i=0$	102.064 8		44.968 6		33.002 1		43.199 2	
Hausman 检验	84.07		72.94		36.32		19.96	
估计方法	固定效应	随机效应	固定效应	随机效应	固定效应	随机效应	固定效应	随机效应

注：1. ***、**、*分别对应 1%、5%、10%的显著性水平。
2. F 值适合固定效应，χ^2值适合随机效应。
3. [ ] 内为稳健标准误。
4. 表中省略了常数项的估计结果。

0.435 7%。类似地，师生比指数每上升 0.01，一省的 FDI 流入量将相应上升 0.457 9%。而平均受教育年数每上升 0.1，一省的 FDI 流入量将相应上升 3.949%。上述结果表明，FDI 不但关注一个省份当前的平均人力资本水平，也关注高质量的人力资本水平，同时还关注未来的人力资本水平。

控制变量的估计结果也具有启发性。首先，第二产业集聚程度的系数始终显著为正，根据模型（3）的估计结果，在其他变量给定的情况下，第二产业集聚程度每上升 0.01，一省的 FDI 流入量将相应上升 1.142 7%，这可能是因为第二产业集聚实现了规模经济，不但摊薄了基础设施的平均建设成本，还提高了劳动力市场的匹配效率。[①] 其次，总人口也显著为正，根据模型（3）的估计结果，总人口每上升 0.01，一省的 FDI 流入量将相应上升 1.667 0%，这意味着人口规模一直是 FDI 重视的因素。

7.4.2　基础设施对 FDI 流入的影响：城市层面的证据

表 7.3 显示了地级市层面社会型基础设施和经济型基础设施影响 FDI 流入的估计结果。其中，模型（9）、模型（11）、模型（13）、模型（15）对应固定效应的估计结果，而模型（10）、模型（12）、模型（14）、模型（16）对应随机效应的估计结果。针对地级市固定效应 η_i 的 F 检验同样显示，固定效应的估计结果明显优于混合 OLS 的估计结果。Hausman 检验也表明，固定效应的估计结果明显优于随机效应的估计结果。因此，我们主要根据固定效应的估计结果进行分析。从总体上看，基于地级市数据的估计结果和基于省级数据的估计结果在系数的方向与显著性上基本一致，考虑到省级数据忽略了省内各城市的差异性，因而地级市数据有利于避免这一“加总偏误”。具体的结果分析如下。

第一，在引入社会型基础设施相关变量之前，经济型基础设施变量的系数显著为正，根据模型（9）的估计结果，交通基础设施指数每上升 0.01，城市 FDI 流入量将相应上升 1.273 9%。但在加入人力资本相关变量之后，交通基础设施指数的系数明显下降，且在模型（15）中变得不再显著。

① 我们还引入过第三产业集聚程度，但并不显著，因而没有展示在最终的模型中。相关结果留存备索。

表 7.3　基础设施与 FDI 流入——基于地级市数据的估计结果

	模型（9）	模型（10）	模型（11）	模型（12）	模型（13）	模型（14）	模型（15）	模型（16）
被解释变量	外商直接投资（取对数）							
在校大学生占比			0. 105 3*** [0. 021 2]	0. 156 9*** [0. 019 8]				
师生比指数					0. 228 7*** [0. 030 1]	0. 266 2*** [0. 028 7]		
平均受教育年数							0. 972 1*** [0. 224 5]	1. 431 6*** [0. 108 7]
交通基础设施指数	1. 273 9*** [0. 053 2]	1. 131 6*** [0. 048 6]	1. 122 8*** [0. 063 1]	0. 854 1*** [0. 057 1]	0. 972 1*** [0. 062 8]	0. 814 7*** [0. 055 7]	0. 318 3 [0. 318 3]	0. 502 1*** [0. 126 5]
第二产业集聚程度	1. 204 4*** [0. 150 4]	1. 384 7*** [0. 143 1]	1. 327 4*** [0. 161 7]	1. 630 0*** [0. 150 4]	0. 918 4*** [0. 153 1]	1. 091 3*** [0. 145 1]	1. 259 6* [0. 654 7]	1. 042 9*** [0. 396 8]
总人口（取对数）	2. 222 5*** [0. 196 7]	2. 290 7*** [0. 120 1]	1. 923 7*** [0. 233 0]	2. 001 1*** [0. 119 7]	2. 029 7*** [0. 215 4]	1. 994 1*** [0. 122 6]	−0. 521 1 [1. 035 9]	1. 124 3*** [0. 161 4]
观测值	480 2	480 2	451 2	451 2	439 3	439 3	536	536
组内 R^2	0. 259 3	0. 258 6	0. 259 4	0. 256 3	0. 267 2	0. 266 2	0. 452 4	0. 424 7
F 值/χ^2	526. 327 3	1616. 626 6	369. 554 2	1547. 424 6	373. 943	1 547. 655 2	52. 046 7	381. 513 2
p 值	0. 000 0	0. 000 0	0. 000 0	0. 000 0	0. 000 0	0. 000 0	0. 000 0	0. 000 0
F 检验：$\eta_i=0$	38. 239 2		28. 367 6		36. 418 4		2. 846 1	
Hausman 检验	60. 29		141. 73		35. 17		18. 50	
估计方法	固定效应	随机效应	固定效应	随机效应	固定效应	随机效应	固定效应	随机效应

注：1. ***、**、*分别对应 1%、5%、10%的显著性水平。
2. F 值适合固定效应，χ^2 值适合随机效应。
3. [ ] 内为稳健标准误。
4. 表中省略了常数项的估计结果。

表 7.4　基础设施与 FDI 流入——滞后一期变量的估计结果

	模型（17）	模型（18）	模型（19）	模型（20）	模型（21）	模型（22）	模型（23）	模型（24）
被解释变量	外商直接投资（取对数）				外商直接投资（取对数）			
在校大学生占比×（$t-1$）		0.626 6*** [0.086 6]				0.096 4*** [0.020 2]		
师生比指数×（$t-1$）			0.382 5*** [0.069 7]				0.172 8*** [0.030 0]	
平均受教育年数×（$t-1$）				0.433 7*** [0.091 6]				1.046 5*** [0.205 7]
交通基础设施指数×（$t-1$）	1.234 9*** [0.082 7]	0.707 1*** [0.107 4]	0.372 9*** [0.130 1]	0.773 4*** [0.119 0]	1.157 1*** [0.055 2]	1.020 8*** [0.059 7]	0.934 9*** [0.061 0]	−0.075 6 [0.291 4]
第二产业集聚程度×（$t-1$）	1.493 9*** [0.361 9]	1.005 9*** [0.351 6]	0.934 2** [0.417 8]	1.270 8*** [0.412 4]	1.195 4*** [0.158 2]	1.074 2*** [0.155 9]	0.724 0*** [0.153 4]	1.575 3*** [0.606 7]
总人口（取对数）×（$t-1$）	2.501 6*** [0.401 4]	1.163 5*** [0.425 0]	0.320 1 [0.641 9]	1.132 9* [0.610 0]	2.491 1*** [0.206 3]	2.003 1*** [0.220 1]	2.121 7*** [0.211 0]	−0.100 2 [0.955 7]
观测值	548	548	369	459	452 7	422 7	411 6	534
组内 R^2	0.611 3	0.647 3	0.390 9	0.540 1	0.234 4	0.249 5	0.243 0	0.454 1
F 值	269.459 6	235.399 8	53.590 6	124.479 9	432.334 9	327.015 2	306.949 7	52.413 3
p 值	0.000 0	0.000 0	0.000 0	0.000 0	0.000 0	0.000 0	0.000 0	0.000 0
数据与方法	省级数据固定效应				地级市数据固定效应			

注：1. ***、**、*分别对应 1%、5%、10%的显著性水平。
2. [ ] 内为稳健标准误。
3. 表中省略了常数项的估计结果。

第二，社会型基础设施各变量同样显著为正，这与表 7.2 的结果一致，这意味着社会型基础设施是促进 FDI 流入的重要因素。在其他变量不变的情况下，在校大学生占比每上升 0.01，城市 FDI 流入量将相应上升 0.105 3%。类似地，师生比指数每上升 0.01，城市 FDI 流入量将相应上升 0.228 7%。而平均受教育年数每上升 0.1，城市 FDI 流入量将相应上升 9.721%。上述结果表明，改善一个城市的社会型基础设施，特别是当前的平均人力资本水平、高质量的人力资本水平及未来的人力资本水平对于吸引 FDI 流入都具有积极意义。

为了避免 FDI 与各变量之间互为因果效应，我们采用滞后一期的变量并重新估计了各模型。表 7.4 显示了相应的固定效应的估计结果。相关检验同样显示，固定效应的估计结果显著优于混合 OLS 的估计结果和随机效应的估计结果。我们可以发现，滞后一期变量的估计结果与相应基准模型的估计结果相比，无论是系数的规模、方向还是显著性程度都基本一致。经济型基础设施对 FDI 流入依然存在显著的正效应，同时社会型基础设施也依然是吸引 FDI 流入的关键因素。总之，基于模型估计结果得到的结论是比较稳健的。

7.5 主要结论与政策含义

加强基础设施建设、发挥人力资本作用是供给侧结构性改革的两大主攻方向。[①] 本研究基于中国省级和地级市的面板数据，探索了社会型基础设施和经济型基础设施对于吸引 FDI 流入的作用。研究发现，FDI 会关注一个省份或城市的社会型基础设施，包括当前的平均人力资本水平、高质量的人力资本水平及未来的人力资本水平，同时经济型基础设施也是促进 FDI 流入的积极因素。

本研究具有显著的理论和现实意义。一方面，本研究有助于我们更深入地理解在世界经济复苏乏力、中国经济结构转型的背景下，FDI 在中国

① 陈和. 深化供给侧结构性改革［M］//《党的十九大报告辅导读本》编写组. 党的十九大报告辅导读本. 北京：人民出版社，2017.

选址的内在规律，特别是社会型基础设施在其中起到的重要作用。另一方面，本研究有助于我们设计和调整基础设施相关的公共政策，打造良好的投资环境以形成全面开放新格局。同时，本研究也是对发展中国家基础设施经济效应研究的有益补充，具体的政策启示如下。

第一，应充分重视社会型基础设施对于吸引 FDI 流入的关键作用，积极提高各省份和城市的人力资本水平。党的十九大报告强调“人才强国战略”，指出“人才是实现民族振兴、赢得国际竞争主动的战略资源”。较高的人力资本水平不但能够提高跨国公司的资本回报率，而且可以使该省份或城市具有更高的“吸收能力”，从而吸引更多技术密集型、高附加值的 FDI 流入。根据本研究的实证结果，我们认为：一方面，应进一步加大高等教育投入，通过逐步提升高等教育人口比例来提高一个省份或城市的高质量的人力资本水平；另一方面，应进一步改善教师待遇、加强师资队伍建设，通过提升师生比来扩大教育资源供给规模和质量，从而为一个省份或城市未来的人力资本水平的提高奠定基础。

第二，应理性看待经济型基础设施对于吸引 FDI 流入的支撑作用，在加强经济型基础设施建设的同时调整基础设施供给方式。经济型基础设施具有公共产品的属性，是提高供给体系质量的基础条件，对国民经济发展有重要支撑作用。较好的交通基础设施能够显著降低运输成本，从而提高跨国公司的资本回报率。根据本研究的实证结果，我们发现，交通基础设施依然是吸引 FDI 流入的积极因素，因而应进一步加强交通基础设施建设、提高互联互通水平，这是未来吸引 FDI 流入的可选政策手段。但与此同时，也应该清醒地认识到当前基础设施供给方式的一些缺陷，特别是高度依赖债务的融资模式，在中国经济增速放缓的背景下，这可能会加剧一些财力薄弱地区的金融风险。因此，我们认为，应及时调整基础设施融资模式，提高中央财政在基础设施建设中的支出比例，真正回归基础设施的公共产品性质。

尽管本研究同时采用了省级和地级市数据进行实证研究，并得到了较为稳健的实证结果，但仍然存在不少缺陷和有待改进之处。首先，由于影响 FDI 流入的因素众多，且一些重要因素难以衡量（如营商环境、政府效率等），本研究不可避免地存在变量遗漏偏误。其次，尽管本研究从经验的角度揭示了经济型基础设施和社会型基础设施对 FDI 流入的影响，但还未能识别出两者影响 FDI 流入的具体机制。最后，由于发展水平、制度安排等差异性，本研究的结论对于各省份和城市的适用性还有待进一步考察。总之，这都是未来可研究的方向。

第 8 章　基础设施与民生幸福：来自天然气普及的证据

我们所做的一切都是要让人民生活得更加幸福、更有尊严。

——温家宝　2010 年国务院《政府工作报告》

本章从天然气普及的角度探索了清洁能源基础设施对居民幸福感的影响。本章将中国综合社会调查和省级宏观经济数据进行匹配，利用普通最小二乘法（OLS）和有序选择（Ordered Probit）模型对幸福感计量方程进行了估计。研究发现，天然气普及显著提升了居民幸福感。进一步的分析表明，在工业污染排放较高的地区，天然气普及对居民幸福感的提升作用更为明显。本章的研究不仅有助于我们理解影响中国居民幸福感的潜在因素，还有助于我们设计和调整清洁能源基础设施的相关政策，从而进一步提升社会福祉。

8.1　研究背景

8.1.1　清洁能源与幸福感

改善社会民生、提高国民幸福，是一国社会经济发展的重要目标。党的十九大报告指出，“中国共产党人的初心和使命，就是为中国人民谋幸福，为中华民族谋复兴”，要“不断满足人民日益增长的美好生活需要……使人民获得感、幸福感、安全感更加充实、更有保障、更可持续”。近年来，面对经济增速放缓和经济结构转型的困境，国家将“补短板、惠民生”作为深化供给侧结构性改革的主要举措之一。2019 年 9 月，国家发布《为人民谋幸福：新中国人权事业发展 70 年》，指出“人民幸福生活是最大的人权”。

长期以来，学者对中国居民幸福感决定因素及其相关的公共政策进行了深入而广泛的探索，得到了一系列富有启发性的研究成果。经验研究普遍发现，在影响中国居民幸福感的诸多因素中，不但存在一些与其他国家共通的因素，如性别、年龄、婚姻、就业、居住地、宗教信仰等，还存在一些特定的、与中国经济发展阶段相关的因素，如机会不均、户籍制度、住房价格、环境污染等。[①]

尽管现有研究意义重大、影响深远，但尚未充分重视清洁能源的普及给居民幸福感带来的积极影响。进入 21 世纪以来，以天然气为代表的清洁能源的供应迅速增加并普及使用，在一定程度上转变了中国“以煤为主”的传统能源结构。同时，天然气具有清洁、安全的特征，不但有助于改善空气质量，而且给千家万户的生活带来积极影响。

图 8.1 展示了中国天然气消费占比与居民主观幸福感[②]的变化趋势。我们采用天然气消费总量占能源（包括煤炭、石油、天然气、水电、核电、风电等）消费总量的比重来衡量天然气消费占比。从图中可以发现，从 2000 年到 2018 年，居民主观幸福感呈现总体上升趋势，从 2003 年的 3.27 上升至 2011 年的 3.90，之后有所回落，但到 2015 年，又反弹至 3.87。与此同时，中国天然气消费占比持续上升，从 2000 年的 2.20% 持续上升至 2018 年的 7.80%。在这整个时期，天然气消费总量年均增长率[③]达到 14.4%，显著高于经济增长率。

8.1.2 研究问题的提出

图 8.1 中天然气消费和居民主观幸福感的正相关关系启发我们思考一

---

① 潘春阳. 机会平等与社会福祉：中国“伊斯特林悖论”再探索［M］. 上海：上海人民出版社，2019.

② 关于居民主观幸福感的衡量详见本章 8.3 节。

③ 本章中年均增长率的计算方式与第 5 章相同。

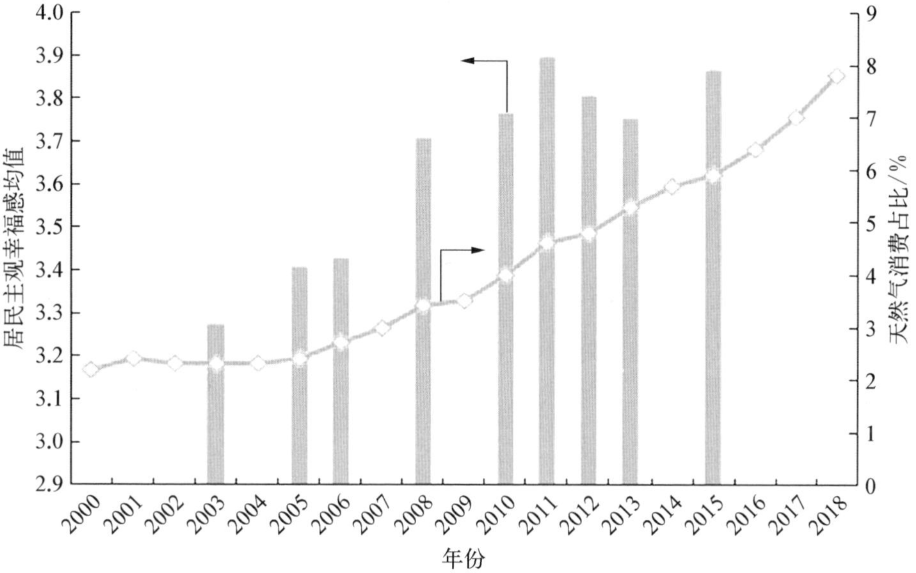

图 8.1　中国天然气消费占比与居民主观幸福感的变化趋势

数据来源：根据历次中国综合社会调查和相应年份的《中国统计年鉴》计算整理。

个重要问题，即天然气的使用和普及是否改善了居民幸福感？换言之，“天然气”和“幸福感”之间是否存在因果关系？如果上述问题的答案是肯定的，那么实现这一效应的内在机制又是什么？

为了回答上述问题，我们将 5 次（2010 年、2011 年、2012 年、2013 年、2015 年）中国综合社会调查（Chinese General Social Survey，CGSS）的微观数据与省级宏观数据进行匹配，并利用 OLS 和 Ordered Probit 模型对幸福感计量方程进行估计。研究发现，天然气使用的普及显著提升了居民幸福感。进一步的分析表明，在工业污染排放较高的地区，天然气普及的积极效应更为明显。

显然，对天然气和幸福感关系的研究具有重要的理论和政策意义。一方面，本研究有助于我们更深入地理解在当前中国经济的发展模式下，影响居民幸福感的内在因素，特别是以天然气为代表的清洁能源基础设施的改善对于提升居民幸福感的作用。另一方面，本研究对于调整和设计清洁能源基础设施相关政策具有启发性意义。同时，本研究也是对发展中国家能源基础设施社会经济效应研究的有益补充。

值得指出的是，目前还没有关于中国天然气普及影响居民幸福感的研究，本研究致力于填补这一学术空白。

8.2 中国天然气发展历程

天然气指以气态碳氢化合物为主的各种气体的混合物，由有机物质经生物化学作用分解而成，或与石油共存于岩石的裂缝和空洞中，或以溶解状态存在于地下水中；主要成分为甲烷（占 85%～95%），还有乙烷、丙烷、丁烷等，是一种优质燃料和化工原料。①

天然气是一种安全、清洁、高效能源。一方面，天然气无色无味，无毒无腐蚀性，密度小于空气，泄漏后向上散逸，不会产生聚集爆炸。另一方面，天然气几乎不含有硫和粉尘，使用天然气代替煤和石油，能够显著降低颗粒物、二氧化碳、二氧化硫、氮氧化物等污染物的排放，减少酸雨并降低温室效应，从而改善大气质量。同时，天然气热值较高，1 m^3天然气燃烧产生的热量是同体积人工煤气的两倍多。基于上述原因，用天然气等清洁能源来替代污染性较高的传统能源是中国能源产业发展的重要方向，也是促进中国可持续发展的重要政策。

中华人民共和国成立以来，国家便开始组织力量勘探天然气资源，勘探工作主要集中在四川盆地、陕甘宁地区、塔里木盆地及沿海地区，并发现多个小型气田。从 1949 年到 1975 年，中国的天然气产量从 700 万立方米迅速上升至 88.5 亿立方米。之后，由于国家将勘探重心放在石油领域，天然气产业发展相对缓慢。从 1976 年到 2000 年，天然气产量从 100 亿立方米增加到 272 亿立方米。自 2001 年以来，中国天然气产业开始加速发展。“西气东输”“川气东送”等大型能源工程陆续上马，逐步形成鄂尔多斯盆地、塔里木盆地、四川盆地、南海海域四大天然气生产基地。②

---

① 参考《能源统计报表制度（2019）》。

② 朱彤. 中国能源工业七十年回顾与展望［J］. China Economist, 2019, 14（1）: 34－65.

党的十九大报告强调，要“推进能源生产和消费革命，构建清洁低碳、安全高效的能源体系”。2018 年，国务院发布《关于促进天然气协调稳定发展的若干意见》，从加强产供储销体系建设和深化天然气领域改革两个方面，部署了勘探开发、多元供应、储备体系、基础设施、供需预测、综合协调、需求管理、应急保障、价格机制、安全运营这 10 个方面的改革措施，构建了中国天然气协调稳定发展的总体框架。

基于此，国家加快天然气产供储销体系建设，强化天然气发展顶层设计，大力提升勘探开发力度，完善重点地区基础设施布局。由此，中国的天然气发展达到了一个新的高度。2018 年，中国天然气消费量达 2 803 亿立方米，在一次能源消费中占比达 7.8%，且各省份天然气消费都明显提升。同时，天然气相关基础设施不断完善，截至 2018 年年底，中国天然气干线管道总里程达 7.6 万公里，一次输气能力达 3 200 亿立方米/年。①

图 8.2 展示了改革开放以来的天然气产量与经济增长，天然气产量②是指进入集输管网和就地利用的全部气量。从图中可以发现，第一，从

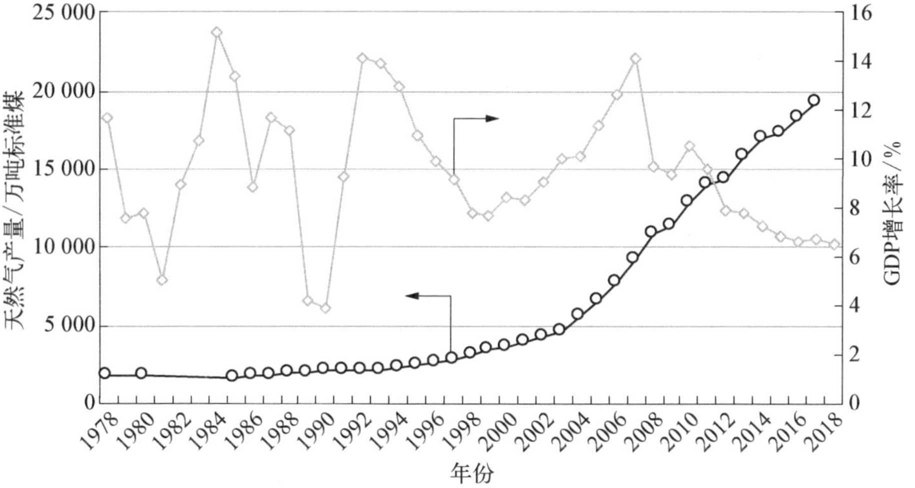

图 8.2　改革开放以来的天然气产量与经济增长

数据来源：根据相应年份的《中国统计年鉴》计算整理。

① 参考《中国天然气发展报告（2019）》。

② 计算公式：天然气产量=销售量+企业自用气量+损耗量及输差+期末库存-期初库存。

1978 年到 2017 年，中国的天然气产量从 1 820 万吨标准煤持续上升至 19 359 万吨标准煤，年均增长率达到 7.88%，可见中国天然气发展成就显著。第二，从发展趋势上看，中国的天然气生产可以分为两个阶段：第一阶段从 1985 年到 2001 年，中国天然气生产年均增长率约为 5.42%；第二阶段从 2001 年到 2017 年，中国天然气生产年均增长率达到 10.71%。可见，中国天然气生产是从 2001 年之后开始加速的，而且近十年来，随着中国经济增速的下滑，中国天然气产量依然保持快速增长的趋势。

8.3 经验研究策略

8.3.1 幸福感计量方程设定

为了探索天然气使用和普及对于居民幸福感的影响，本研究设定如下幸福感计量方程

$$Happy_{ipt} = \alpha \ln Y_{ipt} + \beta \ln(NGAS)_{pt} + \gamma M_{ipt} + \delta N_{pt} + \theta_t + \mu_p + \varepsilon_{ipt} \tag{8.1}$$

式中，i 为被调查者；p 为被调查者所在省份；t 为年份；$Happy_{ipt}$ 为被调查者的主观幸福感；$\ln Y_{ipt}$ 为被调查者的收入（取对数）；$\ln(NGAS)_{pt}$ 为 p 省 t 年的人均天然气消费，反映了清洁能源基础设施的规模；M 和 N 分别为个体层面和省份层面的控制变量（变量的相关设定详见 8.3.3 小节）；θ_t 和 μ_p 分别为年份和省份固定效应；ε 为误差项；α、β、γ、δ 均为待估参数，其中 α 衡量了收入水平对居民幸福感的影响，β 衡量了清洁能源基础设施对居民幸福感的影响，这两者是本研究的重点关注对象，我们预测 $\alpha > 0$ 且 $\beta > 0$。

主观幸福感是一个 5 项有序选择变量，其相邻选项之间的距离没有可比性，因此直接使用 OLS 进行估计可能会产生偏误，相关研究往往采用 Ordered Probit 模型进行估计。但相关研究也发现，对于 Ordered Probit 模型的被解释变量，采用 OLS 和 Ordered Probit 模型估计得到的结果在系数的方向和显著性上具有一致性，而且 OLS 的估计结果更便于解释系数的经

济学含义，因此在本研究中，我们同时展示了 OLS 和 Ordered Probit 模型的估计结果，但主要根据 OLS 的估计结果进行分析。

8.3.2 理论分析与模型设定

为了获得被调查者对清洁能源的边际支付意愿，我们令上述幸福感变量的全微分为 0，即

$$\mathrm{d}Happy = (\partial Happy/\partial NGAS) \times \mathrm{d}NGAS + (\partial H/\partial Y) \times \mathrm{d}Y = 0 \quad (8.2)$$

经计算整理，可以得到被调查者对天然气普及的边际支付意愿（Marginal Willingness to Pay，MWTP）

$$MWTP \equiv \mathrm{d}Y/\mathrm{d}NGAS = -(\beta/\alpha)(Y/NGAS) \quad (8.3)$$

对式（8.3）的一个直观解释是，个人愿意支付 *MWTP* 数量的货币以增加 1 单位天然气的使用，从而保持效用水平（即幸福感）不变。由于 *MWTP* 随着 *Y* 和 *NGAS* 的变化而变化，因此我们用这两个变量的样本均值进行替代，从而获得平均边际支付意愿，即

$$AMWTP = -(\beta/\alpha)(\overline{Y}/\overline{NGAS}) \quad (8.4)$$

8.3.3 变量构造与数据来源

（1）被解释变量：主观幸福感

主观幸福感是本研究的被解释变量。每一轮 CGSS 都调查了被访者对生活的主观评价，尽管不同年份调查幸福感的问题表述和备选项顺序存在一些差异，但都将被访者的主观幸福感（或快乐程度）由低到高分为 5 个层次，依次为“非常不幸福”“不幸福”“一般”“幸福”“非常幸福”，我们相应将其赋值为 1、2、3、4、5，从而得到一个衡量主观幸福感的有序选择变量。

（2）核心解释变量：天然气普及程度

天然气普及程度是本研究的核心解释变量，我们用各省份人均天然气消费的对数进行衡量（单位：m^3/人），这一变量也在一定程度上反映了天

然气基础设施的规模。

(3) 个人层面的控制变量

为了尽量避免变量遗漏导致的估计偏误，我们根据幸福感实证研究，引入了一系列个人层面的控制变量。

第一，收入水平，用被调查者个人年收入的对数来衡量。

第二，性别，定义如下："男性" =1，"女性" =0。

第三，年龄，以及年龄的平方（除以 1 000）。

第四，受教育水平，用被调查者获得相应学历所需的最少时间来衡量，"文盲" 为最低值 0，"研究生学历" 为最高值 19。

第五，自评健康程度，用被调查者对自身健康状况的主观评价来衡量。与幸福感类似，分为 5 个水平，分别赋值为 "非常差" =1、"比较差" =2、"一般" =3、"比较好" =4、"非常好" =5。

第六，城镇户籍，定义如下："城镇户籍" =1，"农村户籍" =0。

第七，婚姻状况，定义如下："已婚" =1，"未婚或离婚" =0。

第八，失业，定义如下："失业" =1，"全职就业或兼职就业" =0。

(4) 省份层面的控制变量

我们进一步引入了省份层面的控制变量。

第一，工业化水平，用所在省份工业增加值占 GDP 的比例来衡量。一个地区的工业化水平不但影响该地区对能源的需求，而且还可能对居民幸福感产生影响，因此我们将这一变量纳入模型。

第二，开放程度，用所在省份进出口总额占 GDP 的比例来衡量。一个地区的开放程度可能与天然气的进口直接相关，而且也会对居民幸福感产生影响，[①] 这是我们将该变量纳入模型的原因。

第三，单位工业产值排放（取对数），用所在省份二氧化硫排放量与工业增加值的比值的对数，即单位工业增加值二氧化硫排放量的对数来衡量，其反映了一个地区的工业排放程度和污染水平。利用这一变量，我们试图探索在不同工业污染排放程度的地区，清洁能源普及对居民幸福感的

---

① 马汴京，蔡海静. 经济全球化如何影响了中国居民幸福感——来自 CGSS2008 的经验证据 [J]. 财贸经济，2014 (7)：116-127.

差异性影响。

（5）数据来源

本研究所使用的数据主要有两个来源。第一，CGSS，我们采用了 2010 年、2011 年、2012 年、2013 年、2015 年这 5 次的 CGSS 微观数据，从中获得了被调查者主观幸福感、个人年收入、人口统计学因素等微观变量。这 5 次调查覆盖了中国 31 个省（自治区、直辖市），有效样本超过 5 万个，具有较好的全国代表性，且这 5 次调查使用了相同的抽样方案，具有较好的可比性。第二，相应年份的《中国统计年鉴》，我们从中获得了各省份天然气消费、生产总值等宏观变量。我们根据年份和省份对上述微观变量和宏观变量数据进行匹配，得到了一个总样本量为 45 697 的跨时截面数据。

上述被解释变量、核心解释变量、控制变量的基本统计量如表 8.1 所示，其中单位工业产值排放只作为协调变量，并不纳入基本统计量的表格。

表 8.1　基本统计量

变量名称	观测值	平均数	标准差	最小值	最大值
主观幸福感	45 697	3.818 1	0.847 4	1	5
人均天然气消费（取对数）	45 697	0.012 9	0.012 6	0.000 4	0.072 8
个人年收入（取对数）	45 697	9.264 3	1.286 9	7.313 2	13.774 7
性别：男	45 697	0.497 1	0.500 0	0	1
年龄	45 697	48.967 6	15.925 3	17	102
年龄的平方/1 000	45 697	2.651 4	1.620 5	0.289 0	10.404 0
受教育水平	45 697	8.723 3	4.602 9	0	19
自评健康程度	45 697	3.530 1	1.127 1	1	5
城镇户籍	45 697	0.420 2	0.493 6	0	1
已婚	45 697	0.807 3	0.394 4	0	1
失业	45 697	0.317 8	0.465 6	0	1
工业化水平	45 697	0.474 4	0.078 7	0.197 4	0.590 5
开放程度	45 697	0.305 6	0.327 7	0.015 2	1.457 4

8.4 估计结果分析

8.4.1 天然气普及的幸福感效应估计

表8.2显示了不同变量设定下幸福感计量方程的估计结果。模型（1）~（3）使用OLS进行估计，其中模型（1）没有控制省份和年份固定效应，模型（2）控制了省份和年份固定效应，模型（3）进一步引入了省级层面的控制变量（工业化水平、开放程度），模型（4）则应用了Ordered Probit模型的极大似然估计。各模型整体高度显著，且相比于模型（3）和（4），其他模型估计系数的方向和显著性保持高度一致，因此后文主要基于基准模型（3）进行分析。

表8.2 天然气普及影响居民幸福感的估计结果

	模型（1）	模型（2）	模型（3）	模型（4）
被解释变量	主观幸福感			
人均天然气消费（取对数）	1.504 8*** [0.317 3]	3.096 1** [1.218 9]	3.961 5*** [1.330 2]	7.571 7*** [1.948 3]
个人年收入（取对数）	0.045 8*** [0.003 7]	0.052 7*** [0.003 8]	0.052 7*** [0.003 8]	0.069 0*** [0.005 4]
性别：男	-0.113 6*** [0.008 1]	-0.117 4*** [0.008 1]	-0.117 4*** [0.008 1]	-0.164 1*** [0.011 1]
年龄	-0.032 1*** [0.001 6]	-0.030 6*** [0.001 6]	-0.030 6*** [0.001 6]	-0.042 0*** [0.002 2]
年龄的平方/1 000	0.382 8*** [0.015 8]	0.374 8*** [0.015 7]	0.374 9*** [0.015 7]	0.516 4*** [0.022 0]
受教育水平	0.012 1*** [0.001 2]	0.013 7*** [0.001 2]	0.013 6*** [0.001 2]	0.017 0*** [0.001 7]
自评健康程度	0.167 4*** [0.004 1]	0.183 3*** [0.004 3]	0.183 3*** [0.004 3]	0.250 5*** [0.005 8]
城镇户籍	-0.043 2*** [0.009 5]	-0.023 5** [0.009 7]	-0.023 5** [0.009 7]	-0.028 1** [0.013 5]

续　表

	模型（1）	模型（2）	模型（3）	模型（4）
已婚	0. 279 9*** [0. 011 9]	0. 267 6*** [0. 011 9]	0. 267 7*** [0. 011 9]	0. 344 0*** [0. 015 5]
失业	−0. 010 8 [0. 010 0]	0. 004 9 [0. 010 0]	0. 004 7 [0. 010 0]	0. 019 5 [0. 013 6]
工业化水平			−0. 048 1 [0. 231 0]	−0. 247 2 [0. 318 5]
开放程度			0. 144 4* [0. 087 7]	0. 222 3* [0. 121 8]
省份固定效应	No	Yes	Yes	Yes
年份固定效应	No	Yes	Yes	Yes
观测值	45 697	45 697	45 697	45 697
调整的 R^2/伪 R^2	0. 083 8	0. 110 8	0. 110 8	0. 051 4
F 值/卡方值	332. 278 9	351. 441 7	293. 083 8	4751. 463 8
p 值	0. 000 0	0. 000 0	0. 000 0	0. 000 0
估计方法		OLS		Ordered Probit 模型

注：1. ***、**、*分别对应 1%、5%、10%的显著性水平。
2. F 值适合 OLS 估计，卡方值适合 Ordered Probit 模型估计。
3. 调整的 R^2适合 OLS 估计，伪 R^2适合 Ordered Probit 模型估计。
4. [ ] 内为稳健标准误。
5. 表中省略了常数项的估计结果。

从表 8. 2 中我们可以发现，核心解释变量“天然气普及程度”的系数显著为正，这意味着在天然气普及程度较高的地区，居民的主观幸福感相应较高。如果我们通过控制一系列个人层面和省份层面的因素，从而有效缓解估计偏误，那么可以将这一相关关系理解为因果效应，即天然气这一清洁能源的普及有助于提升居民幸福感。具体而言，根据模型（3）的估计结果，人均天然气消费每上升 1%，主观幸福感会相应上升 3. 961 5%。

8. 4. 2　平均边际支付意愿的估计

个人收入水平对居民幸福感存在积极影响，这一结果也被很多幸福感实证研究所证实。根据模型（3）的估计结果，平均而言，个人年收入每上升10%，主观幸福感便会相应上升0.527%。但值得补充的是，这一增幅是极其微弱的，相当于样本平均幸福感的1.4‰（即0.527%/3.818 1），这一结果说明，尽管收入是影响居民幸福感的积极因素，但提升收入水平对于提升幸福感的作用并不明显。这也意味着随着一国经济增长和国民收入水平的提高，居民幸福感的提高幅度可能远远滞后于收入水平的增长速度，这一结论在一定程度上印证了伊斯特林悖论（Easterlin Paradox），因此想要提升居民幸福感，国家应制定超越收入、提升导向的公共政策。

更重要的是，根据上述估计结果，我们可以计算得到消费者的平均边际支付意愿。平均而言，消费者愿意支付12 981元以增加1×10^{-4} m^3/人的天然气普及程度，即增加每万人1 m^3的天然气消费，这意味着消费者对天然气有较高的评价。

关于控制变量系数的估计结果也具有启发意义。在给定个人收入水平、省份和年份固定效应等关键因素的情况下，我们可以得出以下几点结论。

第一，从性别来看，男性的幸福感显著低于女性。这可能是由于男性在工作、生活等方方面面都承担着更大的压力，如购房、结婚、赡养等开支都会导致男性的幸福感较低。

第二，从年龄来看，年龄与主观幸福感呈显著的U形关系，也就是说，中年人的幸福感最低，而年轻人和老年人相对拥有较高的幸福感，根据模型（3）的估计结果，最不幸福年龄出现在41岁左右。工作压力、“上有老、下有小”的家庭压力及身体的逐渐衰弱都是“中年危机”到来的重要原因。

第三，从教育来看，较高的受教育程度有利于幸福感的提升。这是因为较高的教育有助于带来更多的发展机会和更高的社会地位，其也使人更注重生活的质量，从而促进幸福感的提升。

第四，从健康来看，自评健康程度和主观幸福感呈显著正相关，即自认为健康水平较好的人群具有更高的幸福感。这一方面是因为较好的身体素质有助于提高工作效率和生活品质，另一方面对自身健康状况的乐观看待可能也是促进幸福感提升的积极因素。总之，健康和幸福是相互促进的。

第五，从户籍制度来看，拥有城镇户籍的居民的幸福感显著低于拥有农村户籍的居民。尽管城镇化的快速发展使得城镇居民能够享受更好的基础设施和商业环境，但与此同时，城市交通拥堵、房价较高和环境污染等"城市病"也给居民幸福感带来负面影响。

第六，从婚姻状况来看，已婚状态有助于幸福感的提升，这一结果与现有研究的结论是基本一致的。

第七，从就业状况来看，失业并没有降低居民幸福感。这可能是因为尽管失业导致个人暂时丧失稳定的收入来源，但随着社会保障体系的逐步完善和政府对再就业工作的积极支撑，失业并没有恶化个人对未来的预期，从而也没有对幸福感造成显著损害。

第八，从工业化水平来看，地区工业化水平并不是影响居民幸福感的显著因素。这是因为工业化虽然带来了更多的就业创业机会，但也导致了环境污染、交通拥堵等外部性问题，这些正负面因素相互交织，导致地区工业化水平与居民幸福感之间的关联微弱。

第九，从开放程度来看，一个地区较高的贸易开放程度有助于居民幸福感的提升。这是因为对外开放促进了出口导向型企业的迅速发展，从而为劳动者带来更多的就业岗位和发展机会。同时，我们不能忽视的是，随着开放程度的提高，一国经济受到外部经济波动的负面影响会扩大，这可能增加国内出口部门就业的不确定性，从而对幸福感产生负面影响。

8.4.3　工业排放与天然气普及的交互效应估计

我们进一步将地区工业排放程度与天然气普及的交互项纳入模型，以考察清洁能源使用在不同污染程度地区对居民幸福感的异质性影响。表 8.3 给出了相应幸福感计量方程 OLS 的估计结果。我们可以发现，首先，核心解释变量"天然气普及程度"的系数依然显著为正，这与 8.4.1 小节中的结论保持一致。其次，变量"单位工业产值排放"的系数显著为负，这说明较高的工业污染排放程度显著降低了所在地区的居民幸福感，这与现有文献发现的污染损害居民幸福感和健康水平的结论是一致的。更重要的是，上述两个变量的交互项的系数显著为正，这意味着在工业污染排放程度较高的地区，天然气的普及对居民幸福感的提升作用更为明显，换言之，清洁能源的使用在一定程度上降低了工业污染排放给居民幸福感带来的负面影响。这可能是在工业污染较严重的地区，居民对于清洁能源降低污染的作用抱有更高的预期，因此居民幸福感会随着天然气的普及而提升。

表 8.3　地区工业排放与天然气普及交互影响的估计结果

	模型（5）	模型（6）
被解释变量	主观幸福感	
人均天然气消费（取对数）	6.293 8*** [1.586 9]	6.510 2*** [1.622 6]
ln*NGAS*×［单位工业产值排放（取对数）］	3.338 1*** [1.197 8]	3.216 6*** [1.221 9]
单位工业产值排放（取对数）	−0.048 7** [0.023 1]	−0.043 8* [0.025 2]
个人年收入（取对数）	0.052 9*** [0.003 8]	0.052 9*** [0.003 8]
性别：男	−0.117 1*** [0.008 1]	−0.117 1*** [0.008 1]
年龄	−0.030 6*** [0.001 6]	−0.030 6*** [0.001 6]
年龄的平方/1 000	0.374 9*** [0.015 7]	0.374 9*** [0.015 7]
受教育水平	0.013 6*** [0.001 2]	0.013 6*** [0.001 2]
自评健康程度	0.183 3*** [0.004 3]	0.183 3*** [0.004 2]
城镇户籍	−0.023 7** [0.009 7]	−0.023 7** [0.009 7]

续　表

	模型（5）	模型（6）
已婚	0.267 9*** [0.011 9]	0.267 9*** [0.011 9]
失业	0.005 [0.010 0]	0.005 [0.010 0]
工业化水平		−0.027 1 [0.239 8]
开放程度		0.064 8 [0.094 5]
省份固定效应	Yes	Yes
年份固定效应	Yes	Yes
观测值	45 697	45 697
调整的 R^2	0.111 0	0.110 9
F 值	293.394 6	251.587 5
p 值	0.000 0	0.000 0
估计方法	OLS	

注：1. ***、**、*分别对应 1%、5%、10%的显著性水平。
2. [ ] 内为稳健标准误。
3. 表中省略了常数项的估计结果。

8.4.4　稳健性检验：测度问题与移民因素

尽管我们在模型中控制了一系列微观因素和宏观因素，并在不同模型设定下得到了基本一致的结论，但依然存在一些威胁结论稳健性的因素。

第一，关于核心解释变量的测度方式。在基准模型中，我们采用人均天然气消费的对数值来衡量“天然气普及程度”，那么在不取对数的情况下，结论是否会有所改变？这是有待进一步检验的问题。

考虑到这一点，我们采用“人均天然气消费”的绝对值替代原来的对数值作为新变量并重新进行回归。表 8.4 的模型（7）和模型（8）报告了相关结果。我们可以发现，新变量的系数依然显著为正，同时，该变量与工业污染排放变量的交互项的系数也显著为正。其他控制变量的系数的方向和显著性也基本保持不变，基于此，我们认为本研究的幸福感模型是比较稳健的。

表 8.4 关于不同测度方式和移民因素的稳健性检验

	模型（7）	模型（8）	模型（9）	模型（10）
	用人均天然气消费作解释变量		排除移民因素	
被解释变量	主观幸福感			
人均天然气消费（取绝对值）	3.819 1*** [1.269 5]	6.250 8*** [1.559 7]		
NGAS×［单位工业产值排放（取对数）］		3.060 0*** [1.187 2]		
人均天然气消费（取对数）			3.348 7** [1.526 4]	6.075 7*** [1.800 0]
ln*NGAS*×［单位工业产值排放（取对数）］				3.660 8*** [1.305 8]
单位工业产值排放（取对数）		-0.043 5* [0.025 2]		-0.046 5* [0.027 3]
个人年收入（取对数）	0.052 7*** [0.003 8]	0.052 9*** [0.003 8]	0.058 5*** [0.004 1]	0.058 7*** [0.004 1]
性别：男	-0.117 4*** [0.008 1]	-0.117 1*** [0.008 1]	-0.123 2*** [0.008 5]	-0.123 0*** [0.008 5]
年龄	-0.030 6*** [0.001 6]	-0.030 6*** [0.001 6]	-0.030 6*** [0.001 7]	-0.030 6*** [0.001 7]
年龄的平方/1 000	0.374 9*** [0.015 7]	0.374 9*** [0.015 7]	0.374 5*** [0.016 5]	0.374 4*** [0.016 5]
受教育水平	0.013 6*** [0.001 2]	0.013 6*** [0.001 2]	0.013 9*** [0.001 3]	0.013 9*** [0.001 3]
自评健康程度	0.183 3*** [0.004 3]	0.183 3*** [0.004 2]	0.183 4*** [0.004 5]	0.183 4*** [0.004 5]

续　表

	模型（7）	模型（8）	模型（9）	模型（10）
城镇户籍	−0.023 5** [0.009 7]	−0.023 7** [0.009 7]	−0.037 5*** [0.010 4]	−0.037 4*** [0.010 4]
已婚	0.267 7*** [0.011 9]	0.267 9*** [0.011 9]	0.262 5*** [0.012 7]	0.262 7*** [0.012 7]
失业	0.004 7 [0.010 0]	0.005 [0.010 0]	−0.003 6 [0.010 5]	−0.003 3 [0.010 5]
工业化水平	−0.050 6 [0.230 9]	−0.032 2 [0.239 8]	−0.009 1 [0.241 5]	0.015 2 [0.249 5]
开放程度	0.144 0* [0.087 5]	0.064 7 [0.094 3]	0.120 7 [0.095 2]	0.038 5 [0.102 5]
省份固定效应	Yes	Yes	Yes	Yes
年份固定效应	Yes	Yes	Yes	Yes
观测值	45 697	45 697	41 248	41 248
调整的 R^2	0.110 8	0.110 9	0.113 3	0.113 5
F 值	293.096 1	251.584 8	271.901 4	233.450 9
p 值	0.000 0	0.000 0	0.000 0	0.000 0
估计方法	OLS			

注：1. ***、**、*分别对应 1%、5%、10%的显著性水平。
2. [ ] 内为稳健标准误。
3. 表中省略了常数项的估计结果。

第二，关于移民的因素。虽然天然气普及显著促进了居民幸福感，但这一结论的可靠性受到“移民”因素的挑战。有可能的是，在劳动力自由流动的条件下，一些拥有积极心态（即较高幸福感）的个体通过迁移进入了清洁能源普及程度较高的地区。因此，尽管我们看到了清洁能源和幸福感之间的强正相关关系，我们依然不能将其解释为因果效应。

为了克服这一内生性难题，我们在样本中去除了移民的样本，仅保留本地居民样本并对模型进行重新估计。表 8.4 的模型（9）和模型（10）报告了相关结果，我们同样发现，核心解释变量“天然气普及程度”及交互项的系数皆显著为正，且具体数值与全样本模型的估计结果类似，这意味着上述“移民效应”是十分微弱的，这再次验证了本研究模型的稳健性。

8.5 主要结论与政策含义

推进能源生产和消费革命，构建清洁低碳、安全高效的能源体系是促进中国绿色发展的重要战略举措。本章从天然气普及的角度探索了清洁能源基础设施对居民幸福感的影响。我们基于中国综合社会调查和省级能源、经济变量的匹配数据，利用 OLS 和 Ordered Probit 模型对幸福感计量方程进行估计，研究至少发现了三个重要结论。

第一，天然气这一清洁能源的普及显著提升了居民幸福感。第二，从平均边际支付意愿来看，消费者对于天然气的使用具有较高的评价。第三，在工业污染排放程度较高的地区，天然气的普及对居民幸福感的提升作用更为明显。与此同时，核心解释变量的不同测度方式及移民因素都不会改变上述三点结论。

本章的研究具有一定的理论和政策含义。从理论上看，本研究有助于我们理解影响中国居民幸福感的潜在因素，特别是清洁能源消费带来的积极作用；本研究也是对发展中国家居民幸福感决定因素实证研究的有益补充。从实践上看，本研究有助于我们改革和调整清洁能源基础设施的相关政策，以促进社会福祉的进一步提升，具体政策建议如下所示。

第一，应增强天然气供给能力，推动天然气普及使用。国家应在生态环境平衡的前提下，积极探索天然气勘查开采管理体制改革，全面增加国内勘探开发资金，加大国内勘探开发力度，以提升国内天然气的供给规模。与此同时，应加快推进天然气海外供应体系多元化建设，通过进口国别/地区多元化、运输方式多元化、进口通道多元化、合同模式多元化等方式保障海外天然气的长期、稳定供应。

第二，应积极建设天然气基础设施，加强互联互通。国家应加快天然气管道、液化天然气（Liquified Natural Gas，LNG）接收站等项目建设，集中开展管道互联互通重大工程。根据市场发展需求，积极发展沿海、内河小型 LNG 船舶运输，出台 LNG 罐箱多式联运相关法规政策和标准规范。通过提高天然气基础设施和互联互通水平，让清洁能源的好处惠及更多的地区。

第三，应科学利用天然气等清洁能源，推动能源结构转型升级。国家应建立天然气发展综合协调机制，全面实行天然气购销合同制度，鼓励签订跨年度、中长期的购销合同。同时，应根据地方实际情况，合理配置电、气、煤、油等能源，充分利用各种清洁能源推进能源结构升级和大气污染防治。对于工业排放强度较高、空气污染较重的地区，在坚持“以气定改”的原则下，循序渐进地推进“煤改气”工程。

第9章　基础设施与经济增长：新型基础设施的视角

周虽旧邦，其命维新。

——《诗经·大雅·文王》

新型基础设施不但助力疫情防控、撬动投资和消费需求，而且有助于推动经济发展方式转型。本章通过构造“新型基础设施发展政策指数”来进行计量经济分析，发现新型基础设施的发展显著促进了地区经济增长和提升了全要素生产率。但对于经济发展水平相对落后的地区而言，盲目推进新型基础设施建设可能事与愿违。

9.1　研究背景

9.1.1　中国经济发展面临前所未有的挑战

近年来，国内外经济形势发生深刻变化。2008年全球金融危机之后，世界经济复苏迟缓，贸易保护主义、单边主义明显抬头。美国等发达国家为提振国内经济、创造就业岗位，纷纷出台政策呼吁制造业回流本土。英国为保持国际竞争力，选择主动“脱欧”以减轻政府各方面的负担。一时间，“逆全球化”的思潮席卷世界。

从国内来看，中国经济正处于增长速度换挡期、结构调整阵痛期和前期刺激政策消化期这一“三期叠加”的关键时期，经济发展进入新常态。在后危机时代，中国的经济增长率从2008年的9.7%下行至2017年的

6.9%。自 2018 年以来，中美贸易争端持续升温，给中国出口部门和就业带来了显著冲击，经济增速继续下滑。2018 年和 2019 年的经济增长率分别为 6.7%和 6.1%，达到了 1991 年以来的历史低点。在这一背景下，积极转变经济发展方式、有效培育经济发展新动能，成为适应、把握、引领新常态的关键，也是实现中国经济高质量发展的必经之路。

2020 年，突如其来的新冠肺炎疫情对我国经济社会发展带来了前所未有的冲击。2020 年 2 月，中国制造业采购经理指数（Purchasing Managers' Index，PMI）下降至 35.7。第一季度国内生产总值同比下降了 6.8%，第一产业、第二产业、第三产业产值分别下降了 3.2%、9.6%和 5.2%，全国规模以上工业企业实现利润总额 7 814.5 亿元，同比下降了 36.7%。① 但经过全国上下的艰苦努力，疫情防控形势持续转好，生产生活秩序呈加快恢复之势。

但令人担忧的是，新冠肺炎疫情已经在欧洲、北美洲等广大地区形成蔓延之势。尽管各国政府根据本国情况采取了不同措施进行防控，但截至目前，全球疫情拐点尚不明朗。全球经济因疫情的衰退进一步拖累了中国经济，大量出口型企业复工不复产、订单被取消的情况屡见不鲜。总之，中国经济发展正面临前所未有的挑战。

9.1.2　发展新型基础设施应对挑战

纵观全球科技发展，新一轮科技革命和产业革命正在大规模快速发展，并将成为重塑世界政治经济发展格局的重要力量。在这一轮科技革命中，以互联网为基础的数字科技脱颖而出，大数据、人工智能、移动互联网、云计算等现代科技开始应用于实体经济并深度融合。这些近乎无形的科技力量正在展示出它改变生产生活模式、推动经济社会发展的巨大力量。

2018 年 12 月，中央经济工作会议强调，要“加快 5G 商用步伐，加强人工智能、工业互联网、物联网等新型基础设施建设”。2019 年国务院

① 2020 年一季度国内生产总值（GDP）初步核算结果［EB/OL］.（2020 - 04 - 18）［2020 - 04 - 20］. http://www.gov.cn/xinwen/2020 - 04/18/content_ 5503803.htm.

《政府工作报告》也强调要“加强新一代信息基础设施建设”。2020 年年初，面临新冠肺炎疫情冲击，中央明确提出“加快 5G 网络、数据中心等新型基础设施建设进度”。[①] 2020 年 4 月 17 日，习近平总书记主持中央政治局会议，强调加强新型基础设施投资。

在新冠肺炎疫情防控期间，新型基础设施在动态更新疫情信息、有效管控人员流动、提高医疗资源利用效率等领域表现出色，在线办公、在线教育、云商业、云服务等对于复工、复产、复商、复学都有突出作用。因而在短期内，新型基础设施有利于撬动投资和消费需求，加速经济复苏。从较长时期的角度来看，实现新型基础设施与传统制造业的深度融合，不但能够提升生产效率和产品质量，而且能够带动其他相关产业的发展，从而推进供给侧结构性改革。总之，新型基础设施不但在短期内为缓解中国经济下行压力提供了有力支撑，而且长期有助于培育经济发展新动能、促进经济发展模式转型。

事实上，随着中国经济增速放缓和结构转型，各地方已经开始探索新型基础设施相关产业的发展，试图寻找和培育新经济增长点。我们采用各省份历年《政府工作报告》中关于新型基础设施相关表述和词汇的出现频数来衡量一个地区对新型基础设施发展的重视程度和发展力度，并将其称为新型基础设施发展政策（New Infrastructure Development Policy Index，NIDP）指数[②]。图 9.1 展示了中国新型基础设施发展政策指数的变动趋势。从图中可以发现，从 2008 年到 2019 年，NIDP 指数从 42 持续上升至 434，年均增长 23.65%，其增长速度显著快于经济增长速度，可见各地方政府对新型基础设施发展的重视程度和发展力度都与日俱增。

9.1.3 研究问题的提出

一个亟待回答的重要问题是，新型基础设施的发展是否促进了各地区

---

① 中央政治局常务委员会召开会议 研究当前新冠肺炎疫情防控和稳定经济社会运行重点工作 习近平主持会议［EB/OL］.（2020－03－04）［2020－04－20］. http://www.gov.cn/xinwen/2020－03/04/content_ 5486931.htm.

② 关于 NIDP 指数的具体构建方法详见本章 9.3 节。

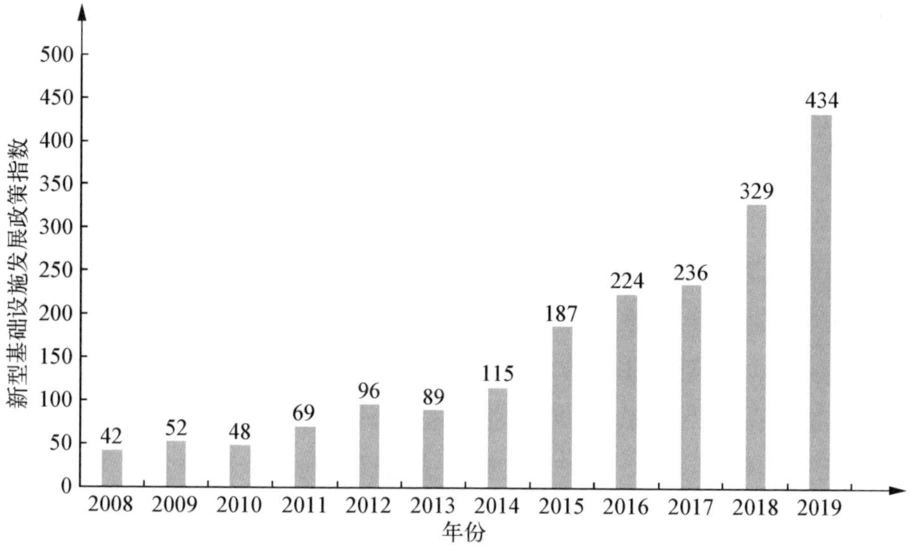

图 9.1　中国新型基础设施发展政策指数的变动趋势

数据来源：根据各省份历年《政府工作报告》计算整理。

的经济增长？同时，由于促进经济发展方式转型、培育经济增长内生动力的关键在于提升全要素生产率（TFP），那么新型基础设施的发展是否提升了地区的 TFP 水平？与此同时，在不同经济发展水平的地区，新型基础设施的增长效应是否存在异质性？也不应忽视的是，传统的基础设施建设是否还能够促进地区经济增长和 TFP 水平？总之，这些都是本研究致力于回答的问题。

本研究通过统计历年各省份《政府工作报告》中关于新型基础设施的相关词频，构造了“新型基础设施发展政策指数”，并利用 2008—2018 年的省级面板数据和标准的经济增长实证模型，探索了新型基础设施发展对地区经济增长，特别是对全要素生产率的影响。

本研究具有显著的理论和政策意义。本研究有助于我们理解中国经济增长内生动力，特别是加深对经济增速下行期全要素生产率决定因素的理解，也有助于设计和调整新型基础设施相关公共政策，以促进内生增长动力的形成并推动经济高质量发展。同时，本研究也是对发展中国家经济增长实证研究的一个有益补充。

9.2 新型基础设施的概念界定与文献回顾

9.2.1 概念界定

新型基础设施是一个发展的概念，其包括的具体基础设施类型并没有一个明确的范围。根据2018年12月的中央经济工作会议，新型基础设施包括5G、人工智能、工业互联网、物联网四项内容。根据2020年3月的中央政治局会议，新型基础设施涉及5G网络、数据中心。① 因此从中央决策层所传递的权威信息来看，新型基础设施包括人工智能、工业互联网、物联网、5G网络、数据中心五种类型，本研究主要根据这一口径来界定新型基础设施。

一些官方媒体对新型基础设施的概念进行了解读和拓展。根据央视网，新型基础设施建设指发力于科技端的基础设施建设，主要包括七大领域：5G基建、特高压、城际高速铁路和城际轨道交通、新能源汽车充电桩、大数据中心、人工智能和工业互联网。②

2020年4月20日，国家发展改革委首次就新型基础设施概念和内涵作出正式的解释。新型基础设施主要包括三个方面内容，一是信息基础设施，主要是指基于新一代信息技术演化生成的基础设施，例如，以5G、物联网、工业互联网、卫星互联网为代表的通信网络基础设施，以人工智能、云计算、区块链等为代表的新技术基础设施，以数据中心、智能计算中心为代表的算力基础设施等。二是融合基础设施，主要是指深度应用互联网、大数据、人工智能等技术，支撑传统基础设施转型升级，进而形成的融合基础设施，例如，智能交通基础设施、智慧能源基础设施等。三是

---

① 中央政治局常务委员会召开会议 研究当前新冠肺炎疫情防控和稳定经济社会运行重点工作 习近平主持会议 [EB/OL]. (2020-03-04) [2020-04-24]. http://www.gov.cn/xinwen/2020-03/04/content_5486931.htm.

② 新闻观察：5G等"新基建"为经济增长提供新动力 [EB/OL]. (2019-03-01) [2020-04-24]. http://tv.cctv.com/2019/03/01/VIDECViDlKqpGkKvRMe7N42h190301.shtml.

创新基础设施，主要是指支撑科学研究、技术开发、产品研制的具有公益属性的基础设施，例如，重大科技基础设施、科教基础设施、产业技术创新基础设施等。①

9.2.2　经济学特征

从上述概念界定可以看出，新型基础设施具有以下三个经济学特征。

第一，具有私人产品和公共产品的双重属性。从产品性质的角度来看，新型基础设施更偏向于私人产品，是由企业生产和提供的商品，存在一个市场均衡价格，而传统的交通、通信、能源、水利等基础设施则具备更明显的公共产品性质。同时，在免费或低价提供的情况下，这些新型基础设施依然具有一定的公共产品性质。

第二，"覆盖大部、牵动全部"。从产业关联的角度来看，新型基础设施的开发和建设不但覆盖各类信息产业和高科技产业，也涉及大量先进制造业和大众服务业。同时，新型基础设施相关产业具有广泛的上下游联系，其能够通过发挥"联系效应"，助力多个产业、多个业态、多种商业模式降低生产经营成本，从而牵动整个产业体系的发展。因此，从影响和引领其他产业的发展来看，新型基础设施"覆盖大部、牵动全部"。

第三，投资风险高，政府须谨慎。从技术成熟度来看，与新型基础设施相关的核心技术都还在萌芽、成长阶段，因此针对新型基础设施产品和技术的投资不但需要大量的资金，而且还存在较高的风险。政府在投资新型基础设施项目时，应持有谨慎的态度，充分尊重市场规律，重视企业家、科学家和风险投资者对新型基础设施发展方向的选择，切不可不加区别地进行支持或者按照上级意志武断决策。

9.2.3　相关文献回顾

一般而言，大数据、人工智能等数字科技在工业中的应用能够给经济发

---

① 官方定义来了！国家发改委正式定义新基建：范围更新、更广，政策支持力度更大［EB/OL］.（2020－04－20）［2020－04－24］. https://baijiahao.baidu.com/s?id=1664494658202517165&wfr=spider&for=pc.

展带来两个方面的影响。一方面，这些技术的应用显著提高了劳动生产率，从而降低了企业对劳动力的需求，进而在宏观上降低了劳动收入占比并增加了失业压力。但另一方面，这些技术的应用也降低了企业的生产成本，从而刺激其上下游产业的发展，这又间接扩大了产出和劳动力需求，并改善了劳动收入占比。总之，新型基础设施的应用对经济发展是一把双刃剑。

关于数字科技的新型基础设施的研究方兴未艾。Goldfarb 等（2019）系统综述了数字技术对经济发展的影响。[①] 他们强调，数字技术的发展有效降低了信息存储、计算和传输的成本，并从五个方面降低了经济发展成本：搜寻成本、复制成本、交通成本、追踪成本、验证成本。同时，他们系统回顾了数字技术对国家、区域、企业、消费者四个层面的影响。他们通过进一步的研究发现：第一，数字技术促进了宏观生产率的提高，促进了国际商品贸易；第二，数字技术通过普及远程办公模式，为人口密度低的地区带来了收益；第三，数字科技促进了企业技能偏向型技术进步；第四，数字科技也使得消费者更依赖线上的娱乐和休闲模式。

Acemoglu 等（2018）认为，自动化技术进步存在两个不同的方向：其一是替代劳动力，从而降低企业的劳动力需求；其二是创造新任务，从而增加企业的劳动力需求。[②] 他们通过建立一个数理模型发现，当长期的资本价格相对于工资水平足够低时，在长期的均衡中，所有工作都会被自动化的机器替代，即自动化技术只会向第一个方向发展。如果上述前提不成立，那么自动化技术便会向两个方向共同发展，并形成一条均衡增长的路径。

Acemoglu 等（2020）深入反思了人工智能（Artificial Intelligence，AI）对经济发展的影响。[③] 他们认为，AI 已经影响到人类生活的方方面面，AI

---

① Goldfarb A, Tucker C. Digital economics [J]. Journal of Economic Literature, 2019, 57 (1): 3-43.

② Acemoglu D, Restrepo P. The race between man and machine: Implications of technology for growth, factor shares, and employment [J]. American Economic Review, 2018, 108 (6): 1488-1542.

③ Acemoglu D, Restrepo P. The wrong kind of AI? Artificial intelligence and the future of labour demand [J]. Cambridge Journal of Regions, Economy and Society, 2020, 13 (1): 25-35.

不仅能够替代劳动力完成工作，还可以创造工作岗位来扩大就业。但近年来的技术进步都倾向于用 AI 来替代劳动力而不是创造就业岗位，这一不良趋势不但降低了劳动力需求和国民收入的劳动份额，而且还提高了收入不平等程度，并遏制了生产率的提升。因此在未来，应该发展正确的 AI 类型以获得更好的社会经济效益。

针对中国新型基础设施的研究也如火如荼。郭凯明等（2020）研究了新型基础设施对产业结构转型升级的影响。① 他们通过数理模型分析发现，当制造业的资本产出弹性较高且制造业和服务业的产品替代弹性较低，或者制造业的资本和劳动的替代弹性较高时，新型基础设施投资将在供给侧通过提高制造业资本密集程度和实际产出比重推动制造业升级。盛磊等（2020）探索了新型基础设施的投融资模式。② 他们认为，应该运用市场化、多样化的创新金融工具，协同整合政府财政资金、开发性金融资金和商业金融资金以弥补投融资资金缺口。

纵观现有研究，数字科技相关的新型基础设施的发展正在改变经济发展的模式和国民收入分配的结构，但其并没有颠覆传统的经济学原理。从国内的研究来看，由于新型基础设施的发展较晚，相关的产业、企业数据还不完善，这给新型基础设施经济效应的实证研究带来障碍。基于此原因，本研究通过构建“新型基础设施发展政策指数”来间接衡量新型基础设施的发展，从而在一定程度上填补了该领域实证研究的空白。

9.3　新型基础设施发展政策指数构建

从上文的分析可知，新型基础设施的发展离不开政府的推动。事实上，从 2008 年左右开始，各地方政府已经开始探索和投资新型基础设施相关产业，并取得了不同程度的进展。我们认为，各省份每年定期发布的

---

① 郭凯明，潘珊，颜色．新型基础设施投资与产业结构转型升级［J］．中国工业经济，2020（3）：63－80.

② 盛磊，杨白冰．新型基础设施建设的投融资模式与路径探索［J］．改革，2020（5）：49－57.

《政府工作报告》对于我们理解各省份新型基础设施的发展状况是十分重要的。省级《政府工作报告》不但回顾了本地区上一年度的经济发展情况，而且着重报告了当年的工作计划和重要举措，因此这些官方文件可以反映出各地方政府对新型基础设施发展的重视程度和政策力度。

具体而言，首先，我们根据中央层面界定的新型基础设施的主要类型，确定与新型基础设施相关的词汇和表述。表 9.1 展示了这些词汇和表述，共 22 个。然后，我们分别统计各省份历年《政府工作报告》中这些词汇和表述出现的频数，并将其加总，形成各省份历年的新型基础设施发展政策指数。

表 9.1 关于新型基础设施的词汇和表述

序号	相关词汇和表述	序号	相关词汇和表述
1	5G	12	物联网
2	IT	13	物联专网
3	大数据	14	新型基础设施
4	工业互联网	15	信息产业
5	人工智能	16	信息基础设施
6	上云	17	信息科技
7	数据平台	18	移动通信
8	数据中心	19	云端
9	数字化	20	云计算
10	数字经济	21	云上
11	数字科技	22	智慧城市

图 9.2 展示了中国四大地区省均新型基础设施发展政策指数的变动趋势。我们首先分别计算出东部、东北、中部、西部四大地区的 NIDP 指数，再将其除以所在地区的省份个数，从而得到各地区省均 NIDP 指数。从图中可以发现，从 2008 年到 2019 年，各地区省均 NIDP 指数都呈现迅速上升的趋势，但各地区增长速度有所差异。根据增长率从高到低排序，西部、中部、东部、东北地区的年均增长率分别为 27%、24%、23% 和

13%。总之，NIDP 指数的构建为后文探索新型基础设施的增长效应奠定了重要基础。

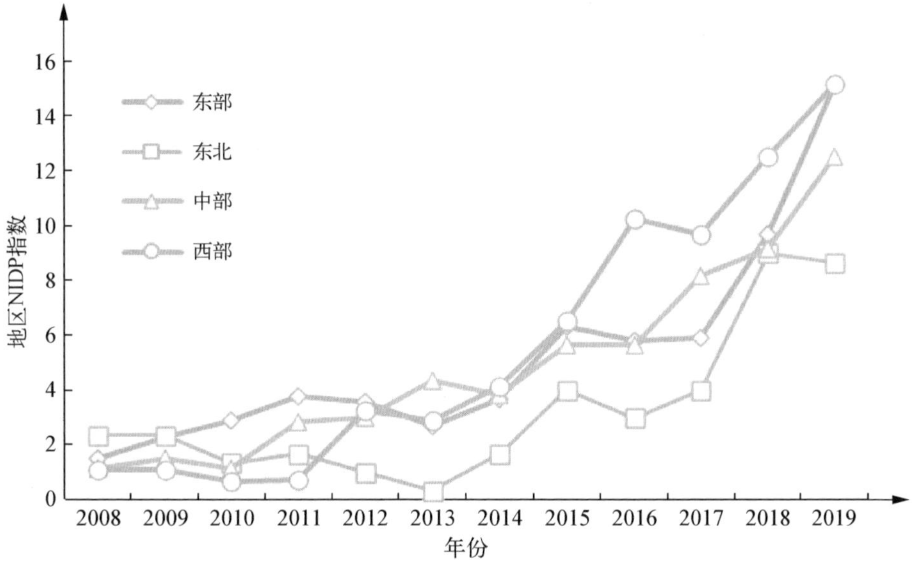

图 9.2　中国四大地区省均新型基础设施发展政策指数的变动趋势

9.4　经验研究策略

9.4.1　理论分析与模型设定

我们假设各地区的生产函数符合 Cobb – Douglas 生产函数的形式，同时，根据 Lucas（1988）的研究思路①，我们不但将资本和劳动力这两类生产要素纳入函数，还将反映劳动力质量的地区人力资本状况纳入模型。我们将各地区生产函数设定为

$$Y_{it} = A_{it} K_{it}^{\alpha} L_{it}^{\beta} E_{it}^{\gamma} \tag{9.1}$$

式中，i 为地区（省、自治区和直辖市）；t 为年份；K_{it} 为资本存量；L_{it} 为

① Lucas R E. On the mechanics of economic development [J]. Journal of Monetary Economics, 1988, 22 (1): 3-42.

劳动力数量；E_{it}为劳动力质量或人力资本水平；α、β、γ 分别为三者的产出弹性；A_{it}为全要素生产率（TFP），衡量了除资本、劳动力数量和质量之外的对经济增长具有贡献的因素。

一般而言，全要素生产率有两个来源：一是生产技术的进步，即在给定投入的情况下，实现更多的产出；二是资源配置的改善，即将稀缺的资源配置到边际生产率更高的地方。我们认为，新型基础设施有助于全要素生产率的提升。一方面，新型基础设施通过将数字科技融入生产过程，降低了生产的边际成本，从而实现了生产技术的进步；另一方面，新型基础设施通过降低搜寻、交通等成本，使得更多的资源被配置到生产领域，从而提升了资源的配置效率。与此同时，根据现有文献，道路、能源等传统的基础设施也有助于提升全要素生产率，因此我们将全要素生产率定义为

$$A_{it} = \exp[\theta_1 NIDP_{it} + \theta_2\ln(Rd_{it}) + \rho_i + \sigma_t + u_{it}] \tag{9.2}$$

式中，$NIDP_{it}$为新型基础设施发展政策指数，衡量了各地区新型基础设施的发展；$\ln(Rd_{it})$ 表示各地区传统基础设施的发展，用各地区公路里程的对数来衡量；θ_1为新型基础设施发展对经济产出的影响；θ_2为传统基础设施的产出弹性；ρ_i、σ_t 分别为省份和年份固定效应；u_{it} 为误差项。将上述全要素生产率的定义式代入模型，并取对数，我们可以得到本研究的计量经济模型为

$$\begin{aligned}\ln A_{it} = {} & \alpha\ln K_{it} + \beta\ln L_{it} + \gamma\ln E_{it} + \theta_1 NIDP_{it} \\ & + \theta_2\ln(Rd_{it}) + \rho_i + \sigma_t + u_{it}\end{aligned} \tag{9.3}$$

在其他条件不变的情况下，NIDP 指数每上升 1 个单位，产出就会相应上升（100 θ_1）%；传统基础设施每上升 1%，产出就会相应上升 θ_2%。我们将采用“地区−时间”双向固定效应对上述模型进行估计。

9.4.2 变量构造与数据来源

（1）产出相关变量

产出是本模型的被解释变量，我们采用各地区经过物价指数（以

2010 年为基期）平减的地区生产总值的对数来衡量。

（2）生产要素相关变量

资本存量是一类重要的生产要素。我们根据张军等（2004）对各地区的资本存量[①]进行测算。根据资本存量的动态方程

$$K_{it} = I_{it} + (1 - \delta) K_{it-1} \tag{9.4}$$

式中，I_{it} 为投资；δ 为资本折旧率。

我们给出如下假设：第一，采用各地区的全社会固定资产投资额（单位：亿元）来衡量投资 I_{it}；第二，将 2000 年设为基期，假设 2000 年的固定资产投资额与基期资本存量的比例为 0.10，从而推算出基期的资本存量 $K_{i,2000}$；第三，假设资本折旧率 δ 为 9.6%。基于上述三个假设，我们首先推算出各地区基期的资本存量，进而推算出从 2000 年到 2018 年各地区的资本存量 $K_{it}(t = 2000, \cdots, 2018)$。

劳动力数量是另一类重要的生产要素，我们采用各地区城镇就业人员数量（单位：万人）来衡量劳动力数量 L_{it}。劳动力质量或人力资本水平，也是促进地区经济增长的生产要素。由于我们没有完整的历年各地区的人均受教育年数，因此我们采用每十万人口高等学校平均在校生数（单位：人）来衡量各地区的劳动力质量 E_{it}。

（3）全要素生产率相关变量

在本模型中，全要素生产率主要由两部分组成：第一，NIDP 指数，其具体衡量方法见 9.3 节所述；第二，传统基础设施发展，我们采用各地区公路里程的对数来衡量。事实上，构成全要素生产率的因素还有很多，也难以穷尽，我们将这些其余因素纳入省份、年份固定效应和误差项之中。

（4）数据来源

本研究所使用的数据主要有两个来源：第一，各省份历年《政府工作报告》，我们基于此计算了 NIDP 指数；第二，相应年份的《中国统计年

---

① 张军，吴桂英，张吉鹏. 中国省际物质资本存量估算：1952—2000［J］. 经济研究，2004（10）：35－44.

鉴》，我们据此得到了其他省级相关变量。

产出相关变量、生产要素相关变量、全要素生产率相关变量的基本统计量如表 9.2 所示。

表 9.2　基 本 统 计 量

变 量 名 称	变量符号	观测值	平均数	标准差	最小值	最大值
产出	ln*Y*	341	9.407 5	1.007 3	6.014 1	11.284 4
资本存量	ln*K*	341	10.387 5	0.962 1	7.280 3	12.287 1
劳动力数量	ln*L*	341	4.972 5	0.953 8	2.687 2	7.004 5
劳动力质量	ln*E*	341	7.749 9	0.328 3	6.876 3	8.817 3
传统基础设施发展	ln（*Rd*）	341	2.390 3	0.840 8	0.139 8	3.501 3
NIDP 指数	*NIDP*	341	4.360 7	5.577 4	0	49

9.5　估计结果分析

9.5.1　新型基础设施影响地区经济增长的估计结果

表 9.3 展示了不同变量设定下模型的估计结果。其中，模型（1）是没有包含 NIDP 指数的估计结果，模型（2）将 NIDP 指数引入模型，模型（3）进一步引入 NIDP 指数与人均 GDP 对数的交互项，以探索不同经济发展水平下 NIDP 的异质性影响。从 *F* 值可以看出，各模型整体上高度显著。从表中我们可以发现以下两点。

第一，NIDP 指数显著为正，即新型基础设施的发展显著促进了地区的经济增长。具体而言，根据模型（2）的估计结果，某地区的 NIDP 指数每上升 1 个单位，在其他变量不变的情况下，该地区生产总值将相应上升 0.3%，显然，这一效应是不容忽视的。必须注意的是，上述结果是在控制了资本、劳动力数量和质量的条件下得到的，因此这意味着新型基础设施是全要素生产率的重要组成部分，换言之，新型基础设施的发展形成了中国经济内生增长的一大动力。

表 9.3　含有 NIDP 指数的经济增长模型的固定效应估计结果

	模型（1）	模型（2）	模型（3）
被解释变量	lnY		
NIDP		0.003 0*** [0.000 9]	-0.104 7*** [0.024 6]
NIDP×人均 GDP 对数			0.010 2*** [0.002 3]
ln*K*	0.313 1*** [0.048 1]	0.322 9*** [0.047 4]	0.374 7*** [0.047 5]
ln*L*	0.007 6 [0.018 3]	0.006 8 [0.018 0]	-0.008 3 [0.017 8]
ln*E*	0.103 7* [0.056 7]	0.036 7 [0.059 5]	0.072 9 [0.058 3]
ln（*Rd*）	0.161 2** [0.077 5]	0.156 6** [0.076 3]	0.154 0** [0.074 1]
省份虚拟变量	Yes	Yes	Yes
年份虚拟变量	Yes	Yes	Yes
观测值	341	341	341
组内 R^2	0.953 7	0.955 3	0.958 1
F 值	435.593 9	420.557 9	419.791 1
p 值	0.000 0	0.000 0	0.000 0

注：1. ***、**、*分别对应 1%、5%、10%的显著性水平。
2. [ ] 内为稳健标准误。
3. 表中省略了常数项的估计结果。

第二，公路里程的系数也显著为正，这意味着以公路为代表的传统基础设施依然是推动经济增长的重要动力，同时，公路也是全要素生产率的重要组成部分。根据模型（2）的估计结果，公路里程每上升 1%，地区生产总值将相应上升 0.156 6%。

其他控制变量系数的估计结果也引人思考。首先，资本存量对经济增长具有较高的解释力。根据模型（2）的估计结果，资本存量每上升 1%，地区生产总值将相应上升 0.322 9%，这说明资本存量是经济增长的基础性力量。其次，劳动力数量的系数在模型（1）和模型（2）中为正但并不显著，这说明劳动力规模的单纯扩张已经不再是推动中国经济增长的重要因素。最后，劳动力质量即人力资本水平的系数仅在模型（1）中显著为正，在模型（2）和模型（3）中不再显著。这可能是因为在校大学生密度不能较好地反映当前的人力资本水平，其更多反映的是未来的人力资本水平。

模型（3）进一步探索了在不同经济发展水平下新型基础设施增长效应的异质性。我们可以发现，NIDP 指数与人均 GDP 对数交互项的系数显著为正，同时 NIDP 指数本身变得显著为负。这意味着，在一些经济发展水平较高的地区，新型基础设施显著促进了经济增长，而在一些经济发展水平相对落后的地区，新型基础设施的增长效应较弱，甚至会阻碍地区经济的增长。具体而言，根据模型（3）的估计结果，只有当地区人均 GDP 的对数（以 2010 年为基期）超过 10.26[①] 时，新型基础设施才能够发挥出积极的增长效应。上述结果警示我们，脱离地区发展的比较优势，盲目发展技术密集型、人力资源密集型的新型基础设施相关产业，可能会欲速不达、适得其反，成为阻碍经济增长的负面力量。

9.5.2 地区经济增长核算

表 9.4 采用了标准的经济增长核算方法对地区经济增长进行了分解，从而得到了各生产要素及全要素生产率各组成部分对地区经济增长的相对贡献。从表中我们可以发现：第一，生产要素和全要素生产率对地区经济增长的贡献分别为 54.09%和 45.91%；第二，生产要素的贡献几乎都是由资本存量带来的，劳动力的数量和质量带来的贡献不足 2%；第三，在全要素生产率中，NIDP 指数和公路里程对地区经济增长分别贡献了 3.56%和 4.55%，可见，新型基础设施和传统基础设施对经济增长的积极作用都不容忽视；第四，地区和年份固定效应等不可观测因素占据了全要素生产率的大部分，这意味着对全要素生产率组成部分的研究还有很大空间。

---

① 云南省 2017 年的人均 GDP 的对数（以 2010 年为基期）接近 10.26。

表 9.4　经济增长核算

	贡 献 水 平	贡 献 率
经济增长	0. 096 8	100%
资本存量	0. 050 7	52. 36%
劳动力数量	0. 000 7	0. 77%
劳动力质量	0. 000 9	0. 96%
生产要素		54. 09%
NIDP 指数	0. 003 4	3. 56%
公路里程	0. 004 4	4. 55%
不可观测因素	0. 036 6	37. 79%
全要素生产率		45. 91%

9.6　主要结论与政策含义

新型基础设施不但在助力新冠肺炎疫情防控中表现出色，而且有助于撬动投资和消费需求，加速经济复苏，并将中长期推动经济发展方式转型。本章通过统计历年各省份《政府工作报告》中关于新型基础设施的相关词频，构造了“新型基础设施发展政策指数”，并利用 2008—2018 年的省级面板数据和标准的经济增长实证模型进行分析。研究发现，从整体上看，新型基础设施的发展显著促进了地区经济增长，并且提升了全要素生产率。但对于经济发展水平相对落后的地区来说，盲目追求新型基础设施的发展则可能阻碍经济增长。

本章的研究加深了我们对中国经济增长内在动力的理解，并且有助于我们在经济增速下行期设计和制定相关政策以促进内生增长动力的形成，从而引领经济发展新常态。基于本研究的结论可得出以下三点政策建议。

第一，应根据地区比较优势，加大新型基础设施投资。对于经济发展水平较高，具有良好的人力资本积累、高科技产业集聚的地区，政府应通过税收减免、加强配套服务等方式着力扶持新型基础设施相关产业的发展，培育经济发展新动能。而对于经济发展水平相对落后的地区，切不可盲目投资和规划新型基础设施产业，而应该根据自身优势，推动普通制造业的发展，同时积极采用成熟的“大智移云”等数字科技，提高普通制造业的生产效率。

第二，应根据市场规律，谨慎投资新型基础设施产业。尽管新型基础设施的发展在总体上有助于经济增长，但新型基础设施的技术成熟度不高，不少相关技术尚处于初创和发展阶段，具有较高的投资风险。一般而言，政府部门不具备足够的识别相关技术前景的能力，因此发展新型基础设施相关产业必须依赖市场的力量，政府应高度重视企业家、科技人员和风险投资者对相关技术和产品研发路线的判断，并在此基础上，与私人风险投资开展合作投资。总之，必须在“有效市场”的基础上更好地发挥政府作用。

第三，应根据城市圈发展需求，发挥新型基础设施的作用。近年来，中国城镇化呈现新的发展趋势，人口不仅从农村向城市迁移，还正不断向一线城市和以一线城市为中心的城市圈集聚。人口的集聚往往导致大量负外部性问题，如交通拥堵、环境污染、治安恶化等“城市病”，这些问题阻碍了人口集聚积极效应的发挥。新型基础设施相关产业应根据城市圈发展需求开发相关产品，通过大数据、云计算、人工智能等技术，提高资源配置效率，缓解负外部性问题，从而提升政府城市治理能力。

第10章　基础设施供给的治理基础与制度创新

制度好可以使坏人无法任意横行，制度不好可以使好人无法充分做好事，甚至会走向反面。

——邓小平《党和国家领导制度的改革》

本章探索了基础设施供给的治理基础和促进中国基础设施创新的政策建议。首先，本章基于现有文献回顾了一国治理能力影响基础设施供给的国际经验。其次，通过分析138个发展中国家的数据发现，一国较强的治理能力有助于促进私人部门参与基础设施供给。再次，本章从分权的视角解读了中国的治理体系及其对基础设施供给的影响。最后，本章从提升治理能力的角度提出了促进基础设施创新发展的政策建议。

10.1　治理能力与基础设施领域的腐败

10.1.1　治理能力的基本概念和重要意义

国家治理体系和治理能力是一个国家的制度和制度执行能力的集中体现，两者相辅相成。从经济发展的角度来看，所谓治理，是指一个社会中广泛存在的制度的核心部分，主要包括政治制度（集体决策过程、对政治家和利益集团制约）、政府能力（政府提供公共产品的能力）、规制能力

（政府干预、鼓励、制止经济行为的能力）。[①]

著名政治学家弗朗西斯·福山（Francis Fukuyama）将“国家能力”分为三个维度，即治理能力、政府职能和合法性基础。他认为，有效提供法律、秩序和基础设施等公共产品是一国治理能力的重要体现，同时，一国增长的决定性因素是治理能力而不是一国政府的职能范围。他进一步指出，一些发展中国家软弱的国家能力会导致许多严重问题（如恐怖主义、艾滋病、贫困等）。[②]

根据世界治理指标（Worldwide Governance Indicators，WGI）数据库，治理是指国家行使权力所依赖的传统和制度，包括选择政府、监督政府及更换政府的过程，政府有效制定并执行良好政策的能力，以及对支配国家和公民之间社会经济互动行为的制度的尊重。[③]

WGI 进一步从六个维度来刻画一国的治理体系并对治理能力进行衡量。（1）腐败控制，衡量了一国政府用公权谋取私利的情况，既包括各种类型的腐败行为，也包括国家被精英和利益集体“俘获”的情况。（2）政府效率，衡量了政府公共服务和行政的质量、对政治压力的独立性、政策制定和实施的质量，以及政府承诺的公信力。（3）政治稳定和免于暴力，衡量了通过违宪或暴力的方式（包括具有政治动机的暴力行为和恐怖主义）动摇或颠覆政府的可能性。（4）规制质量，衡量了政府制定和执行良好的政策和规则以促进私人部门发展的能力。（5）法治水平，衡量了人们相信与遵守社会规则的程度，这些规则包括合约执行、产权保护、治安与司法。（6）话语权和问责制，衡量了一国公民参与选择自己政府的程度，以及言论自由、结社自由和拥有自由媒体的程度。

大量经验研究一致表明，一国较强的治理能力能够促进投资、创新和人力资本积累，从而促进经济增长，而一国较弱的治理能力则会导致寻租、腐败和经济停滞。

---

① 阿西莫格鲁，诺斯，罗德里克，等. 治理、增长与发展策略［M］//吴敬琏. 比较. 北京：中信出版社，2008.

② 福山. 国家构建：21 世纪的国家治理与世界秩序［M］. 黄胜强，许铭原，译. 北京：中国社会科学出版社，2007.

③ 详见世界治理指标网站。

在现代社会，由于交通、通信、能源、水利等基础设施的修建离不开公共资金的支持，而基础设施工程的招标、采购和管理也必然存在政府公权力的参与，因此在治理能力较弱的国家或地区，基础设施领域极易诱发腐败行为，腐败不但降低了公共资金的使用效率，而且对基础设施的质量造成潜在威胁。可以说，有效提供基础设施这一公共产品是一国治理能力的重要表现。

10.1.2　美国基础设施领域腐败问题的历史教训

恩格曼和索科洛夫回顾了 19 世纪美国纽约州伊利运河等基础设施工程建设的历史。他们用公共工程实际成本与原预算支出的比例（即成本超支率）来衡量该公共工程建设中存在的腐败空间及公共治理质量。研究发现，伊利运河项目的规划和实施都较为得当，为纽约市民带来巨大的福利改进，其实际成本与预算成本比较接近，成本超支率约为 1.46。伊利运河项目的成功运作促使美国其他地区也争相投入公共资金，以改善交通基础设施。但遗憾的是，由于成本控制的弱化和监管不力，不少项目的最终成本远远超过最初的预算。从成本超支率来看，密西西比河防洪工程（1883—1926 年）超过 20，州际高速公路工程（1952—1953 年）高达 19.1，波士顿中央干线/隧道工程（1991—2004 年）也超过 5.12。可见，基础设施工程中的腐败空间是何等巨大。①

卡特勒和米勒深入考察了美国 19 世纪初到 20 世纪初城市财政和供水系统的发展。② 他们通过分析历史资料发现，供水系统的公共所有权在这一时期持续上升，同时，供水系统的规模也持续扩张。他们通过分析波士顿和纽约等案例后认为，正是由于地方财政的发展和创新，特别是利用市政债券进行融资，才使得城市政府有财力投资和建设公共供水系统，以替代私人企业提供的供水系统，这最终促进了公共利益的提升。与此同时，

① 恩格曼，索科洛夫. 损公肥私：伊利运河和其他公共工程建设中的治理［M］//格莱泽，戈尔丁. 腐败与改革：美国历史上的经验教训. 胡家勇，王兆斌，译. 北京：商务印书馆，2012.

② 卡特勒，米勒. 处处水汪汪：美国城市财政与供水［M］//格莱泽，戈尔丁. 腐败与改革：美国历史上的经验教训. 胡家勇，王兆斌，译. 北京：商务印书馆，2012.

政府的介入也导致了腐败空间的增加，但他们认为，在政治家同时寻求政治支持和经济发展的情况下，腐败和公共利益是可以携手并进的。

特勒斯肯系统考察了美国 19 世纪到 20 世纪中后期城市水、电、煤等公用事业的规制历史。① 他发现，美国城市公用事业的发展呈现“私人供给—公共供给—私有化”的循环特征。他认为，技术和意识形态的变化不能解释上述变动，而相关规制制度的转型则是推动公用事业转型和发展的根本原因。他根据曼瑟尔·奥尔森（Mancur Lloyd Olson）的利益集团理论认为，规制制度的变化能够打破原有利益格局，从而改善资源的配置效率。同时他也强调，腐败盛行于公用事业领域，制度的变迁仅仅改变了公用事业中的腐败类型，想要真正根除腐败是非常困难的。

10.1.3 基础设施领域是发展中国家腐败的重灾区

发展中国家基础设施工程中的腐败问题更是比比皆是。例如，21 世纪初，曾经万众瞩目的墨西哥巴斯孔塞洛斯（Biblioteca Vasconcelos）图书馆，落成不到一年便因建筑结构缺陷而被迫关闭，多项建设违规事项被公之于众，政府只能耗巨资进行修补。② 正是由于一些发展中国家治理能力不足，特别是腐败控制能力的薄弱，企业为了获得基础设施项目或躲避政府监管而不得不向政府官员行贿。同时，在弱治理的背景下，基础设施建造材料，以及电力、自来水等产品失窃的情况十分严重。③ 总之，这些都显著提高了基础设施的提供成本并降低了服务质量。

美国著名经济学家查尔斯·肯尼（Charles Kenny）对发展中国家基础设施领域的腐败问题有着深入的研究。Kenny（2006）通过调查和计算发现，在发展中国家，基础设施投资和维护中的腐败成本约为每年 180 亿美元。④ 他发现，在印度，约有 25% 的电力被非法盗用。在印度

---

① 特勒斯肯. 制度变迁和腐败：公用事业规制史［M］//格莱泽，戈尔丁. 腐败与改革：美国历史上的经验教训. 胡家勇，王兆斌，译. 北京：商务印书馆，2012.

② 罗兰. 发展经济学［M］. 金志农，译. 北京：中国人民大学出版社，2016.

③ Olken B A. Monitoring corruption：Evidence from a field experiment in Indonesia［R］.［S. l.］：NBER Working Paper，2005：11753.

④ Kenny C. Measuring and reducing the impact of corruption in infrastructure［R］.［S. l.］：World Bank Policy Research Working Paper，2006：4099.

尼西亚，约有 24%的公路建设资金“无故消失”。针对东欧和中亚国家的调查也显示，贿赂政府的金额约占与政府签订的合同金额的 7%。而且这些根据客观事实和财务数据衡量的腐败程度还远远小于人们主观感知的腐败程度。

Kenny（2007）进一步研究了发展中国家建筑行业的腐败问题。① 他指出，建筑业贡献了资本形成总额的三分之一，在各类基础设施建设项目中，政府同时充当了委托人、监管者和所有者的角色，因此该行业被一致认为是最为腐败的行业。通过高额贿赂以获得项目合同、修改合同条款、躲避政府监管的情况屡见不鲜。在印度、喀麦隆、危地马拉、黎巴嫩等发展中国家，企业需要向政府官员行贿才能获得经营执照、建筑许可和通过劳工标准检查。他进一步指出，在阿尔巴尼亚、乌干达和俄罗斯等腐败程度较高的国家［用腐败感知指数（Corruption Perception Index，CPI）来衡量］，道路修缮的成本也相应更高。腐败不但导致了贿赂行为，而且降低了基础设施的建筑质量和经济收益。

Kenny（2007）指出改善治理是遏制腐败并提升基础设施投资收益率的必经之路，并且提出了一个具有实用主义色彩的改革方案。② 他强调，较强的治理能力不但能够促进私人部门对资金回收期较长项目的投资，也有助于政府改善对基础设施存量的管理，总之，不论基础设施的所有权或实际控制权在政府手中还是在企业手中，改善治理都是必要的。

10.2　治理能力与私人部门参与基础设施供给③

根据 10.1 节的理论分析和经验证据，我们已经发现，治理能力的薄

① Kenny C. Construction, corruption, and developing countries [R]. [S. l.]: World Bank Policy Research Working Paper, 2007: 4271.

② Kenny C. Infrastructure governance and corruption: Where next? [R]. [S. l.]: World Bank Policy Research Working Paper, 2007: 4331.

③ 潘春阳，吴柏钧. 腐败控制、私人部门参与基础设施提供与反贫困效应——来自发展中国家的经验证据（1996—2014）[J]. 南方经济，2019（1）：60－80.

弱是导致腐败滋生、基础设施供给效率低下的根本原因。因此，改善治理是改善基础设施供给的必要手段。本节进一步强调，改善治理还能够促进私人部门参与基础设施供给，从而缓解发展中国家政府的财政压力，并促进经济可持续发展。

10.2.1 理论假说

腐败就是“以权谋私”，即政府工作人员利用公共权力谋取私利的行为。从表面上看，腐败和税收都降低了经济活动和投资的收益率，都是阻碍经济增长的负面因素。但更重要的是，腐败具有不可预见性，会降低公共产品和服务的质量，并造成政府官员主动干预市场，因此相比于税收，腐败对资源配置的扭曲效应更为严重。①

腐败是一国治理不力的核心代价和常见表现，治理能力的提升能够有效遏制腐败行为的滋生。在基础设施领域，改善治理、遏制腐败不但能够降低私人企业为了获得合同而支付的“贿赂成本”，而且有助于减少基础设施原材料和相关产品的“失窃成本”，从而提高私人部门基础设施投资的收益率。同时，对腐败行为的有效控制能够降低政府的违约概率，从而改善私人企业预期，提高企业与政府签订长期基础设施工程合同的积极性。基于上述分析，我们提出“理论假说 1”：改善治理、控制腐败能够促进私人部门参与基础设施供给。

下文将利用 1996—2014 年 138 个发展中国家的数据和计量经济模型对“理论假说 1”进行实证检验。

10.2.2 经验研究策略

（1）计量经济模型设定

为了检验“理论假说 1”，我们设定了如下计量经济模型：

$$\ln APPI_{ist} = \beta_0 + \beta_1 Gov_{ist} + \beta_2 M_{ist} + \lambda_s + \eta_t + u_{ist} \qquad (10.1)$$

① Shleifer A, Vishny R W. Corruption [J]. Quarterly Journal of Economics, 1993, 108 (3): 599 - 617.

式中，i 为发展中国家；s 为该国所在地区；t 为年份；$\ln APPI_{ist}$ 为私人部门参与基础设施供给的程度；Gov_{ist} 为一国的治理能力；M_{ist} 为一系列国家层面的控制变量；λ_s、η_t 分别为地区和时期的虚拟变量；u_{ist} 为误差项；β_0、β_1、β_2 为常数，其中 β_1 测度了治理能力对私人部门参与基础设施供给的促进作用，这是本研究关注的焦点，根据“理论假说 1”，有 $\beta_1 > 0$ 成立。我们采用普通最小二乘法（OLS）对上述模型进行估计。

（2）被解释变量：私人部门参与基础设施供给程度

私人部门参与基础设施供给程度（ln*APPI*）是本研究的被解释变量。具体构造如下：首先，基于世界发展指标数据库给出的关于发展中国家能源、通信、交通、供水和卫生五个领域的有私人部门参与的基础设施项目（Private Participation in Infrastructure，PPI）的投资额，我们将四个领域的投资额加总；然后，我们用以 2010 年为基期的美国 GDP 平减指数对该投资总额进行平减，再除以各国人口，并取对数，从而得到了各国历年私人参与基础设施项目的人均投资额的对数，即 ln*APPI*（单位：千美元/人①），我们用该变量衡量一国私人部门参与基础设施供给程度。需要说明的有以下三点。

第一，关于 PPI 术语翻译。根据世界发展指标数据库，私人部门参与基础设施供给（Private Participation in Infrastructure，PPI）中的“Private”是指一些参与基础设施供给的私有企业、外资企业，因而我们将其翻译为“私人部门”，而不是“私人”，以避免产生歧义。

第二，关于 PPI 变量内涵。世界发展指标数据库给出的变量是具有私人部门参与的基础设施项目的投资额。世界发展指标数据库进一步指出，这一“投资”包括公共部门和私人部门的投资总和，在这一投资过程中，私人部门在基础设施的建设和运营的合同期内承担了一定的风险。根据上述变量说明，“投资额”不完全是私人部门的贡献，“私人部门参与”也不一定对基础设施项目有直接的资本支出或拥有部分产权。例如，常见的运营与管理合约这一形式，私人部门参与了基础设施项目的提供，但没有

① 为便于对表 10.1 中数据进行观察和分析，此处使用千美元/人为单位最合适。

直接投资。

因而，我们采用“私人部门参与基础设施供给”这一术语，而不是“私人部门参与基础设施投资”这一表述，前者较好地表述了私人部门在参与基础设施项目中的功能和角色。同时，本研究采用一国私人部门参与的基础设施项目的人均投资额（取对数）来衡量私人部门参与基础设施供给的水平，即具有私人部门的基础设施的投资金额越多，私人部门参与基础设施供给的程度越高。

第三，关于PPI零值样本。在本研究所使用的国家样本中，极大多数国家（135/138）在基础设施领域对私人部门是开放的，因此一般情况下，PPI都是正值。但存在某些年份PPI为0的情况，还有个别国家在所有年份的PPI都为0，包括密克罗尼西亚联邦、所罗门群岛、东帝汶三个小国家。为了将这些样本也纳入计量经济模型，我们进一步将ln*APPI*调整为$\ln(APPI+1)$，这使得PPI为0的样本在取对数后也恰好为0，且这并不改变PPI变量的单调性。

（3）核心解释变量：治理能力

治理能力（*Gov*）是本研究的核心解释变量。腐败控制能力是一国治理能力的核心体现，因此我们根据世界治理指标数据库，采用一国的腐败控制变量来衡量一国的治理质量。根据上文计量经济模型的设定，腐败控制每增加1个单位，ln*APPI*将相应增加（$100\beta_1$）%。

（4）控制变量

为了尽量缓解变量遗漏导致的估计偏误，我们还引入了以下控制变量。

第一，投资开放程度。我们用一国吸引的FDI净流量与该国GDP的比例来衡量投资开放程度。一国较高的投资开放程度不但会给本国带来更多的资金，以促进基础设施投资，而且跨国公司的进入也可能影响本国的治理能力，因此我们将该变量纳入模型。同时，我们也采用了贸易开放程度，即一国进出口贸易总额占该国GDP的比例，作为开放程度的替代指标，以检验模型的稳健性。

第二，互联网普及率。互联网作为一种现代化的通信基础设施，能够影响一国的信息传播从而影响政府的治理模式，同时与其他各类基础设施建设紧密相关，因此我们将其纳入模型。同时，我们也采用了手机普及率作为替代指标。

第三，自然资源贡献率。自然资源贡献率是指自然资源（石油、天然气、煤、矿产和森林等）的市场价格与其生产成本的差额占该国 GDP 的比例，其衡量了自然资源对一国经济增长的贡献程度。一国丰富的自然资源能给国家带来丰厚的资金，从而促进基础设施建设，但也可能让一国深陷“资源诅咒”而难以自拔。同时，我们也采用了石油资源贡献率作为替代指标。

第四，国家收入组别虚拟变量，包括高收入组、中高收入组、中低收入组、低收入组这四组国家。收入组别虚拟变量在一定程度上反映了一国的综合发展水平。

第五，地区虚拟变量，包括东亚和太平洋地区、南亚地区、欧洲与中亚地区、拉丁美洲与加勒比海地区、中东和北非地区，以及撒哈拉以南非洲地区。通过纳入地区虚拟变量，我们在一定程度上控制了国家地理、气候、文化等异质性因素。

第六，时期虚拟变量，包括 1996—2000 年、2001—2005 年、2006—2010 年及 2011—2014 年这四个时期，以控制相关变量的时间趋势。

（5）数据来源

本研究所用数据主要有两个来源：第一，世界治理指标（WGI）数据库，从中我们获得了各国腐败控制变量的相关信息；第二，世界发展指标数据库，从中我们获得了各国私人部门参与基础设施投资额、开放程度、基础设施、自然资源贡献率等相关信息。

值得指出的是，本研究涉及的 138 个发展中国家是世界银行“私人参与基础设施”研究项目按照一国的人均国民收入及基础设施发展情况选取的。根据世界银行的标准（按 2015 年人均国民收入），除了智利、乌拉圭、立陶宛、塞舌尔、安提瓜和巴布达、圣基茨和尼维斯这 6 个国家进入“中高收入国家（12 475 美元以上）”之外，其他国家符合“中低收入国家（1 026~12 475 美元）”和“低收入国家（1 026 美元以下）”的标准，因而这 138 个国家在很大程度上代表了发展中国家。

10.2.3 估计结果分析

表10.1展示了治理能力促进私人部门参与基础设施供给效应的全样本OLS估计结果。模型（1）仅仅使用腐败控制单变量进行回归，模型（2）引入了国家收入组别、所在地区和时期的虚拟变量，模型（3）进一步引入了其他控制变量。根据F值，各模型整体上高度显著。从表中可以发现，腐败控制的系数显著为正。我们倾向于将上述相关性理解为因果效应，那么这意味着腐败控制显著促进了私人部门参与基础设施供给，这一结果验证了“理论假说1”。

表10.1 治理能力促进私人部门参与基础设施供给效应的全样本OLS估计结果

	模型（1）	模型（2）	模型（3）
被解释变量	ln*APPI*		
腐败控制	0.018 0*** [0.002 0]	0.009 0*** [0.001 9]	0.007 9*** [0.002 4]
投资开放程度			0.072 2*** [0.023 4]
互联网普及率			0.030 6** [0.012 4]
自然资源贡献率			−0.010 7*** [0.003 7]
低收入国家		−0.029 5*** [0.009 2]	−0.050 6*** [0.012 4]
中低收入国家		−0.023 5*** [0.008 9]	−0.045 5*** [0.012 1]
中高收入国家		−0.007 2 [0.008 9]	−0.031 4*** [0.012 0]
地区虚拟变量	否	是	是
时期虚拟变量	否	是	是

续　表

	模型（1）	模型（2）	模型（3）
观测值	2 706	2 706	2 338
调整的 R^2	0.042 0	0.113 8	0.149 9
F 值	81.571 1	39.449 2	30.341 2
p 值	0.000 0	0.000 0	0.000 0

注：1. ***、**、*分别对应 1%、5%、10%的显著性水平。
2. [ ] 内为稳健标准误。
3. 表中省略了地区、时期虚拟变量和常数项的估计结果。

控制变量系数的估计结果也具有启发意义。第一，投资开放程度的系数显著为正。这可能是因为在外商直接投资流入的背景下，部分外资企业也参与了基础设施的提供。第二，互联网普及率的系数也显著为正。这说明通信基础设施的改善有助于私人部门参与基础设施供给。第三，自然资源贡献率的系数显著为负。这意味着一国较为丰裕的自然资源导致其私人部门更热衷于开发自然资源相关的产业，而忽视了基础设施的提供，这可能是一些资源型国家深陷“资源诅咒”的原因之一。第四，国家收入组别虚拟变量的估计结果显示，在其他变量不变的情况下，私人部门参与基础设施供给的程度随着国家收入水平提高而持续下降。根据模型（3）的估计结果，与高收入国家（基准组）相比，低收入国家的 ln*APPI* 要低 5%左右。

表 10.2 进一步展示了替换控制变量并剔除 PPI 零值样本后的 OLS 估计结果。其中，我们将“投资开放程度”“互联网普及率”和“自然资源贡献率”分别替换为“贸易开放程度”“手机普及率”和“石油资源贡献率”。根据模型（4）的估计结果，同样可以发现，腐败控制显著促进了私人部门参与基础设施供给。且相比于模型（3）的估计结果，腐败控制的系数估计值显著放大，具体而言，腐败控制每上升 0.1 个单位，私人部门参与基础设施的人均投资额的对数将相应上升 7.323%。这一结果再次验证了“理论假说 1”，同时也说明，将 PPI 零值样本纳入模型会显著低估腐败控制的积极效应。

表 10.2 治理能力促进私人部门参与基础设施供给的稳健性分析

	模型（4）
被解释变量	ln*APPI*
腐败控制	0.732 3*** [0.086 3]
贸易开放程度	0.012 [0.124 3]
手机普及率	0.944 0*** [0.136 7]
石油资源贡献率	0.453 2 [0.416 0]
低收入国家	−0.029 7 [0.273 6]
中低收入国家	0.218 3 [0.228 8]
中高收入国家	0.634 0*** [0.199 2]
地区虚拟变量	否
时期虚拟变量	否
观测值	1 402
调整的 R^2	0.349
F 值	54.817 7
P 值	0.000 0

注：1. ***、**、*分别对应 1%、5%、10%的显著性水平。
2. [ ] 内为稳健标准误。
3. 表中省略了地区、时期虚拟变量和常数项的估计结果。

总之，基于上述跨国经验研究，我们验证了“理论假说 1”，一国治理的改善，即腐败控制的加强，能够促进私人部门参与基础设施供给。这一结论丰富了我们对一国“治理能力”与“基础设施供给”两者关系的理解，对于缓解发展中国家基础设施建设的资金瓶颈也具有政策含义。需要补充的是，本研究将治理能力局限于腐败控制一隅显然是不全面的，事实上，还有必要考察治理能力的其他维度对私人部门参与基础设施供给的影响，这一工作是未来研究的重点之一。

10.3　国家治理、分权体制与基础设施供给

10.3.1　国家治理与“两个一百年”

习近平总书记明确指出：“国家治理体系和治理能力是一个国家制度和制度执行能力的集中体现。国家治理体系是在党领导下管理国家的制度体系，包括经济、政治、文化、社会、生态文明和党的建设等各领域体制机制、法律法规安排，也就是一整套紧密相连、相互协调的国家制度；国家治理能力则是运用国家制度管理社会各方面事务的能力，包括改革发展稳定、内政外交国防、治党治国治军等各个方面。”① 这一重要论述明确了国家治理的科学内涵。

毫无疑问，国家治理作为一国制度体系的核心部分是重要的。制度优势是一个国家的最大优势，制度竞争是国家间最根本的竞争。制度稳则国家稳。② 真正实现社会和谐稳定、国家长治久安，还是要靠制度，靠我们在国家治理上的高超能力，靠高素质干部队伍。我们要更好发挥中国特色社会主义制度的优越性，必须从各个领域推进国家治理体系和治理能力现代化。③ 党的十八届三中全会通过的《中共中央关于全面深化改革若干重大问题的决定》明确指出，全面深化改革的总目标是完善和发展中国特色社会主义制度，推进国家治理体系和治理能力现代化。

党的十九届四中全会通过的《中共中央关于坚持和完善中国特色社会主义制度，推进国家治理体系和治理能力现代化若干重大问题的决定》明

① 中共中央宣传部. 习近平新时代中国特色社会主义思想学习纲要［M］. 北京：学习出版社，2019.

② 习近平. 坚持和完善中国特色社会主义制度　推进国家治理体系和治理能力现代化［J］. 求是，2020（2）：4－9.

③ 中共中央宣传部. 习近平新时代中国特色社会主义思想学习纲要［M］. 北京：学习出版社，2019.

确提出："坚持和完善中国特色社会主义制度、推进国家治理体系和治理能力现代化的总体目标是，到我们党成立一百年时，在各方面制度更加成熟更加定型上取得明显成效；到二〇三五年，各方面制度更加完善，基本实现国家治理体系和治理能力现代化；到新中国成立一百年时，全面实现国家治理体系和治理能力现代化，使中国特色社会主义制度更加巩固、优越性充分展现。"

10.3.2 从"中国式分权"解读国家治理

中国中央与地方间的分权体制构成了中国国家治理体系的核心部分。从关于中国分权体制的现有文献来看，学者基本认同"中国式分权"的核心特征是经济分权与政治集权的有机结合，且这一分权体制是促进中国经济高速增长的关键性制度安排。

Qian 等（1997）将新厂商理论引入公共经济学，开创了第二代财政联邦主义理论，回答了在中国改革开放的过程中，地方政府官员为什么有动力去有效地提供公共产品并维护市场，而不是大量贪污受贿这一重大问题。[①] 他们认为，中国的分权改革产生了两类"激励效应"。

第一，信息与权威的下放所产生的激励效应。一方面，中央政府将财政、金融等政策的制定权下放地方，从而增强地方政府发展当地经济的主动性，并限制了中央对地方的控制。另一方面，中央政府不再无穷尽地挽救经营失败的企业，从而激励地方政府精心经营国有企业和乡镇企业，同时也限制了地方政府对企业的控制，因为地方政府的正常运行依赖企业提供的税收。

第二，地区竞争的激励效应。在经济分权的制度安排下，地方政府为了吸引生产要素（或税基）的流入而展开激烈竞争，可移动的税基可以随时离开"坏政府"而流入"好政府"，这有效限制了地方政府的控制行为。与此同时，地区竞争提高了挽救低效率企业的机会成本，因为动用财政资源挽救企业，还不如用其提供公共产品来吸引外资，从而内生地硬化了地方政府的预算约束。

---

① Qian Y Y, Weingast B R. Federalism as a commitment to preserving market incentives [J]. Journal of Economic Perspective, 1997, 11 (4): 83-92.

Qian 等（1998）通过建立一个博弈模型认为，在中国的分权体制下，中央政府不只关心地方政府的政治表现，还关注经济绩效，因此地方政府不再有动力援助面临破产或绩效欠佳的国有企业，而是通过改善基础设施来吸引流动要素。①

Blanchard 等（2001）认为，中国的中央政府在赋予地方政府越来越多的财政支配权力的同时，对地方政府保持了比较有效的政治控制，即经济分权与政治集权相结合；而俄罗斯的中央政府对地方政府的控制力较弱，因而地方政府不存在主动推动地方经济发展的动力。②

周黎安（2007）将中国的分权体制总结为中国地方官员的晋升锦标赛模式。③ 他认为，这种财政分权与垂直的政治管理相结合的制度安排，特别是基于地方经济增长率为核心指标的官员政绩考核体制，会直接导致地方官员为了体现政绩而片面地追求地方经济发展的速度，努力使自己得到升迁，或提高自己得到升迁的可能性。尽管这一制度安排有利于促进地方经济增长，但也会导致地方政府忽视民生和环保，以及实施地方保护、建立市场壁垒等不合作行为。

Xu（2011）将中国的分权体制归纳为地方分权的威权（Regionally Decentralized Authoritarianism，RDA）体制。④ 他认为，在中国的 RDA 体制下，一方面是政治集权，中央政府“自上而下”任命官员，并实行官员轮换（轮岗）制度；另一方面是经济分权，地方政府控制土地、企业、金融和能源等大量生产要素。RDA 体制有利于地方政府开展经济实验，如家庭联产承包责任制、乡镇企业、经济特区和国有企业改制，都是“自下而上”推动的改革。同时，RDA 体制也鼓励地方竞争，地方政府通过土地出让、税收减免、基础设施建设、行政体制改革来招商引资和促进经济增长，而中央政府根据 GDP 增长率和 FDI 来考核地方政府官员政绩。他

---

① Qian Y Y, Roland G. Federalism and the soft budget constraint [J]. American Economic Review, 1998, 88 (5): 1143 - 1162.

② Blanchard O, Shleifer A. Federalism with and without political centralization: China versus Russia [J]. IMF Staff Papers, 2001, 48 (1): 171 - 179.

③ 周黎安. 中国地方官员的晋升锦标赛模式研究 [J]. 经济研究，2007 (7): 36 - 50.

④ Xu C G. The fundamental institutions of China's reforms and development [J]. Journal of Economic Literature, 2011, 49 (4): 1076 - 1151.

认为，中国的RDA体制在很大程度上有较好的激励作用，从而促进了经济增长。但当面对多重目标（如同时实现经济增长和环境保护）时，该体制便不再有效。

10.3.3 “中国式分权”对基础设施供给的影响

一些学者探索了“中国式分权”对基础设施供给的影响。张军等（2007）认为，在评价一国制度时，学界倾向于强调政治制度等“软件”，于是推崇基础设施落后但实施民主选举的印度，从而在一定程度上忽视了政府能否有效提供基础设施等“硬件”的能力。[①] 他们认为，中国地方政府在提供基础设施上的优异表现必有其制度基础。在中国的分权体制下，中央政府“自上而下”进行政治管理，以经济增长来考核地方政府官员，而地方政府为了在激烈的“标尺竞争”中胜出，有动力改善基础设施以招商引资。

傅勇等（2007）认为，中国的财政分权及基于政绩考核下的政府竞争，造就了地方政府“重基本建设、轻人力资本投资和公共服务”的公共支出扭曲问题，并且政府竞争还会加剧财政分权对政府支出结构的扭曲效应。[②] 类似地，孙琳等（2009）发现，中国的财政分权显著扩大了地方政府基础设施、科教文卫和行政管理费用的支出规模，而且对基础设施支出规模的效应最大。[③] 总之，“中国式分权”为地方政府大力投资基础设施建设奠定了重要基础。

10.4 提升治理能力促进基础设施有效供给

本章的研究基于国际经验、跨国实证和理论分析，探索了国家治理对

① 张军，高远，傅勇，等. 中国为什么拥有了良好的基础设施？[J]. 经济研究，2007（3）：4－19.

② 傅勇，张晏. 中国式分权与财政支出结构偏向：为增长而竞争的代价［J］. 管理世界，2007（3）：4－12，22.

③ 孙琳，潘春阳.“利维坦假说”、财政分权和地方政府规模膨胀——来自1998—2006年的省级证据［J］. 财经论丛，2009（2）：15－22.

于基础设施供给的重要意义。基于研究得出了三个重要结论：第一，一国治理能力的薄弱是导致基础设施领域腐败丛生、公共资金使用效率低下的根本原因；第二，发展中国家治理能力的加强有助于吸引私人资本参与基础设施供给，从而促进经济发展；第三，中国以“政治集权、经济分权”为特征的政治经济体制是中国治理体系的核心制度安排，对地方政府提供基础设施具有强大的激励作用，也是实现中国经济高速增长的关键性制度安排。

总之，提升国家治理能力、改善分权制度安排是促进基础设施有效供给的重要基础。基于此，可以提出以下政策建议。

第一，坚持中央统一领导，完善官员治理体制。应进一步推进干部考核评价机制改革，在坚持“德才兼备、选贤任能，聚天下英才而用之”的选人用人原则的基础上，将有效提供基础设施等公共产品作为重要考核内容纳入政绩考核体系。不再简单以 GDP 增长率论“英雄”，而更加重视地方政府官员在促进经济发展方式转型、培育经济发展新动能方面的作用，从而有效激励地方政府官员提供基础设施、创新基础设施供给模式、培育新型基础设施发展等。

第二，理顺中央和地方权责关系，充分发挥地方积极性。应加强中央政府宏观事务管理职责，维护国家法制统一、政令统一、市场统一，进而加强中央政府在提供跨区域基础设施领域的责任。同时，要赋予地方更多传统和新型基础设施发展自主权，支持地方根据当地实际情况和比较优势创造性开展工作，进一步提升资源配置效率。在此基础上，建立权责清晰、财力协调、区域均衡的中央和地方财政关系，使各级政府的支出责任与财力相匹配。

第三，构建腐败防治体制机制，促进基础设施供给模式创新。本章的研究发现，一国腐败控制的增强有助于吸引私人部门参与基础设施供给，从而缓解政府财政压力，并推进基础设施供给模式创新。党的十九大报告指出，党的十八大以来，反腐败斗争压倒性态势已经形成并巩固发展。目前，仍应纵深推进反腐败斗争，构建一体推进不敢腐、不能腐、不想腐体制机制，重点推进基础设施等公共工程领域的监督机制改革和制度建设。

参 考 文 献

[1] 赫希曼. 经济发展战略［M］. 曹征海，潘照东，译. 北京：经济科学出版社，1991.

[2] 马克思，恩格斯. 马克思恩格斯全集：第46卷［M］. 中共中央马克思恩格斯列宁斯大林著作编译局，译. 北京：人民出版社，1979.

[3] 马克思，恩格斯. 共产党宣言［M］. 中共中央马克思恩格斯列宁斯大林著作编译局，译. 北京：人民出版社，1997.

[4] 马克思. 资本论：第一卷［M］. 中共中央马克思恩格斯列宁斯大林著作编译局，译. 北京：人民出版社，2004.

[5] 格莱泽，戈尔丁. 腐败与改革：美国历史上的经验教训［M］. 胡家勇，王兆斌，译. 北京：商务印书馆，2012.

[6] 福山. 国家构建：21世纪的国家治理与世界秩序［M］. 黄胜强，许铭原，译. 北京：中国社会科学出版社，2007.

[7] 罗斯托. 经济增长的阶段：非共产党宣言［M］. 郭熙保，王松茂，译. 北京：中国社会科学出版社，2001.

[8] 麦克尼尔. 世界史：从史前到21世纪全球文明的互动［M］. 施诚，赵婧，译. 4版. 北京：中信出版社，2013.

[9] 罗兰. 发展经济学［M］. 金志农，译. 北京：中国人民大学出版社，2016.

[10] 霍布斯鲍姆. 资本的年代：1848—1875［M］. 张晓华，等译. 北京：中信出版社，2014.

[11] 艾伦. 全球经济史［M］. 陆赟，译. 南京：译林出版社，2015.

[12] 布劳格. 凯恩斯以前的100位著名经济学家［M］. 冯炳昆，译. 北京：商务印书馆，2008.

[13] 斯密. 国民财富的性质和原因的研究［M］. 郭大力，王亚南，译. 北京：商务印书馆，2008.

[14] 胡书东. 经济发展中的中央与地方关系：中国财政制度变迁研究 [M]. 上海：上海三联书店，2001.

[15] 林毅夫，蔡昉，李周. 中国的奇迹：发展战略与经济改革（增订版）[M]. 上海：上海三联书店，2002.

[16] 潘春阳. 机会平等与社会福祉：中国“伊斯特林悖论”再探索 [M]. 上海：上海人民出版社，2019.

[17] 全国人大财政经济委员会办公室，国家发展和改革委员会发展规划司. 建国以来国民经济和社会发展五年计划重要文件汇编 [M]. 北京：中国民主法制出版社，2008.

[18] 隋福民. 创新与融合：美国新经济史革命及对中国的影响（1957—2004）[M]. 天津：天津古籍出版社，2009.

[19] 唐建新，杨军. 基础设施与经济发展：理论与政策 [M]. 武汉：武汉大学出版社，2003.

[20] 吴承明，董志凯. 中华人民共和国经济史：1949—1952 [M]. 北京：社会科学文献出版社，2010.

[21] 吴敬琏. 当代中国经济改革 [M]. 上海：上海远东出版社，2004.

[22] 萧冬连. 探路之役：1978—1992 年的中国经济改革 [M]. 北京：社会科学文献出版社，2019.

[23] 张军，周黎安. 为增长而竞争：中国增长的政治经济学 [M]. 上海：格致出版社，2008.

[24] 中共中央宣传部. 习近平新时代中国特色社会主义思想学习纲要 [M]. 北京：学习出版社，2019.

[25] Rosen H S, Gayer T. Public finance [M]. 10th ed. New York: McGraw-Hill Education, 2014.

[26] Stiglitz J E, Rosengard J K. Economics of the public sector [M]. 4th ed. New York: W. W. Norton & Company, 2015.

[27] Barro R J, Sala-i-Martin X. Economic growth [M]. 2nd ed. London: The MIT Press, 2003.

[28] Tanzi V, Schuknecht L. Public spending in the 20th century: A global perspective [M]. Cambridge: Cambridge University Press, 2000.

[29] The World Bank. World development report 1994: Infrastructure for development [M]. Washington: The World Bank, 1994.